EUL VERLAG

EINZELSCHRIFTEN

Christian Schmitz
Messung der Forschungsleistung in der Betriebswirtschaftslehre auf Basis der ISI-Zitationsindizes – Eine kritische Analyse anhand konzeptioneller Überlegungen und empirischer Befunde
Lohmar – Köln 2008 • 276 S. • € 58,- (D) • ISBN 978-3-89936-755-3

Carsten Märkisch
IT-Integration bei M&A-Projekten – Der prozessorientierte Ansatz
Lohmar – Köln 2008 • 284 S. • € 58,- (D) • ISBN 978-3-89936-757-7

Martin F. Brunner
Neue Plattformen für Publikumszeitschriftenmarken
Lohmar – Köln 2008 • 364 S. • € 64,- (D) • ISBN 978-3-89936-760-7

Jan Marco Leimeister und Helmut Krcmar (Hrsg.)
Gedruckte Polymer-RFID-Transponder – Erste Erfahrungen und Erkenntnisse aus dem Forschungsprojekt PRISMA
Lohmar – Köln 2009 • 132 S. • € 43,- (D) • ISBN 978-3-89936-762-1

Eric Zöller
Kommunale Doppik – Auswirkungen der Eröffnungsbilanz auf die Haushaltssystematik am Beispiel von Rheinland-Pfalz
Lohmar – Köln 2009 • 340 S. • € 63,- (D) • ISBN 978-3-89936-777-5

Thomas Holtfort
Einfluss von Saisonalität auf den Momentumeffekt – Eine empirische Untersuchung des deutschen Aktienmarktes
Lohmar – Köln 2009 • 232 S. • € 56,- (D) • ISBN 978-3-89936-780-5

Torsten Dennin
Besicherte Rohstoffterminkontrakte im Asset Management – Die Möglichkeiten einer dynamischen vs. statischen Allokation auf der Grundlage von Mean Reversion Preiseigenschaften
Lohmar – Köln 2009 • 276 S. • € 58,- (D) • ISBN 978-3-89936-781-2

JOSEF EUL VERLAG

Dr. Torsten Dennin

Besicherte Rohstoffterminkontrakte im Asset Management

Die Möglichkeiten einer dynamischen vs. statischen Allokation auf der Grundlage von Mean Reversion Preiseigenschaften

Mit einem Geleitwort von Prof. Dr. Michael Nelles,
Bergische Universität Wuppertal

EUL VERLAG

Bibliographische Information der Deutschen Bibliothek

Die Deutsche Bibliothek verzeichnet diese Publikation in der Deutschen Nationalbibliothek; detaillierte bibliographische Daten sind im Internet über <http://dnb.ddb.de> abrufbar.

Dissertation, Bergische Universität Wuppertal, 2008

ISBN 978-3-89936-781-2
1. Auflage März 2009

JOSEF EUL VERLAG GmbH
Brandsberg 6
D-53797 Lohmar
Tel.: +49 (0) 22 05 / 90 10 6-6
Fax: +49 (0) 22 05 / 90 10 6-88
http://www.eul-verlag.de
info@eul-verlag.de

Bei der Herstellung unserer Bücher möchten wir die Umwelt schonen. Dieses Buch ist daher auf säurefreiem, 100% chlorfrei gebleichtem, alterungsbeständigem Papier nach DIN 6738 gedruckt.

Geleitwort

Der Kapitalallokation in nicht traditionelle Anlagekategorien wie Hedge Funds, Private Equity, Rohstoffen oder Währungen ist in den letzten Jahren im Asset Management besondere Aufmerksamkeit zuteil geworden. Beispielscharakter kommt insbesondere der Asset Allokation großer US Stiftungsvermögen wie Yale und Harvard aufgrund der relativ hohen Allokationen zu diesen Alternativen Investments, ihres Erfolgs und ihrer Größe zu. Das Interesse vieler institutioneller Investoren liegt dabei neben der Erschließung alternativer Ertragsquellen in der Ausschöpfung von Diversifikationsgewinnen, die in den Korrelationseigenschaften und Eigenschaften der höheren Verteilungsmomente der Renditen begründet liegen. Der Kapitalanlage in Rohstoffe ist dabei aufgrund der dynamisch gestiegenen Preise an den Terminbörsen in den letzten Jahren ein besonderes Interesse zugekommen, und Investoren suchen vermehrt effektive und effiziente Wege, Exposure zu dieser Anlagekategorie in Portfolios abzubilden. Gleichzeitig hat die Anzahl der investierbaren Rohstoffindices in den vergangenen Jahren deutlich zugenommen.

Der Autor analysiert den Einfluss von Rohstoffen in Form vollständig besicherter Rohstoffterminkontrakte auf eine traditionelle Asset Allokation und widmet dabei der Risikobetrachtung besonderes Gewicht. Abgrenzend werden im Vorfeld der Analyse die unterschiedlichen Indexkonzepte erläutert. Besonders eingegangen wird dabei auf die unterschiedlichen Ertragsquellen eines Rohstoffinvestments, die über mittlere bis lange Frist deutlich über der reinen (Kassa-) Preisentwicklung liegen können. Um den Einfluss solcher Anlageformen auf das Gesamtportfolio zu evaluieren werden hier sowohl Instrumente der modernen Portfolio Theorie wie Minimum Varianz Portfolio und Tangentialportfolio, als auch unterschiedliche Portfolio Modelle aus der Asset Management Praxis angewendet. Hierdurch gelingt eine fundierte Einschätzung der langfristig aus einer solchen Anlageform zu erwartenden Renditen sowie des Risikos.

Vor dem Hintergrund einer passiven Rohstoff Allokation versucht der Autor in einem weiteren Schritt dynamische Allokationsregeln aufzuzeigen, die in der Lage sein sollten, im Vergleich zu einer passiven Asset Klassen Allokation auf risikoadjustierter Basis überlegene Ergebnisse zu erzielen. Von wesentlicher Bedeutung sind hierbei die charakteristischerweise bei Rohstoffen im Vergleich zu Aktien und Anleihen stärker ausgeprägten Mean Reversion Preiseigenschaften.

Eine empirische Analyse der Asset Klasse Rohstoffe in Form von S&P GSCI, Rohöl und Gold liefert im portfoliotheoretischen Kontext einen wertvollen Beitrag sowohl unter wissenschaftlichen als auch unter praktischen Gesichtspunkten. Die unterschiedlichen dynamischen Allokationsmodelle und deren Bewertung führen zu fundierten Ergebnissen, die einen interessanten Diskussionspunkt für weitere Arbeiten liefern dürften.

Prof. Dr. Michael Nelles

Vorwort

Die vorliegende Arbeit ist in den Jahren 2004 bis 2008 neben meiner Arbeit für die Deutsche Bank AG in Frankfurt entstanden und wurde im April 2008 von der Wirtschaftswissenschaftlichen Fakultät der Bergischen Universität Wuppertal als Dissertation angenommen. An dieser Stelle möchte ich all jenen danken, die das Entstehen dieser Arbeit ermöglicht haben.

Mein besonderer Dank gilt dabei meinem Doktorvater, Prof. Dr. Michael Nelles, dessen kapitalmarktorientierte Forschung und Praxis und dessen Interesse an den Rohstoffmärkten mich zur Bearbeitung dieses Themas ermutigten. Zugleich möchte ich mich an dieser Stelle herzlich bei Prof. Dr. Gerhard Arminger bedanken, der die Aufgabe des Zweitgutachters übernahm. Besonderer Dank gilt Borys Storck und Dr. Martin Uzik, deren Anmerkungen und gezielte Hinweise das Gelingen dieser Arbeit maßgeblich gefördert haben und die mir halfen, die richtige Balance zwischen Theorie und Praxis zu finden.

Bei der Deutschen Bank danke ich Klaus Martini, Global Head des Bereichs Private Asset Management, Dr. Ulrich Stephan und Christian Nolting, den Leitern der europäischen Vermögensverwaltung, und schließlich Oliver Frey, meinem Teamleiter, unter deren Führung ich die Möglichkeit hatte, Aspekte dieser Arbeit in der praktischen Anwendung zu testen und zu verfeinern. Ebenso gilt Dank meinen Kollegen und Freunden Ruth Kümmerle, Knut Wendt und Markus Wallner für alle kritischen und konstruktiven Anmerkungen. Danken für anregende Diskussionen möchte ich auch der Rohstoff-Community der Deutschen Bank, Goldman Sachs, Société Générale, JP Morgan, Commerzbank, ABN Amro, UBS, Calyon Financial und Tiberius Asset Management.

Besonderer Dank gilt an dieser Stelle auch meiner Verlobten Dr. Adele Rüger, deren Ehrgeiz, Eifer und Zielstrebigkeit mich seit Jahren inspiriert und deren Unterstützung bei dieser Arbeit nicht hoch genug anzurechnen ist. Meiner Familie möchte ich danken, dass sie mir ermöglicht hat den gewählten Weg zu gehen.

Torsten Dennin

Köln, im April 2008

Inhaltsübersicht

Inhaltsverzeichnis

Abbildungsverzeichnis

Tabellenverzeichnis

Abkürzungsverzeichnis

Abb.	Abbildung
AMEX	American Stock Exchange
AG	Aktiengesellschaft
ASX	Australian Stock Exchange
Aufl.	Auflage
AW	Ausfallwahrscheinlichkeit
Bd.	Band
BM	Backwardation Momentum
bspw.	beispielsweise
bzw.	beziehungsweise
c.p.	ceteris paribus
ca.	cirka
CAPM	Capital Asset Pricing Model
CBOT	Chicago Board of Trade
CFTC	Commodity Futures Trading Commission
CCI	Continuous Commodity Index
CMCI	Constant Maturity Commodity Index
CME	Chicago Mercantile Exchange
CRB	Commodity Research Bureau
CTA	Commodity Trading Advisor
d.h.	das heißt
DBLCI	Deutsche Bank Liquid Commodity Index
DBLCI MR	Deutsche Bank Liquid Commodity Index - Mean Reversion
DBLCI OY	Deutsche Bank Liquid Commodity Index - Optimum Yield
DJ	Dow Jones
DJ-AIGCI	Dow Jones American International Group Commodity Index
DV	Diversifikationsvorteil
et al.	et alii
etc.	et cetera
ECRI	Economic Cycle Research Institute
EMA	Exponential Moving Average

EMH	Theorie der effizienten Märkte (Efficient Market Hypothesis)
ENMET	Merrill Lynch Energie & Metal Index
ER	Excess Return
EU	Erwartungswert des Nutzens (Expected Utility)
EUR	Euro
f.	folgende
ff.	fortfolgende
F&O	Futures & Options
FTSE	Financial Times Stock Exchange
GDS	Gleitende Durchschnitte Strategien
GICS	Global Industry Classification Standard
Gov.	Government
Hrsg.	Herausgeber
HTML	Hyper Text Markup Language
HWWA	Hamburgische Welt-Wirtschafts-Archiv
HWWI	Hamburgisches Weltwirtschaftsinstitut
i.d.R.	in der Regel
i.H.v.	in Höhe von
ICE	Intercontinental Exchange
insb.	insbesondere
IPI	Industrial Price Index
Jg.	Jahrgang
li.	links
JoC	Journal of Commerce
JSE	Johannesburg Securities Exchange
LBCI	Lehman Brothers Commodity Index
LME	London Metal Exchange
LPM	Lower Partial Moments
M&A	Mergers & Acquisitions
M	Momentum
MA	Moving Averages
Max	Maximum
Min	Minimum
Mio.	Millionen

MLCX	Merril Lynch Commodity Index eXtra
MPT	Moderne Portfoliotheorie
MR	Mean Reversion
Mrd.	Milliarden
MSCI	Morgan Stanley Capital International
MVP	Minimum-Varianz-Portfolio
No.	Numero
Nr.	Nummer
NYMEX	New York Mercantile Exchange
OTC	over the counter
p.a.	per annum
PM	Portfolio Modell
QQ-Plot	Quantil-Quantil-Plot
rd.	Rund
re.	rechts
R-CRB	Reuters-Commodity Research Bureau
R/J-CRB	Reuters/Jefferies-Commodity Research Bureau
RICI	Rogers International Commodities Index
S	Spot
S.	Seite
S&P	Standard & Poor's
S&P GSCI	Standard & Poor's Goldman Sachs Commodity Index
SGD	Systeme gleitender Durchschnitte
SMA	Simple Moving Average
SPCI	Standard & Poor's Commoditity Index
SV	Semivarianz
SWS	Standardwerte Strategien
Tab.	Tabelle
TP	Tangentialportfolio
TR	Total Return
TSX	Toronto Stock Exchange
u.ä.	und ähnliche
u.a.	unter anderem
US	United States

USA	United States of America
USD	US-Dollar
usw.	und so weiter
V	Verteilung
vgl.	vergleiche
Vol.	Volume
VaR	Value at Risk
VR	Variance Ratio
www	world wide web
WMA	Weighted Moving Average
WTI	West Texas Intermediate
z.B.	zum Beispiel
z.Zt.	zur Zeit
Z-Wert	Standardwert
ZF	Zielfunktion

Symbolverzeichnis

X_t, Y_t, P_t	Merkmalsausprägung zum Zeitpunkt t
α	Verlustwahrscheinlichkeit der VaR-Berechnung
$1-\alpha$	Konfidenzniveau der VaR-Berechnung
μ	Erwartungswert der Renditen;
	als langfristiger Durchschnittspreis auch Mean Reversion Level
θ	Mean Reversion Geschwindigkeit (Steifigkeit)
μ_P	Erwartungswert der Portfoliorendite
σ	Standardabweichung der Renditen
σ_{AB}	Kovarianz der Renditen
ρ_{AB}	Korrelationskoeffizient
σ^2_P	Varianz der Portfoliorendite
υ	Schiefekoeffizient
κ	Kurtosis
λ	Risikotoleranzparameter
ε	Zufallskomponente des Preises, Störterm
r_{RF}	Risikofreie Anlagemöglichkeit
R_{min}	Mindestrendite (Target Return)
R_i^-	Renditerealisierungen, kleiner als die Mindestrendite
w	Gewichtungsmatrix
w^T	Transponierte der Gewichtungsmatrix w
Ω	Varianz-Kovarianz-Matrix
τ, n, N, T	Periodenlänge
t	Periodenzeitpunkt
i	Zinskosten / Finanzierungskosten
u	Lagerhaltungskosten
y	Vorteilszins
q	Sprungprozess
η	Drift
E(X)	Erwartungswert der Zufallsvariablen X
Var	Varianz

Cov	Kovarianz
S	Kassapreis, Kurs
F	Terminkurs
H	Hypothese
M_k	k-tes zentrales Moment
M	Momentum
N [...]	Wert aus der Verteilungsfunktion der Standardnormalverteilung
P	Wahrscheinlichkeit
V	Volumen einer Vermögensposition (in Geldeinheiten)
e	Eulersche Zahl
z	Standardwert
c(k)	Autokovarianzfunktion
r(k)	Autokorrelationsfunktion

1. Einführung

1.1 Einleitung

Der durch das Platzen der New Economy Blase ausgelöste Rückgang der Aktiennotierungen und das darauf folgende Umfeld niedriger Zinsen und Erträge sowie niedriger Volatilität lenkten das Interesse von institutionellen und privaten Investoren auf Anlagemöglichkeiten mit von Aktien und Anleihen unabhängigen Erträgen und Risiken. So kam der Kapitalallokation in so genannte Alternative Investments, die Hedge Funds, Private Equity, Rohstoffe, Währungen aber auch in Immobilien umfassen, in den letzten Jahren besondere Aufmerksamkeit zu. Beispielscharakter haben hier insbesondere die Asset Allokationen großer US Stiftungsvermögen wie Yale und Harvard aufgrund der relativ hohen Allokationen zu Alternativen Investments, ihres Erfolgs und ihrer Größe.

In den letzten Jahren führten steigende Rohstoffpreise vor allem bei Energieträgern, Industrie- und Edelmetallen, aber auch bei vielen Agrargütern zu einem gesteigerten Interesse an dieser Asset Klasse. Um dieser Nachfrage gerecht zu werden reagierte die Finanzbranche mit der Auflage neuer Indexformen, die sich direkt auf börsengehandelte Rohstoffe beziehen; S&P GSCI und Dj-AIGCI stellen hierbei Indexkonzepte der ersten Generation dar. Die Kapitalanlage in Rohstoffe in der Form vollständig besicherter Rohstoffterminkontrakte in Indexform kann als Entwicklung der frühen 90er Jahre charakterisiert werden. Der Terminwarenhandel durch Finanzinvestoren weist dabei eine wesentlich längere Historie auf, sei es in direkter Form oder durch Intermediäre wie Commodity Trading Advisors (CTAs) oder spezialisierte Hedge Funds. Vor diesem Hintergrund entstanden bereits mehrere Untersuchungen zu den finanzstatistischen Eigenschaften vollständig besicherter Rohstoffterminkontrakte in Form von gleichgewichteten Baskets oder in Indexform über unterschiedliche Betrachtungszeiträume. Aufgrund der Rohstoffen unterstellten Mean Reversion Preiseigenschaften werden passive Buy & Hold Strategien in der Literatur kontrovers diskutiert. Insbesondere werden auch die historischen Korrelationseigenschaften zu traditionellen Anlagekategorien sowie das Verhältnis von Rendite zu Volatilität herausgestellt. Ein weiterer Schwerpunkt liegt oft auf der Analyse der Quellen zur Ertragsgenerierung eines Rohstoffinvestments, die deutlich über der reinen Preisentwicklung

des Underlyings liegen kann. Bedeutende neuere empirische Arbeiten auf diesem Gebiet wurden von Gorton/Rouwenhorst (2005), Erb/Harvey (2006) sowie Kat/Oomen (2006) geleistet.
Die vorliegende Arbeit untersucht den Einsatz vollständig besicherter Rohstoffterminkontrakte im Asset Management. Im Zeitraum 12/1987 bis 12/2007 werden zu diesem Zweck sowohl ein breites Rohstoffinvestment in Indexform als auch die Einzelrohstoffe Rohöl und Gold betrachtet. Rohöl und Gold stehen traditionell besonders im Fokus vieler Anleger, daher liegt eine gesonderte sowie eine vergleichende Betrachtung zu einem breiten Investment nahe. Am Anfang der Untersuchung steht eine empirische Analyse der Asset Klassen im Beobachtungszeitraum. Dies schließt eine Untersuchung der Mean Reversion Eigenschaften von Rohstoffen ein. Anschließend wird eine passive Beimischung von Rohstoffen im Rahmen der strategischen Asset Allokation im Portfolio-Kontext untersucht. Hierbei wird auf die Analysemethoden der modernen Portfoliotheorie zurückgegriffen. Aufbauend auf den Erkenntnissen der empirischen Analyse werden dynamische Allokationsregeln entwickelt um zu zeigen, dass eine dynamische regelbasierte Allokation einer passiven Allokation auf risikoadjustierter Basis überlegen ist. Somit soll die vorliegende Arbeit einen wissenschaftlichen Beitrag zu zwei Fragestellungen liefern: Bietet die Investition in besicherte Rohstoffterminkontrakte auf der Ebene der strategischen Asset Allokation im Portfolio-Kontext einen Mehrwert, und begünstigen die den Rohstoffen unterstellten Mean Reversion Preiseigenschaften systematische Überrenditen, die durch dynamische Allokationsregeln im Rahmen der taktischen Asset Allokation kapitalisiert werden können.

1.2 Aufbau der Arbeit

Die untersuchte Problematik der Integration besicherter Rohstoffterminkontrakte in die Asset Allokation institutioneller Investoren bestimmt den Aufbau der Arbeit: die Arbeit gliedert sich in die drei Teile ‚Rohstoffe' (Kapitel 2), ‚Asset Allokation und Portfolio Theorie' (Kapitel 3) und der Integration dieser zwei Teilbereiche in Kapitel 4, ‚Besicherte Rohstoffterminkontrakte im Asset Management'.
In Kapitel 2.1 wird der Rohstoffbegriff näher eingegrenzt, hier ist insbesondere die Unterscheidung zwischen physischem Rohstofferwerb, der Investition in Aktien von Rohstoffunternehmen, sowie der Investition in vollständig besicherte Rohstofftermin-

kontrakte bedeutend für den weiteren Verlauf der Analyse. Denn besicherte Rohstoffterminkontrakte weisen im Vergleich zu den beiden anderen Investitionsmöglichkeiten einige Besonderheiten auf, die in Kapitel 2.2 skizziert werden. Neben der Verzinsung der eingegangenen Termingeschäfte (Collateral Yield) ist hier auch der Ertrag aus der Beibehaltung eines Investments (Roll Yield) über längere Zeiträume eine wichtige Größe. Backwardation von Termingeschäften ist eine Besonderheit von Commodities, die i.d.R. nicht bei auf Aktien oder Anleihen bezogenen Termingeschäften auftritt und die in der Literatur eingängig untersucht wurde. Die gestiegene Aufmerksamkeit, die der Rohstoffsektor über die letzten Jahre erfahren hat, förderte neue z.T. innovative Indexkonzepte, die einen Zugang für Investoren erschließen. Im Kapitel 2.3 wird zuerst zwischen Spot, Excess und Total Return Indexkonzepten unterschieden, bevor einzelne Indices im Detail beschrieben werden.

Das dritte Kapitel liefert die theoretische Basis für die empirischen Untersuchungen in Kapitel 4. Im Einzelnen werden die Abgrenzung von Asset Klassen und die Anwendung von Indices (Kapitel 3.1) und der Prozess der Asset Allokation (Kapitel 3.2) betrachtet. Den Kern des Kapitels 3.3 bildet die Herleitung effizienter Portfolios in Form von Minimum Varianz Portfolio, Tangentialportfolio sowie verschiedener Portfoliomodelle der Asset Management Praxis. Ein weiterer Gegenstand der Betrachtung bilden Verteilungsmomente und Risikomaße. Die Kursverlaufshypothesen Random Walk und Mean Reversion sowie die Messung von Mean Reversion sind Kern des Abschnitts 3.4. Das Kapitel 3.5 beschreibt einige dynamische Allokationsmuster, die das Fundament für die Modellentwicklungen und empirischen Analysen des Kapitels 4.3 legen.

Das Kapitel 4 bildet den empirischen Kern der Arbeit und gliedert sich in drei Teilbereiche. Betrachtet wird ein breites Rohstoffinvestment in der Form des S&P GSCI, Rohöl und Gold in dem Beobachtungszeitraum 12/1987 bis 12/2007. Abschnitt 4.1 umfasst die empirischen Analysen der Asset Klassen. Aufbauend auf den Charakteristika der Asset Klasse Rohstoffe wird in Kapitel 4.2 eine passive Beimischung von Rohstoffen auf die Asset Allokation untersucht. Hierzu werden das Minimum Varianz Portfolio, das Tangentialportfolio, sowie die unterschiedliche andere Portfoliomodelle herangezogen und die Ergebnisse auf statistische Signifikanz überprüft. In Kapitel 4.3 werden verschiedene dynamische Allokationsmodelle aufgestellt, die den Rohstoffanteil regelbasiert variieren. Ziel ist es, vor dem Hintergrund des bei Rohstoffen höher ausgeprägten Grades an Mean Reversion eine risikoadjustierte Excess-Performance zu erzielen, die sich signifikant von den Ergebnissen einer statischen Allokation abhebt. In Kapitel 5 erfolgt eine Zusammenfassung und Wertung der gewonnenen Erkenntnisse sowie ein Ausblick auf noch zu leistende Untersuchungen.

2. Rohstoffe

2.1 Definition und Abgrenzung von Rohstoffen

Der Begriff Rohstoffe umfasst wirtschaftliche Güter wie Brennstoffe bzw. Energieträger, landwirtschaftliche Erzeugnisse, Industrie- und Edelmetalle oder chemische Erzeugnisse – also Güter im unteren Teil der wirtschaftlichen Wertschöpfungskette. Ihr gemeinsames Merkmal ist die standardisierte Menge und Qualität, so dass nur der Preis das relevante Kriterium ist. Der Handel findet dabei entweder direkt zwischen Produzent und Abnehmer oder über Börsen im Kassa oder Terminmarkt – üblicherweise Forwards, Futures, Swaps oder Optionen – statt. In einem erweiterten Sinne werden vor allem im angloamerikanischen Raum unter dem Begriff ‚Commodities' alle Produkte zusammengefasst, die an einer Terminbörse (Commodity Future Exchange) gehandelt werden - neben Rohstoffen können dies in diesem erweiterten Begriff auch Währungen und Indices sein (vgl. u.a. Chicago Mercantile Exchange 2006).

Grundsätzlich lassen sich alle Rohstoffe in die beiden Gruppen regenerativ, also nachwachsend, und endliche, nicht-regenerative Rohstoffe einteilen. Andere Klassifizierungsmodelle beziehen sich auf Herkunft, Gewinnung oder Verwendung[1]. Für börsengehandelte Rohstoffe hat sich die Klassifizierung in die folgenden Gruppen etabliert[2].

- **Energien**
- **Industriemetalle**
- **Edelmetalle**
- **Landwirtschaftliche Erzeugnisse**
- **Viehwirtschaft**

Abbildung 1: Klassifizierung von Rohstoffen

---

[1] Vgl. Pulvermacher (2005), Radetzki (1990).
[2] Vgl. z.B. Goldman Sachs (2007), Deutsche Bank (2006), Gorton/Rouwenhorst (2005) und Chicago Mercantile Exchange (2006).

Der Bereich Energie umfasst als wichtigsten Rohstoff Rohöl, daneben schweres Heizöl, Benzin, Erdgas, Kohle, sowie bedingt auch Uran und Elektrizität. Unter die Industriemetalle fallen Aluminium, Kupfer, Nickel, Zink und Zinn. Die Edelmetalle als dritte Gruppe umfassen Gold und Silber sowie die Metalle der Platin Gruppe wie beispielsweise Platin und Palladium. Landwirtschaftliche Erzeugnisse, häufig auch als ‚Soft Commodities' bezeichnet, umfassen eine Vielzahl heterogener Agrarrohstoffe wie z.B. Weizen, Mais, Soja, Baumwolle, Kaffee, Kakao, Orangensaft, Palmöl, Wolle oder Zucker. Unter Viehwirtschaft fällt der Handel mit Rindern und Schweinen sowie deren Basisprodukten[3].

Grundlegend muss bei einer Investition in Rohstoffe zwischen
(1) dem direktem physischem Erwerb, dem
(2) Investment in Rohstofftermingeschäfte und in
(3) Aktien von Unternehmen, deren Fokus die Exploration, Produktion und der Handel mit Rohstoffen ist, unterschieden werden.

Der physische Erwerb von Rohstoffen ist bei Edelmetallen und speziell bei Gold in Form von Barren, Münzen oder Schmuck recht verbreitet. Bei anderen Rohstoffen wie Rohöl, Aluminium oder Kaffee ist die Form des direkten Erwerbs jedoch sehr umständlich und mit hohen direkten wie indirekten Kosten (Lagerhaltung, Versicherung, Marketmaking etc.) verbunden. Die Nachteile des physischen Erwerbs klammert der derivative Handel von Rohstoffen an den Terminbörsen in Form von standardisierten Kontrakten aus. Die gebräuchlichsten Formen für kommerzielle Marktteilnehmer und für Finanzinvestoren sind Forwards, Futures, Swaps und Optionen auf die zugrunde liegenden Rohstoffe[4][5]. Da die Laufzeit derivativer Kontrakte beschränkt ist, müssen Positionen regelmäßig verlängert werden, um ein Investment

---

[3] Auf sonstige wirtschaftliche Rohstoffe wie Basis-Chemikalien, Halbleitern, Fracht, Wetter- und CO2-Derivaten soll in dieser Arbeit nicht näher eingegangen werden. Ebenfalls gewinnt der Terminhandel mit Kunststoffen, Ethanol und Stahl zunehmend an Bedeutung. In anderen wirtschaftlichen Rohstoffen wie z.B. Kohle, Eisenerz, mineralische Sande oder edele Steine findet kein Terminhandel statt und ist deswegen für den Finanzinvestor in der Direktanlage nur schwer zugänglich.

[4] Hedgefunds mit Fokus auf Rohstoffen sowie Commodity Trading Advisors (CTAs) sind als Investment Vehikel ebenfalls direkt an den Terminbörsen in Rohstoff-Kontrakten engagiert. Finanzinvestoren ohne den direkten Zugang zu Terminbörsen können über strukturierte Produkte in Rohstoff-Terminkontrakte investieren.

aufrechtzuerhalten. Derivate unterliegen jedoch mehr preisbeeinflussenden Einflussfaktoren als der Veränderung des Kassapreises allein. Auf das Investment in Aktien von Unternehmen im Rohstoffbereich wird in Kapitel 2.3.4 und 4.1.6 gesondert eingegangen.

Zwischenfazit

Unter Rohstoffe im finanzwirtschaftlichen Sinn fallen all jene Güter, die an Rohstoff-Terminbörsen gehandelt werden, und die sich in die Bereiche Energie, Industriemetalle, Edelmetalle, landwirtschaftliche Erzeugnisse und Viehwirtschaft eingruppieren lassen. Außer dem physischen Direkterwerb ist die Investition in Rohstoffe nur mit derivativen Finanzprodukten möglich. Daneben besteht die indirekte Möglichkeit über Aktienengagements in Unternehmen zu investieren, deren primärer Geschäftsinhalt die Förderung, Exploration und Verarbeitung von Rohstoffen ist, um an Preissteigerungen der Rohstoffe indirekt teilzuhaben.

2.2 Rohstoffterminkontrakte

2.2.1 Die Komponenten des Terminpreises

Der Terminkurs notiert normalerweise über dem Kassakurs – nur zum Laufzeitende des Kontraktes müssen Termin- und Kassakurs übereinstimmen. Ein Investor, der die Wahl zwischen beiden Segmenten hat, wird den Kassamarkt bevorzugen und die Verkaufserlöse zinsbringend anlegen, wenn er nicht durch einen entsprechend höheren Terminkurs für entgangene Zinserträge und Lagerkosten (cost of carry) kompensiert wird (vgl. Black 1976, Hull 2000). Sollte der Terminkurs über diesem ‚fairen Wert' liegen, könnten Arbitrageure einen sicheren Gewinn realisieren, indem sie Future-Kontrakte verkaufen und sich gleichzeitig mit den entsprechenden physischen Gegenwerten am Kassamarkt eindecken. Damit ist für den Terminkurs im Verhältnis zum Kassakurs eine klare Obergrenze vorgegeben. Notieren Terminkurse unter diesem fairen Wert, eröffnet dies auf effizienten Märkten Raum für Arbitrage-Gewinne[6].

---

[6] Arbitrageure können sich in diesem Fall die entsprechenden Positionen leihen, zu den (zu hohen) Kassakursen verkaufen und sich gleichzeitig am Terminmarkt zu günstigeren Konditionen eindecken. Bei Finanztermingeschäften funktioniert dieser Zusammenhang außer in Ausnahmefällen von z.B.

Rechnerisch bestimmt sich der Terminkurs (F_t) als

(1) $F_t = S_t * e^{(i_t+u-y)*(T-t)}$

mit:

S_t: Kassapreis

e: Eulersche Zahl

i_t: Zinskosten/Finanzierungskosten

u: Lagerhaltungskosten

y: Vorteilszins (Einkommen aus Anlage)

T-t: Laufzeit

Lagerhaltungskosten (u) und Zinskosten/Finanzierungskosten (i_t) abzüglich Vorteilszinsen (y) bilden zusammen den Cost of Carry[7]. Die Rohstoff-Terminbörsen weisen im Vergleich zu Finanztermingeschäften auf Aktien, Anleihen oder Indices einen entscheidenden Unterschied auf: der Terminkurs kann auch (dauerhaft) unter dem Kassakurs notieren. Denn bei der Berechnung des Future Preises bei Rohstoffen kommt im Vergleich zu Financial Futures eine weitere Preiskomponente hinzu: der Convenience-Yield, so dass:

(2) Future Preis: Spot Preis + Zinssatz – (Convenience Yield – Lagerhaltung)

Durch die Lagerhaltung statt den Verkauf des Rohstoffs gibt man den Spot Preis auf und nimmt Lagerhaltungskosten und Zinsverluste in Kauf. Dem gegenüber stehen die Vorteile, die sich durch die Lagerhaltung ergeben: der Convenience Yield.

(3) Convenience Yield: Roll Yield + Lagerhaltungskosten + Zinsen (Collateral Yield)

---

exogenen Schocks sehr gut, da sich effiziente Wertpapierleihemärkte für Aktien- und Anleihepapiere entwickelt haben. Bei Rohstofftermingeschäften gilt diese Beziehung außer im Goldleihemarkt nicht. Dadurch fehlt ein Korrekturmechanismus, wenn die Terminkurse unter den Kassapreisen liegen.

[7] Vgl. Hull (2000).

Dieser umfasst alle Vorteile die dem Besitzer des physischen Rohstoffs zukommen aber nicht dem Halter eines Future Kontrakts zur zukünftigen Lieferung des Rohstoffs.

(4) Roll Yield: Convenience Yield – Zinsen – Lagerhaltung

Die Differenz zwischen Future und Spot Preis, also Zinsen und Lagerhaltung abzüglich des Convenience Yields definiert den Roll Yield (Lewis 2005, S.18ff.).

2.2.2 Die Erträge aus Rohstoffterminkontrakten

Aktien und Anleihen bieten laufende Erträge in Form von Dividenden und Koupons. Das Fehlen laufender Erträge ist häufig Grund für Bedenken gegenüber der Kapitalallokation in besicherte Rohstofftermingeschäfte. Dabei wird jedoch häufig außer Acht gelassen, dass neben der Preisperformance aus steigenden Kassapreisen noch zwei weitere Ertragsquellen beachtet werden müssen. Die Erträge aus der Halteposition von Rohstofftermingeschäften (Total Return) setzen sich aus drei Komponenten zusammen:

(1) Total Return = Spot Return + Collateral Yield + Roll Yield

Der Spot Return beschreibt die reine Preisentwicklung eines Rohstoffes im Zeitverlauf, also beispielsweise die Preisdifferenz von Aluminium in drei Monaten (p_t) und heute (p_0) im Verhältnis zum heutigen Preis $[(p_t - p_0) / p_0]$. Im Spot oder Kassa Markt geht es um die tatsächliche physische Lieferung von Gütern, wohingegen bei Future Kontrakten die physische Lieferung eher im Hintergrund steht (Cash Settlement)[8].
Da beim Eingehen eines Terminkontrakts außer den Sicherheitsleistungen kein Kapitaleinsatz erforderlich ist, kann ein Investor die für den Kauf von Rohstoffen vorgesehenen Mittel in der Zwischenzeit zinsbringend anlegen. Der Collateral Yield beschreibt den Ertrag aus der vollständigen Besicherung der Future Position, dies können beispielsweise kurzlaufende Anleihen sein (vgl. Lewis 2005, S.18ff.).

---

[8] Während im Kassamarkt von der physischen Warenlieferung an den Käufer ausgegangen wird, werden nach Statistiken der Chicago Board of Trade (CBOT) im Rohstoffbereich 90% aller Forwards durch physische Lieferung erfüllt; während es bei Futures weniger als 3% aller Kontrakte sind, die nicht durch ein Gegengeschäft glattgestellt werden (vgl. CBOT, www.cbot.com).

Im Gegensatz zu Aktien, die den Halter mit einem anhaltenden Anteil an einem Unternehmen ausstatten, sind Rohstofftermingeschäfte mit einem Liefertermin für den zugrunde liegenden Rohstoff ausgestattet. Um die Anlieferung zu vermeiden und um eine long Position in einem Underlying beizubehalten müssen Kontrakte kurz vor Fälligkeit veräußert und längerlaufende Kontrakte erworben werden. Diesen Prozess bezeichnet man als ‚Rolling'. Der resultierende Roll Yield ist abhängig von der Struktur der Terminkurve und kann wie der Spot Return positiv oder negativ sein[9]. Der Roll Ertrag oder Roll Yield ist somit der Ertrag der zusätzlich zur reinen Preisperformance realisiert wird (Excess). Darstellen (vgl. Feldman/Till 2006, S.11f.) lässt sich der Roll Yield als geometrische Differenz zwischen Excess und Spot Preis Ertrag:

Roll Yield = (1 + Excess Return) / (1 + Spot Preis Return) – 1

Oft wird der Roll Yield in der Praxis auch einfach als arithmetische Differenz zwischen Excess und Spot Preis Performance dargestellt, was jedoch die Aggregation z.B. von Spot und Roll Yields erschwert.

Ein wichtiger Aspekt im Hinblick auf die Ertragsquellen einer Halteposition eines Rohstofftermingeschäftes ist, dass die Investitionen nicht nur spekulativen Zwecken dient. Durch das Halten der Gegenposition von Rohstoffproduzenten wird der Terminmarkt liquide und die Prämien sinken tendenziell. Der Effekt kann analog zu Erb (2006) als Zurverfügungstellung von Risikokapital für die Rohstoffproduzenten bzw. als Versicherungsprämie interpretiert werden.

2.2.3 Die Struktur der Terminkurve – Backwardation und Contango

Die Terminstrukturkurve beschreibt die Beziehung zwischen Terminpreisen und der Fälligkeit von Terminkontrakten. Wenn Future Positionen gerollt werden, kann zwischen zwei grundlegenden Marktkonditionen unterschieden werden: Backwardation und Contango. Backwardation definiert sich dadurch, dass der Future Preise von Kontrakten mit längerer Laufzeit niedriger notiert als mit kürzerer Laufzeit (z.B. oft zu beobachten bei Rohöl), resultierend in einem positiven Roll-Yield. Das Halten einer

[9] Die Roll-Erträge können dabei je nach Rohstoff sehr unterschiedlich ausfallen und sich im Zeitverlauf dynamisch verändern.

Long-Position erwirtschaftet bei jedem Rollvorgang eine positiven Roll-Ertrag, denn mit näher rückendem Lieferdatum steigt der Preis der gehaltenen Future-Position an, und vor Fälligkeit muss die Position durch Veräußerung und Reinvestition in einen länger laufenden günstigeren Kontrakt verlängert werden. Backwardation impliziert, dass der Convenience Yield größer ist als die Zins- und die Lagerhaltungskosten (vgl. Lewis 2005, S.18ff.).

(1) Backwardation:

Future Preis < Spot Preis, bzw. Convenience Yield > Zinsen + Lagerhaltungskosten

Eine Situation, in der zukünftige Lieferpreise von Futures höher sind als Spot-Preise (z.B. oft zu beobachten bei Gold), bezeichnet man als Contango, der Roll-Yield ist hier negativ. Somit muss beim Rollen von Kontrakten zur Beibehaltung einer passiven Long-Position stetig Liquidität nachgeschossen werden. Der Convenience Yield muss also geringer sein als die Zins- und die Lagerhaltungskosten (vgl. Lewis 2005, Feldman/Till 2006). Der Grad der Backwardation (Front-Month) lässt sich als Differenz zwischen dem Spot Preis S_t und dem Preis F_t des nächsten Future Kontraktes bestimmen:

Backwardation (%) = $(S_t - F_t) / F_t$

Hierbei kann der Spot Preis durch den nächst fälligen Future Kontrakt repräsentiert werden. Backwardation tritt also auf, wenn der aktuelle Kontrakt bzw. der Spot Preis höher notiert als der nächst folgende Kontrakt.

(2) Contango:

Future Preis > Spot Preis, bzw. Convenience Yield < Zinsen + Lagerhaltungskosten

Jeder termingehandelte Rohstoff hat natürliche Long und Short Hedgers; die stärkere Marktseite (Netto) muss eine Prämie zahlen, damit Spekulanten den Markt betreten, und einen Ausgleich zwischen Long und Short Hedgern herzustellen (vgl. Bodie 1983, Bodie et al. 1999, Erb 2006)[10]. Anson (1998) unterscheidet ebenfalls zwischen

[10] Erb (2006, S.20ff.) argumentiert, dass Rohstoffproduzenten wie z.B. Exxon, deren Geschäft es erfordert long Öl zu sein, Preisfluktualitäten reduzieren können indem sie short Rohöl Futures gehen; Hedging durch risikoadverse Produzenten kan den Terminpreis unter den erwartenen Kassapreis drücken. Alternativ können Verarbeiter wie z.B. Boeing, der short Aluminium ist, sich hedgen indem

Märkten auf denen sich primär Produzenten hedgen (Backwardation) und Märkten auf denen sich Konsumenten hedgen (Contango). Rohstofftermingeschäfte dienen dem Risikotransfer, und die Anbieter von Risikokapital erhalten eine Risikoprämie. In einem Contango-Markt sind die natürlichen Hedger der Rohstoffe die Käufer/Nachfrager statt der Anbieter. Verarbeiter sichern sich gegen steigende Preise ab indem sie Long-Positionen eingehen; Spekulanten muss eine Prämie geboten werden, so dass in einer Contango Situation F_0 größer sein muss als $E(P_T)$.

In einem Backwardation-Markt treten Produzenten als Short Hegders auf um sich gegen einen Preisverfall abzusichern; damit Spekulanten die korrespondierende Long-Position eingehen muss ihnen eine erwartete positive Rendite geboten werden. Demzufolge werden Finanzinvestoren den Long-Kontrakt nur eingehen, wenn der Future Preis unterhalb des Spot Preises liegt; erwarteter Profit: $E(P_T)-F_0$. Ein weiterer Zusammenhang erklärt die bei Finanztermingeschäften unübliche aber bei Rohstofftermingeschäften häufig anzutreffende Backwardation:

Rohstoffproduzenten streben danach, Preisrisiken durch Terminverkäufe abzusichern. Investoren sind dann bereit, in den Markt einzutreten, wenn sie für ihre Risikoübernahme durch einen tieferen Einstandspreis an den Terminmärkten entlohnt werden. Halten sie die Kontrakte bis zur Fälligkeit haben sie bei unveränderten Kassapreisen die Backwardation für sich eingenommen (Prämie). Dies ist der Hintergrund der von John Maynard Keynes beschriebenen „normal backwardation“ (1) von Commodity Futures[11]. Erb (2006), S.18ff. argumentiert, die normale Backwardation lege nahe, dass der Excess Return eines Rohstofftermingeschäftes als Versicherungsprämie angesehen werden kann.

Das Auftreten von Backwardation kann auch erwartungstheoretisch (2) erklärt werden: betrachten die Marktteilnehmer die Preise am Kassamarkt als überhöht und erwarten deswegen langfristig sinkende Preise kann sich eine Backwardation Kurve etablieren. Sind diese Erwartungen rational, können Investoren an den Rohstoffterminmärkten keine positive Rendite erzielen, da die Roll-Erträge durch den erwarteten Rückgang der Kassapreise aufgezehrt werden.

Das Auftreten und die Persistenz einer Backwardation Kurvenstruktur kann aber auch von einer unerwarteten Verknappung (3) des Rohstoffangebots aufgrund exo-

---

er long Aluminium Futures geht. Hedging durch risikoadverse Marktteilnehmer kann die Terminpreise im Vergleich zu den Kassapreisen verändern, wobei jeweils die Gegenseite eine Risikoprämie erhält.

[11] Vgl. Keynes (1930) und auch Kaldor (1939).

gener Ereignisse ausgehen. Sind diese Versorgungsengpässe vorübergehender Natur beruhigen sich die Kassapreise schnell wieder. Bleibt die angespannte Situation über einen längeren Zeitraum bestehen (z.B. wachsende Nachfrage, verzögerte Angebotsreaktionen) kann sich eine backwarded Kurve etablieren. So wäre eine Backwardation Future Kurvenstruktur Ausdruck einer aktuell angespannten Versorgungslage (vgl. u.a. Williams 2000).

Die Theorie der Lagerhaltung (4) (vgl. Working 1948, 1949) erklärt den Unterschied zwischen Spot und Future Preis eines Rohstoffes durch entgangene Zinsen durch den Erwerb und die Lagerung des Rohstoffes, Lagerhaltungskosten, und den Convenience Yield auf die Lagerung, der eine Konsumoption auf den lagerfähigen Rohstoff enthält.

Rohöl Futures handeln oftmals unter ihrem Spot Preis – der Markt befindet sich verhältnismäßig oft in Backwardation. Litzenberger/Rabinowitz (1995) unterscheiden starke Backwardation (Future Preise sind unter dem Spot Level) und schwache Backwardation (diskontierte Future Preise liegen unterhalb des Spot Preises). Mit Veränderungen z. B. der Erwartungen bzgl. des Angebots oder der Nachfrage, der kritischen Variablen Lagerhaltung, Zinsen und Convenience Yield kann sich im Zeitverlauf die Struktur der Terminkontraktkurve dynamisch ändern[12].

2.2.3.1 Beispiele der Terminstruktur: Gold und Rohöl

Exemplarisch sollen hier Backwardation und Contango anhand der Termin- und Kassakurse der beiden Rohstoffe Gold und Rohöl beschrieben werden. Abb. 2 stellt den idealtypischen Verlauf der Future Kurven von Rohöl und Gold da[13].

[12] Die Hindernisse auf dem Weg zu einer erfolgreichen Erschließung neuer Produktionsstätten im Bereich der Energien und Metalle werden vielfach unterschätzt, so das die Terminpreise oft eine überzogene Erwartung zukünftiger Produktion widerspiegeln.

[13] Die dargestellte Backwardation für Rohöl und Contango für Gold sind als stilisierte Fakten zu betrachten. Für den Zeitraum von Dezember 1982 bis Mai 2004 zeigt Erb (2006), S.22f., dass sich Rohöl-Futures in 66% aller Fälle in Backwardation befanden; Gold dagegen immer in Contango handelte. Der durchschnittliche Roll-Ertrag betrug hier bei Rohöl +11,7% p.a.; bei Gold -1,4% p.a.

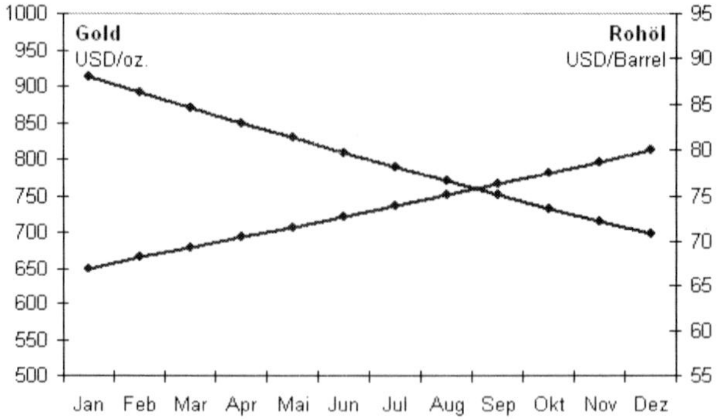

Abbildung 2: Beispiel für Contango und Backwardation (Gold und Rohöl)

Die ansteigende Terminkurve bei Gold impliziert einen anhaltenden Contango-Effekt (Kurvenverlauf steigend, von links unten nach rechts oben). Demzufolge verursacht das kontinuierliche Rollen der Kontrakte eine negative Roll-Rendite. Gold als Rohstoff ist nicht knapp; es existieren Lagerbestände in mehr als zehnfacher Höhe der jährlichen Produktion, ebenso wie funktionierende Leihemärkte, so dass sich der Rohstoff Gold sehr ähnlich zu Finanztermingeschäften verhält (vgl. u.a. Lewis 2005, Eibl 2005, Mezger/Eibl 2005, 2006). Knappheit und ein positiver Convenience Yield, erklärend beispielsweise aus Stillstandszeiten von Raffinerien (vgl. Weiser 2005), sind Gründe für die historisch bei Rohöl oft beobachtete Backwardation (Kurvenverlauf fallend, von links oben nach rechts unten). Das Rollen der Kontrakte für das Aufrechterhalten einer Buy-and-Hold Position kann für den Anleger zu einer zusätzlichen Ertragsquelle, eine ‚natürliche Dividende' führen.

Zwischenfazit

Die Erträge aus der Anlage in besicherte Rohstofftermingeschäfte stammen aus drei Komponenten: neben dem Anstieg der Kassapreise müssen ebenfalls Roll Erträge und Zinsen aus der vollständigen Besicherung der Positionen beachtet werden. Dabei können sich Rohstofftermingeschäfte signifikant von sonstigen Finanztermingeschäften unterscheiden. Handeln Future Kontrakte in einer Backwardation Kurvenstruktur kann ein Investor eine ‚natürliche' Dividende beim Rollen der Kontrakte vereinnahmen. Warum Commodity Future Kontrakte in Backwardation handeln, kann anhand der natürlichen Backwardation nach Keynes, der Erwartungstheorie, der

Marktmacht der Hedgingseite, Knappheiten oder Angebots- und Nachfrageeffekte erklärt werden. Die beiden Rohstoffe Gold und Rohöl sollen hierbei die unterschiedliche Terminkurvenstruktur exemplarisch verdeutlichen.

2.3 Rohstoff Indices

Im engeren Sinne umfassen Indices im Rohstoff-Bereich ausschließlich diejenigen, die sich direkt auf Rohstoffe oder Rohstoff Terminkontrakte beziehen. Im weiteren Sinne kommen auch Indices dazu, die sich auf Rohstoffaktien beziehen. Im Fokus dieser Arbeit stehen Rohstoff Indices im engeren Sinne. Diese Rohstoffindices unterteilen sich in reine Preisindices und in Future Indices. Zuerst soll die grundsätzliche Systematik von Rohstoffindices aufgezeigt werden. Danach wird auf Preis- und Future Indices eingegangen und die am weitesten verbreiteten Indices werden kurz skizziert und analysiert. Aufgrund der weiten Verwendung wird abschließend in Form eines Exkurses auch auf Rohstoffaktien Indices eingegangen.

2.3.1 Index Systematik: Spot, Excess und Total Return Indices

Vergleichbar zu Kurs- und Performance-Indices bei Aktien und Anleihen unterscheidet man bei Rohstoff Future Indices Spot Indices (1), Excess Return Indices (2) und Total Return Indices (3) (vgl. Goldman Sach 2007).

Spot (S) Indices bilden das Preisniveau von Rohstoffen ab und sind für den Finanzinvestor nicht investierbar. In das Index-Konstrukt gehen die Kassa Preise von Rohstoffen ein, so dass sich der Spot Ertrag aus der gewichteten Summe der reinen Preisveränderung der Index-Komponenten zusammensetzt. Die einzige Möglichkeit einen Spot Preis Index nachzubilden ist somit über den physischen Direkterwerb der zugrunde liegenden Rohstoffe. Hintergrund dieser Indices ist eine aktuelle und historische Betrachtung des Preisniveaus einer Gruppe von Rohstoffen z.B. als Indikator der Inflations- und Konjunkturentwicklung. Diese Indices können jedoch nicht leisten die Erträge, die durch eine passive Finanzanlage in Rohstoffe entstehen, zu messen.

Excess Return (ER) Indices geben die Performance eines Finanzinvestments in eine Gruppe von kurzlaufenden Rohstoff Future Kontrakten abzüglich der Verzinsung der den Futurekontrakten zugrunde liegenden Besicherung wieder. Bei einer vollständig besicherten Future Position wird der Nominalwert der jeweils eingegangenen Future

Position bei Eröffnung als Sicherheit (Collateral) hinterlegt. Die zugrunde liegende Besicherung der Future Kontrakte geschieht dabei durch Kasse oder kurzlaufende Anleihen; die Verzinsung wird jedoch in der Index-Entwicklung nicht berücksichtigt. Neben der Spot-Preis Entwicklung der zugrunde liegenden Rohstoffe geht der Roll Yield als Ertrag aus dem kontinuierlichem Rollen von fällig werdenden Kontrakten in den Index ein. Entweder werden die Kontrakte in günstigere Kontrakte (Backwardation) oder in teurere (Contango) gerollt. Somit kann der Roll-Yield entweder positiv oder negativ sein. Die Kombination des Spot Yields und des Roll Yields nennt man Excess Return oder Continuous Contract.
Total Return (TR) Indices messen die Erträge eines Investments in Rohstoff Terminkontrakte analog zum Konstrukt des Excess Return Index und berücksichtigen zusätzlich die Erträge aus der Verzinsung der Besicherungsinstrumente. Der Anleger erhält die Verzinsung der Besicherung plus den Ertrag aus der Commodity Future Position (Spot Yield und Roll Yield). Ein Total Return Index ermöglicht, Rohstoffe als Anlageklasse auf der gleichen Ebene wie traditionelle Anlageklassen wie Aktien und Anleihen auf der Basis von Performance Indices zu betrachten.

2.3.2 Rohstoffpreis Indices

Rohstoff (Spot-) Preis Indices messen das Preisniveau eines Korbes von Rohstoffen und dienen hauptsächlich als volkswirtschaftliche Indikatoren, deren überwiegender Verwendungszweck in der Messung der Preisniveaustabilität oder als Konjunktur-Indikator liegt. Die Preisfeststellung der einzelnen Rohstoffe kann dabei über mehrere Quellen wie z.B. anhand von Handelspublikationen oder Expertengremien erfolgen. Die bekanntesten Indices in diesem Feld sind der Journal of Commerce Index (JoC), der Economist Commodity Price Index und der CRB Spot Commodity Index. Das Hamburger Institut für Weltwirtschaft berechnet mit dem HWWA-Index ebenfalls einen Rohstoffpreis-Index.

Der Journal of Commerce (JoC) Commodity Index bzw. seit der Indexänderung im Januar 2000, der Journal of Commerce (JoC) – Economic Cycle Research Institute (ECRI) Industrial Price Index (JOC-ECRI IPI) besteht aus 18 Rohstoffen. Bestandteile des Index sind Baumwolle, Leinen, Polyester, Stahl, Kupfer, Aluminium, Zink, Blei, Zinn, Nickel, Häute, Kautschuk, Talg, Sperrholz, Roteiche, Benzin, Rohöl und

Ethylen. Der JoC-ECRI IPI misst die Preisveränderung der Rohstoffe, um als Frühindikator für die Inflationsentwicklung zu fungieren[14].

Der Economist Commodity Price Index basiert auf Daten, die bis 1845 zurückreichen, und ist somit der älteste Rohstoff-Preis Index. Der Index besteht aus 25 Rohstoffen ohne Energien oder Edelmetalle mit Schwerpunkt bei Agrarrohstoffen. Aktuell besteht der Index zu 56% aus Agrarrohstoffen (‚Foods') und zu 44% aus industriell verwendeten Rohstoffen (‚Industrials'). Im Einzelnen besteht der Index aus Aluminium, Weizen, Kupfer, Kaffee, Sojabohnen, Fleisch, Mais, Baumwolle, Sojamehl, Reis, Zucker, Kakao, Palmöl, Kautschuk, Bauholz, Nickel, Zink, Wolle, Sojaöl, Häute, Tee, Lamm, Blei, Zinn und Kokosnussöl[15].

Der CRB Spot Index wird seit 1952 täglich vom Commodity Research Bureau (CRB), USA berechnet[16]. Der Index misst die Preisbewegungen von 22 nicht börsengehandelten Basis-Rohstoffen und dient hauptsächlich als Konjunktur-Frühindikator. Die beiden Hauptkategorien des Index sind industrielle Rohmaterialien (‚Raw Industrials') und Agrarrohstoffe (‚Foodstuffs'); Subkategorien sind Metalle (1), Textilien und Fasern (2), Vieh und Viehprodukte (3) sowie Fette und Öle (4), wobei sich die Kategorien bei Einzelkomponenten überschneiden können. Die Index-Komponenten im Einzelnen sind Kupfer, Blei und Stahlschrott, Zink, Zinn, Baumwolle, Leinen, Gewebe und Wollstoff, Häute, Schweine, Fett, Talg, Ochsen, Butter, Baumwollsamenöl, Harz, Kautschuk, Sojabohnenöl, Kakao, Mais, Weizen und Zucker.
Das Hamburgische Welt-Wirtschafts-Archiv (HWWA), bzw. das Hamburgische Weltwirtschaftsinstitut (HWWI) berechnet den HWWA-Index der Weltmarktpreise für Rohstoffe (HWWA-Index) mit Monatsdaten seit Ende 1978 und mit Tagesdaten seit April 1996 (vgl. HWWA 2007). Zielsetzung des HWWA-Index ist, die preislichen Veränderungen in der Rohstoffimportrechnung der Industrieländer zu messen. Insgesamt sind im HWWA-Index 28 Rohstoffe vertreten, von denen Mineralöl rund 63% des Gewichtes im Hauptindex ausmacht. Im Einzelnen besteht der Index aus Gerste,

---

[14] Vgl. Economic Cycle Research Insitute (2005), sowie www.joc.com und www.businesscycle.com/resources/joc-ecri. Die Indexdaten sind auf Bloomberg verfügbar (JOCIINDX Index <GO>).
[15] Vgl. The Economist, in: www.economist.com
[16] Vgl. Commodity Research Bureau (2007), in: www.crbtrader.com; sowie Bloomberg: CRB Commodity <GO> ; zwischen 1969 und 1981 wurde die tägliche Berechnung zwischenzeitlich ausgesetzt.

Mais, Reis, Weizen, Soja, Kokosöl, Palmöl, Sonnenblumenöl, Kaffee, Kakao, Tee, Zucker, Baumwolle, Wolle, Häute, Holz, Kautschuk, Zellstoff, Aluminium, Blei, Kupfer, Nickel, Zink, Zinn, Eisenerz, Stahlschrott, Kohle und Rohöl[17].

Rohstoff Preisindices wie der Journal of Commerce - Economic Cycle Research Institute Industrial Price Index, Economist Commodity Price Index, CRB Spot Commodity Index oder der HWWA-Index spiegeln das Preisniveau von Rohstoffen wider und fungieren oft als Benchmark für das Rohstoffpreisniveau einer Volkswirtschaft; diese Indexform ist meist als makroökonomischer Indikator und nicht als investierbarer Index konstruiert. Außer durch den physischen Direkterwerb der zugrunde liegenden Rohstoffe lassen sich Preisindices nicht replizieren; unter dem Gesichtspunkt eines Finanzinvestments in Rohstoffe werden die weiteren inhärenten Ertragsquellen (Roll und Collateral Erträge) außer Acht gelassen.

2.3.3 Rohstoff Future Indices

Rohstoff Future Indices beziehen sich auf eine Gruppe von Rohstoff Future Kontrakten, deren nominaler Wert vollständig durch Liquidität besichert ist. Im Gegensatz zu Rohstoff Preis Indices fungieren Rohstoff Future Indices als replizierbares Investment Vehikel für Finanzinvestoren. Im Unterschied zu Aktien- oder Anleihemärkten ist das Konzept der Marktkapitalisierung als Gewichtungsregel für Indexkomponenten für Terminkontrakte wenig sinnvoll (vgl. Erb 2006). Mit Ausnahme des bis 2005 nicht regulär investierbaren Reuters-CRB Future Index entstanden alle weiteren Rohstoff Future Indices in den 1990er Jahren, wobei seit der Jahrtausendwende einige neue Indices entwickelt wurden.

---

[17] Vgl. HWWA (2007), in: www.hwwi.org und www.hwwi.org/Rohstoffpreisindex.1042.0.html (Mai 2007).

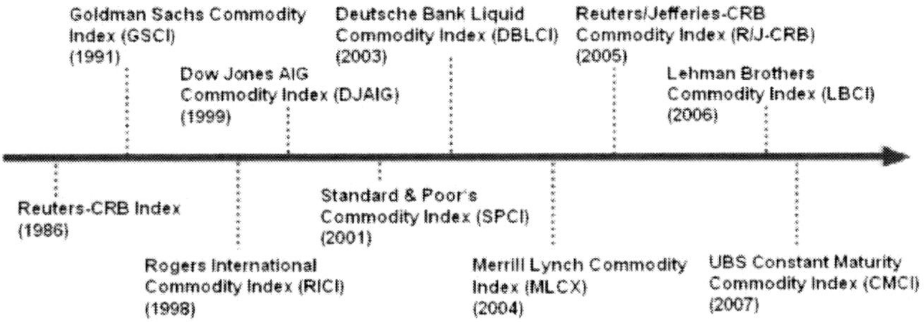

Abbildung 3: Übersicht Rohstoff Future Indices – Zeitverlauf

Die Abb. 3 zeigt schematisch die zeitliche Einführung der unterschiedlichen Commodity Future Indices: neben dem Reuters-CRB Index sind die am weitesten verbreiteten Indices der Goldman Sachs Commodity Index (GSCI) und der Dow Jones Commodity Index (DJ-AIGCI). Schätzungen zufolge sind über passive Commodity Future Indexprodukte weltweit derzeit rd. 100 Mrd. USD Anlagegelder in Rohstoffen investiert (vgl. u.a. Goldman Sachs 2007, UBS 2007, Deutsche Bank 2006, Erb 2006, S.9ff.)[18]. Der Großteil der investierten Anlagemittel entfällt auf den S&P GSCI, gefolgt vom DJ-AIGCI. Von der realen Asset Allokation sind die weiteren Indices bisher von geringerer Bedeutung (ebenda). Reuters-CRB, S&P GSCI und DJ-AIGCI werden als die am weitesten verbreiteten Indices an dieser Stelle näher analysiert; die weiteren gebräuchlichen Indices werden nur kurz skizziert.

2.3.3.1 Reuters-CRB Index / Reuters/Jefferies-CRB Index

In 1957 berechnete das Commodity Research Bureau (CRB), USA, zum ersten Mal den Reuters-CRB Rohstoff Future Index, mit damals 28 Komponenten. Als bekanntester und ältester Rohstoffindex stellt der Reuters-CRB noch heute eine weltweit anerkannte Benchmark für Rohstoffpreise dar. Aufgrund der diversifizierten Zusammensetzung und der Gleichgewichtung der Komponenten ist der CRB-Futures Index

[18] Erb (2006) führt an, dass im Mai 2004 86% des open interest im Bereich Rohstoff Index Futures auf den GSCI, 10% auf den DJAIGCI und 4% auf den Reuters-CRB entfielen (Erb 2006, S.9ff.).

als breite Meßlatte von Rohstoff-Preistrends und als makroökonomischer Indikator aufgestellt[19].

Komponenten des Reuters-CRB Index sind heute 17 Rohstoff Futures mit je 5,9% Gewichtung, eingeteilt in sechs Subindices: Energie 17,6% (Rohöl, Heizöl und Erdgas), Getreide und Ölsaaten 17,6% (Mais, Sojabohnen und Weizen), Industriegüter 11,8% (Kupfer und Baumwolle), Viehwirtschaft 11,8% (lebende Rinder und Schweine), Edelmetalle 17,6% (Gold, Platin und Silber) und weitere Agrargüter 23,5% (Kakao, Kaffee, Orangensaft und Zucker).

Zur Berechnung des Index werden aus den Kontrakten der Einzelkomponenten arithmetische Durchschnitte gebildet, die dann durch eine geometrische Durchschnittsbildung den Index kreieren, was zu einer vergleichsweise niedrigen Volatilität führt.

Der Reuters-CRB stellt zwar die am weitesten verbreitete Benchmark für die Preisentwicklung der Rohstoffmärkte dar; ist jedoch nach dem Kriterium der investierten Mittel weniger bedeutend. Future Kontrakte auf den Index werden an der New York Futures Exchange seit 1986 und Optionen auf diese Futures seit 1988 gehandelt.

Mit der 10. Indexrevision seit Auflegung wurde im Juli 2005 die Systematik des Reuters-CRB Commodity Index grundlegend verändert[20], und der Index wurde umbenannt in Reuters/Jefferies CRB Commodity Index (R/J CRB). Der ursprüngliche gleichgewichtete Reuters-CRB Index wird als Continuous Commodity Index (CCI) weitergeführt. Der aufbauend auf dem Reuters-CRB Index neu kreierte Reuters/Jefferies CRB Index wird nun ausschließlich nach einem arithmetischen Durchschnitt berechnet, monatlich rebalanced, und besteht aus 19 unterschiedlichen Rohstoff Terminkontrakten. Berechnet wird eine Excess und eine Total Return Version. Im Einzelnen setzt sich der neue Index zu 39% aus Energie-Kontrakten zusammen: Rohöl (WTI) (23%), Heizöl (5%), Benzin (5%) und Erdgas (6%). Industrie- und Edelmetalle sind mit 13 bzw. 7% vertreten: Aluminium (6%), Kupfer (6%), Nickel (1%), Gold (6%), und Silber (1%). Agrarrohstoffe und Vieh machen 34 und 7% aus: Mais (6%), Sojabohnen (6%), Zucker (5%), Kakao (5%), Kaffee (5%), Baumwolle (5%),

[19] Vgl. Commodity Research Bureau (2007), in: www.crbtrader.com; Daten auf Bloomberg: CRBO Index <GO> / CCI Index <GO> / CRY Index <GO>

[20] Ebenda. Vergleiche zusätzlich: www.jefferies.com/RJCRB

Weizen (1%), Orangensaft (1%) sowie lebende Rinder (6%) und magere Schweine (1%).

Die beiden Hauptunterscheidungsfaktoren zwischen Reuters-CRB (CCI) und R/J CRB Index betreffen a) die Aufgabe der Gleichgewichtung der Komponenten und b) die Erhöhung des Gewichtes des Energiesektors. Rohöl ist nun mit 23% statt mit 5,8% im Index vertreten – der Petroleum Sektor (Energie ex Erdgas) bekommt aufgrund der weltwirtschaftlichen Bedeutung in der neuen Indexversion eine fixe Gewichtung von 33%. Die Gewichtung der restlichen Index-Komponenten bestimmt sich diskretionär nach Liquidität und Diversifizierungspotential. Durch die Indexrevision nähert sich der R/J CRB an die für Finanzinvestoren entwickelten Indices von Goldman Sachs und Dow Jones AIG an.

2.3.3.2 S&P Goldman Sachs Commodity Index (S&P GSCI)

Goldman Sachs entwickelte 1991 den Goldman Sachs Commodity Index (GSCI), der als erster Rohstoff Future Index die Investmenterträge von liquide handelbaren Rohstoffen und Rohwaren abbilden sollte (vgl. Goldman Sachs 2007)[21]. Durch Rückrechnung existieren Index-Daten bereits ab dem Jahr 1970. Da das Kriterium Marktkapitalisierung im derivativen Handel von Rohstoffen keine Entsprechung hat, verwendet der GSCI gewichtete Produktionsdaten: das Gewicht jedes Rohstoffes im Index bestimmt sich durch das durchschnittliche Gewicht in der weltweiten Produktion der vergangenen 5 Jahre. Die Rohstoff-Gewichtung im GSCI spiegelt damit die weltwirtschaftliche Bedeutung der einzelnen Rohstoffe wider. Die Allokation innerhalb des Index wird jährlich zum Jahresende geprüft. Der GSCI enthält so viele Rohstoffe wie möglich, solange Liquidität und Investierbarkeit gewährleistet sind. Der Index wird als Spot, Excess Return und Total Return Index berechnet; neben dem Hauptindex existieren unterschiedliche Index Varianten mit variierenden Sektor Gewichtungsfaktoren, Sektor Indices oder einer veränderten Roll Systematik (‚Dynamic'). Aufgrund der Index-Systematik macht Rohöl der Sorten WTI (28,4%) und Brent (13,1%) zusammen 41,5% des GSCI aus. Neben den Sektor Indices Energie, Industrie- und Edel-

[21] Vgl. Goldman Sachs (2007), in: www.gs.com/gsci; vgl. auch www.spgsci.standardandpoors.com

metalle, Agarrohstoffe und Vieh wurde vor diesem Hintergrund ebenfalls die Indices S&P GSCI Reduced Energy, S&P GSCI Light Energy, S&P GSCI Ultra-Light Energy und der S&P GSCI Non-Energy eingeführt. Der Future und Optionshandel im GSCI findet an der Chicago Mercantile Exchange statt.

Mit dem Einstieg von Standard & Poor's (S&P) im Februar 2007 wurde die Bezeichnung der Index Familie in ‚S&P GSCI' geändert. Derzeit besteht der S&P Goldman Sachs Commodity Index (S&P GSCI) aus 24 Komponenten, die sich auf die Sektoren Energie, Industriemetalle, Edelmetalle, Agarrohstoffe und Vieh zu 70,1%, 11,4%, 2,3%, 11,3% und 4,8% aufteilen. Im Einzelnen besteht der Index aus Rohöl der Sorten WTI (34,3%) und Brent (14,8%), Benzin (1,6%), leichtes und schweres Heizöl (5,1% und 5,9%), Erdgas (8,6%), Aluminium (3,4%), Kupfer (4,0%), Blei (0,5%), Nickel (2,1%), Zink (1,3%), Gold (2,0%), Silber (0,3%), Weizen (2,7%), roter Weizen (0,9%), Mais (3,2%), Sojabohnen (1,8%), Baumwolle (0,8%), Zucker (0,9%), Kaffee (0,6%), Kakao (0,2%), Rinder (2,6%), Mastrinder (0,6%) und Schweine (1,6%).

2.3.3.3 Dow Jones AIG Commodity Index (DJ-AIGCI)

Der Dow Jones AIG Commodity Index (DJ-AIGCI) wurde von Dow Jones und AIG International[22] in 1998 eingeführt und zum 2.1.1991 auf 100 Index-Punkte rückgerechnet, um eine über die verschiedenen Rohstoffsektoren diversifizierte Benchmark für Anlagen in Rohstoffbereich abzubilden. Die Gewichtung der Komponenten ist abhängig von der (1) Liquidität, (2) Produktion und (3) Diversifikationsregeln.

Die Gewichtung der einzelnen Index-Komponenten ist primär abhängig von der Liquidität, also dem relativen Umfang der Handelsaktivitäten in einem Rohstoff. Darüber hinaus werden ebenfalls die US-Dollar adjustierten Produktionsdaten berücksichtigt. Die Liquiditäts- und Produktionsdaten richten sich nach Durchschnittsdaten der letzten 5 Jahre. Die Gewichtung der einzelnen Komponenten wird von Regeln

[22] Für weiterführende Informationen zum Rohstoff-Index von Dow Jones und AIG International vergleiche www.djindices.com und CBOT (2006): DJ-AIGCI Futures Reference Guide 2006, in: www.cbot.com, Mai 2007.

bestimmt, die die ausreichende Diversifizierung zwischen den Rohstoffen sicherstellen sollen. Disproportionale Gewichtung eines Rohstoffes oder eines Sektors kann die Volatilität erhöhen und die Vorteile eines breit diversifizierten Index verringern. Die Diversifizierungsregeln beziehen sich auf die minimale Gewichtung eines Einzelrohstoffes und die maximale Gewichtung eines Rohstoffsektors: keine verwandte Gruppe von Rohstoffen darf mehr als 33% des Index betragen; kein einzelner Rohstoff soll weniger als 2% zum Index beitragen. Ein Expertengremium berät jährlich über die Index-Zusammenstellung.

Die aktuell 19 Komponenten, die im Index vertreten sind, sind Rohöl (12,7%), Erdgas (12,6%), Benzin (3,9%), Heizöl (3,8%), Rinder (6,1%), Schweine (3,0%), Weizen (4,7%), Mais (5,6%), Sojabohnen (7,8%), Sojabohnen Öl (2,9%), Aluminium (6,8%), Kupfer (6,2%), Zink (2,8%), Nickel (2,7%), Gold (6,8%), Silber (2,3%), Zucker (3,1%), Baumwolle (3,15%) und Kaffee (3,0%). Die derzeit 19 Rohstoffe des DJAIG teilen sich in 7 Subindices auf: Energie, Petroleum, Vieh, Getreide, Industrie- und Edelmetalle sowie Agrargüter.

2.3.3.4 Weitere Rohstoff Future Indices

Der Großteil der indexorientiert investierten Anlagemittel im Rohstoffsektor sind in S&P GSCI und DJ-AIGCI investiert; und trotz der langen Historie aber der bis 2005 fehlenden Investierbarkeit spielte der Reuters CRB bzw. der Reuters/Jefferies CRB bisher nur eine geringe Rolle. Aufgrund der zunehmenden Bedeutung und abweichender Konzepte sollen an dieser Stelle noch andere Investmentmöglichkeiten in Form von Indices skizziert werden.

Rogers International Commodities Index (RICI)

Der Rogers International Commodities Index (RICI)[23] ist mit 35 unterschiedlichen Rohstoffen ein breit diversifizierter Rohstoff Index und wurde am 31. Juli 1998 am Markt eingeführt. Die Sektorschwergewichte liegen bei Energie (44%) und Agarrohstoffe (32%) – Erdöl alleine macht 35% Gewichtung im Index aus; Heizöl, Benzin und Erdgas sind mit je 3% vertreten. Unter den Industrie- und Edelmetallen sind im

[23] Weitere Informationen zum RICI vgl. www.rogersrawmaterials.com, Mai 2007; Daten auf Bloomberg: RICIX Index <Go>; der Rogers International Commodity Index basiert auf den Ideen von Jim Rogers, dem ehemaligen Partner von George Soros. Vgl. hierzu z.B. Soros (2003).

Index abgebildet: Aluminium (4%), Kupfer (4%), Gold (3%), Silber (2%), Zink (2%), Blei (2%), Platin (1,8%), Zinn (1%), Nickel (1%) und Palladium (0,3%). Kontrakte auf Agrarrohstoffe sind Weizen (7%), Mais (4%), Baumwolle (3%), Sojabohnen (3%), Kaffee (2%), Reis (2%), Sojabohnenöl (2%), Azuki Bohnen (1%), Holz (1%), Kakao (1%), Kautschuk (1%), Wolle (1%), Zucker (1%), Gerste (0,8%), Raps (0,7%), Orangensaft (0,7%), Hafer (0,5%), Rohseide (0,2%), Sojamehl (0,2%); dazu kommen mit 2% und 1% Kontrakte auf Rinder und Schweine. Die Indexgewichtung wird dabei mindestens einmal im Jahr kontrolliert und Änderungen werden zu Beginn eines jeden Jahres umgesetzt. Soweit möglich werden kurzlaufende Kontrakte abgeschlossen; die Gewichtung der Komponenten im Rahmen der Gesamtallokation ist nicht regelgebunden.

Standard & Poor's Commodity Index (SPCI)

Der S&P Commoditity Index (SPCI)[24] besteht aus 17 Rohstoffkontrakten, die basierend auf dem USD-Wert des 2-Jahresdurchschnitts der kommerziellen Open Interest Future Positionen gewichtet werden. Diese Gewichtungsregel soll eine Gewichtung jedes Rohstoffes relativ zur Größe der Terminmärkte sicherstellen. Nicht kommerzielle, spekulative Future Positionen werden nicht in die Berechnung einbezogen. Um zu große Konzentrationen im Energiesektor zu vermeiden, werden upstream Commodities wie Rohöl mit einem Faktor reduziert, der ihre Proportion in downstream Commodities wie Heizöl und Benzin widerspiegelt. Gold ist nicht im Index vertreten, da es als Financial Asset angesehen wird. Die einbezogenen Kontrakte sind Erdgas (18%), Heizöl (11%), Benzin (10%), Rohöl (10%), Weizen (5%), Mais (5%), Sojabohnen (5%), Rinder (5%), Sojamehl (4%), Sojaöl (4%), Silber (4%), Baumwolle (4%), Kupfer (3%), Kakao (3%), Zucker (3%), Kaffee (3%) und Schweine (2%). Der Preis jedes Rohstoffes ergibt sich aus dem Durchschnitt der nächsten zwei Kontrakte, die nicht zur Lieferung anstehen. Die zugrunde liegenden Kontrakte, die den Index bilden, werden 6-mal pro Jahr gerollt. Im Oktober 2001 wurde eine nach geometrischem Durchschnitt berechnete Indexversion gestartet (SPCI-G), im Mai 2005 folgte eine arithmetisch berechnete Version (SPCI-A); beide Indices wurden bis 1988 zurückgerechnet. Die Gewichte der geometrisch berechneten Indexversion sind fixiert, so dass täglich rebalanced wird. In der arithmetischen Version sind die Ge-

---

[24] Für weiterführende Indexdaten vgl. www.standardandpoors.com, Mai 2007; Daten auf Bloomberg: SPCXTR Index <Go> (SPCI-G TR) und SPCXTRA Index <GO> (SPCI-A TR).

wichtungen nicht konstant; die Gewichte entwickeln sich unterjährig parallel zu der Preisentwicklung der zugrunde liegenden Terminkontrakte. Es findet ein jährliches Rebalancing im Februar statt. Für jede der beiden Indexvarianten sind Preis, Excess Return und Total Return Varianten veröffentlicht.

Deutsche Bank Liquid Commodity Index (DBLCI)

Der Deutsche Bank Liquid Commodity Index (DBLCI)[25] wurde 2003 eingeführt und bis 1988 zurückgerechnet (vgl. Deutsche Bank 2006). Bei der Auswahl der sechs zugrunde liegenden Rohstoff Terminkontrakte aus den Sektoren Energie, Industrie-, Edelmetalle und Agarrohstoffe wurde besonderes Gewicht auf Liquidität gelegt um Indexkosten zu reduzieren. Um die Terminstrukturkurve als Ertragsquelle zu nutzen werden Energierohstoffe monatlich gerollt, die restlichen Kontrakte jährlich. Der Index wird in drei Versionen angeboten. Ein statischer Index (DBLCI) mit Rohöl (35%), Heizöl (20%), Aluminium (12,5%), Gold (10%), Weizen (11,25%) und Mais (11,25%) und ein dynamischer Index (DBLCI-MR), in dem die Gewichtungen durch eine quantitative Systematik basierend auf einem gleitenden Durchschnitt verändert werden: Rohstoffe mit einer überdurchschnittlichen Ertragsentwicklung werden sukzessive reduziert, das Gewicht von sich bis dato unterdurchschnittlich entwickelnden Kontrakten wird erhöht. Damit sollen die Mean Reverting (MR) Eigenschaften von Rohstoffen ausgenutzt und die Volatilität verringert werden. Als jüngste Variante ist eine ‚Optimum Yield' Version hinzugekommen: der DBLCI-OY basiert auf den regulären DBLCI Sektorgewichtungen und optimiert im Zeitfenster von 1-13 Monaten den Investmentzeitpunkt auf der Terminstrukturkurve, indem Roll Gewinne maximiert und Roll Verluste minimiert werden. Alle Indices werden als Excess und Total Return Index berechnet. Daneben werden auch Sektorindices berechnet.

Merrill Lynch Commodity Index (MLCX)

Der Merrill Lynch Commodity Index eXtra (MLCX)[26] wurde 2004 eingeführt und besteht derzeit aus 18 Rohstoffterminkontrakten. Das Gewicht des Energiesektors liegt bei 58% und besteht aus Rohöl (26%), Benzin (12%), Heizöl (12%) und Erdgas (8%). Die anderen Index-Komponenten sind Weizen (6%), Mais (4%), Sojabohnenmehl

---

[25] Vgl. Deutsche Bank (2006): A User Guide to Commodities; Daten auf Bloomberg DBLCMAVL Index <GO> (DBLCI TR), DBLCMMVL Index <GO> (DBLCI MR TR) und DBLCOYTR (DBLCI OY TR).

[26] Merril Lynch (2007): The MLCX Handbook, in: http://gmi.ml.com/mlcx, Bloomberg: MLCXTR Index <Go> (MLCX) und ENMET Index <GO> (ENMET).

(2%), Sojabohnen (1%), Kupfer (6%), Aluminium (5%), Zink (2%), Nickel (2%), Gold (4%), Silber (1%), Zucker (4%), Kaffee (1%), Rinder (3%) und Schweine (1%). Die Kriterien der Indexgewichtung beziehen sich auf ökonomische Bedeutung und Liquidität; der MLCX unterscheidet hierbei zwischen intermediären und finalen Rohstoffen, um Doppelzählungen zu vermeiden. Ähnlich zum DJ-AIGCI ist für jeden Subsektor ein Cap in Höhe von 60% und für jede Einzelkomponente ein Floor von 3% konstruiert. Die Besonderheit des Index ist der Roll Mechanismus: statt im aktuellen Kontrakt ist der MLCX im zweiten Kontrakt investiert und rollt monatlich innerhalb einer 15 Tage Periode in den dritten Kontraktmonat. Neben dem MLCX wird seit 1984 nach einem geometrischen Durchschnitt der Merrill Lynch Energie & Metal Index (ENMET) berechnet. Der Index enthält 6 Rohstoffe aus den Bereichen Energie, Industrie- und Edelmetalle: Rohöl (40%), Erdgas (15%), Gold (20%), Silber (5%), Kupfer (15%) und Aluminium (5%).

Lehman Brothers Commodity Index (LBCI)

Die Selektion und Gewichtung des in 2006 eingeführten Lehman Brothers Commodity Index (LBCI) basiert ähnlich dem DBLCI auf Liquidität[27]. Der Index besteht aus derzeit 20 Komponenten, deren Gewichtung auf dem durchschnittlichen Handelsvolumen der Terminbörsen der nicht finanziellen Marktteilnehmer beruht. Für die hieraus entstehenden Gewichtungen sind keine Caps oder Floors vorgesehen. Die aktuellen Komponenten des Index sind Rohöl (29%), Erdgas (13,3%), Benzin (6,1%), Heizöl (7,4%), Aluminium (5,1%), Kupfer (8,1%), Nickel (1,6%), Zink (2,1%), Gold (6,6%), Silber (2%), Sojabohnen (5,2%), Mais (3%), Sojabohnen Mehl (1,4%), Weizen (1,6%), Sojabohnen Öl (1%), Kaffee (1,4%), Zucker (1,4%), Baumwolle (0,9%), Rinder (1,8%) und Schweine (1,1%).

UBS Constant Maturity Commodity Index (CMCI)

In Zusammenarbeit mit Bloomberg startete die UBS in 2007 den Constant Maturity Commodity Index (CMCI)[28]. Die derzeit 28 Rohstoffe sind auf ihrer ökonomischen Bedeutung beruhend nach einem Indikatormix aus Bruttoinlandsprodukt, Produzen-

[27] In den Index werden alle USD denominierten Rohstoffterminkontrakte aufgenommen, deren durchschnittlicher Tagesumsatz der vergangenen drei Jahre über 250 Mio. USD lag; ausgewählt wird dann der bedeutenste Kontrakt. Basierend auf den Liquiditätskennziffern wird der LBCI jährlich im Januar reballanced. Vgl. Lehman Brothers (2007): in: www.lehman.com/fi/indices, Mai 2007.
[28] Für nähere Informationen zum CMCI vgl. www.ubs.com/cmci, Mai 2007.

ten- und Konsumentenpreisen sowie Liquiditätsaspekten gewichtet und unterliegen einem monatlichen Rebalancing. Abgebildet werden aber nicht die aktuellen Terminkontrakte, sondern bis zu 7 unterschiedliche Laufzeitsegmente der Terminstrukturkurve (0,25, 0,5, 1, 2, 3, 4 und 5 Jahre). Die Fristigkeit jedes Rohstoffes wird dabei durch einen kontinuierlichen täglichen Roll-Prozess konstant gehalten (‚Constant Maturity'). Am Composite Index macht Rohöl derzeit 16,9% aus, der restliche Index verteilt sich auf Heizöl (2,76%), Gasöl (2,99%), Benzin (2,5%), Erdgas (7,85%), Kupfer (12,27%), Zink (3,05%), Aluminium (10,1%), Nickel (2,6%), Blei (0,8%), Gold (3,66%), Silber (0,8%), Weizen (4,5%), Mais (5,23%), Sojabohnen (4,63%), Sojabohnenmehl (1,5%), Sojabohnenöl (1,25%), Zucker (7,23%). Kakao (0,8%). Kaffee (1,56%), Baumwolle (1,93%), Orangensaft (0,7%), Rinder (2,76%) und Schweinebäuche (1,56%).

2.3.3.5 Strukturvergleich der Indices

Alle in diesem Abschnitt vorgestellten Indices

- Reuters-CRB (R-CRB) und Reuters-Jefferies CRB Index (R/J CRB),
- S&P Goldman Sachs Commodity Index (S&P GSCI),
- Dow Jones AIG Commodity Index (DJ-AIGCI),
- Rogers International Commodity Index (RICI),
- Standard & Poor's Commodity Index (SPCI),
- Deutsche Bank Liquid Commodity Index (DBLCI),
- Merrill Lynch Commodity Index (MLCX),
- Lehman Brothers Commodity Index (LBCI) und
- UBS Constant Maturity Commodity Index (CMCI)

werden auf die Parameter Komponentenanzahl und Sektorgewichtung analysiert[29].

Mit 27 und 35 Komponenten sind CMCI und RICI die am breitesten diversifizierten Indices – während der DBLCI mit lediglich 6 Komponenten auskommt. Alle weiteren Indices liegen mit 17 bis 24 Komponenten recht eng beieinander. Bei der Anzahl der

[29] Neben den Parametern Kontraktanzahl und Sektorgewichtung sind noch weitere Faktoren wie z.B. Reballancing-Frequenz, Modalitäten der Index-Anpassung, Systematik der Kontraktverlängerung oder der Positionierung auf der Terminstrukturkurve von Bedeutung, auf die hier aber nicht näher eingegangen werden soll. Für eine weitere Aufgliederung vgl. Anhang 2.3.3.

Komponenten muss zwischen den Diversifizierungsvorteilen und Nachteilen durch Illiquidität und Management Kosten abgewogen werden. Abb. 4 zeigt einen Überblick über die Parameter Kontraktanzahl und Sektoraufteilung der Indices.

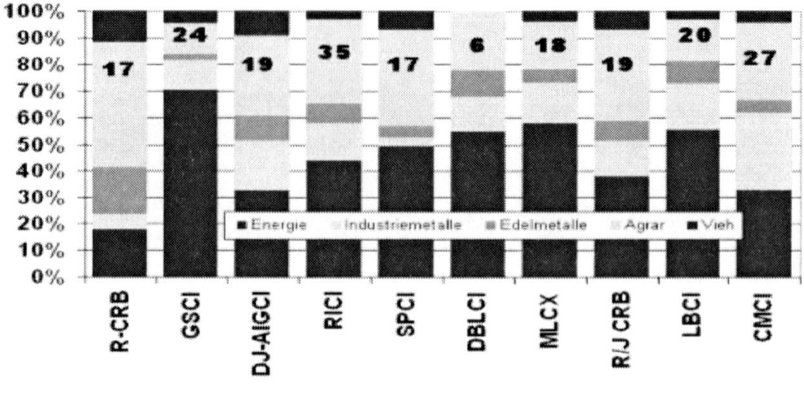

Abbildung 4: Rohstoff Future Indices – Strukturvergleich

Die Gewichtung von Energien liegt in jedem Index zwischen 18% und 70%. Der S&P GSCI weist mit 70% das höchste Energiegewicht auf, die Energiequoten des DBLCI, LBCI und MLCX liegen bei über 50% des Gesamtindex; das geringste Energiegewicht weist der R-CRB mit 18% auf. Die über alle Indices zweitgrößte Sektorkomponente sind Agrarrohstoffe: hier liegen die Indexgewichte zwischen 11% und 47%. Hohe Agrargewichte weisen R-CRB (47%), SPCI (36%), R/J CRB (34%) und RICI (32%) auf. Industriemetalle sind zwischen 3% und 29% Indexgewicht vertreten: Mit Quoten von derzeit 3% und 6% haben SPCI und der R-CRB das geringste Exposure zu Basismetallen, während alle anderen Indices eine Quote zwischen 11% und 19% aufweisen. Mit Abstand das höchste Gewicht an Industriemetallen hat der CMCI mit 29%. Der Sektor der Edelmetalle ist ebenso wie Vieh in den meisten Indices nur gering gewichtet: bis auf den R-CRB (18%) liegt die Edelmetall-Gewichtung zwischen 2% (GSCI) und 10% (DBLCI). Der DBLCI verzichtet ganz auf die Aufnahme von Kontrakten auf Vieh; für alle anderen Indices liegt das Sektorgewicht zwischen 3% (RICI) und 12% (R-CRB).

2.3.4 Exkurs: Rohstoffaktien und Rohstoffaktien Indices

Ausgehend von dem von Standard & Poor's (S&P) und Morgan Stanley Capital International (MSCI) entwickelten Branchen-Klassifizierungsstandard (GICS)[30] fallen Unternehmen mit Exposure zu Rohstoffen hauptsächlich in die Sektoren Energie und Grundstoffe. Auf dieser Branchenebene teilt sich der Energiesektor in die Bereiche Energie Ausrüstung und Services sowie Öl, Gas und andere Brennstoffe auf. Im Grundstoffsektor ist der Bereich Metals & Mining von besonderem Interesse; weitere Bereiche wie Chemie, Baumaterialien, Papier oder Forstprodukte bieten ein geringeres Rohstoffexposure. Einen kleinen Bereich des stark fragmentierten Konsumsektors bilden Nahrungsmittelhersteller und -verarbeiter, die ein Exposure zu Agarrohstoffen wie Getreide, Zucker, Kaffee, etc. bieten.

In Ländern wie den USA, Kanada, Südafrika, Großbritannien und Australien sind zudem länderspezifische bzw. länder-übergreifende Indizes vertreten, die auf Unternehmen des Rohstoffsektors fokussiert sind[31]. Zudem werden Indices und Subindices marktbreiter Aktienindices von Investmenthäusern angeboten, an denen sich z.B. sektorspezifische Aktienfonds orientieren. Eine Auswahl der gebräuchlichsten Indices soll hier kurz vorgestellt werden.

Amex Oil & Gas, Philadelphia Gold und Silber und Amex Gold Bugs Index

Der Amex Oil & Gas Index besteht aus derzeit 13 Unternehmen[32], deren Geschäftsschwerpunkt die Exploration und Produktion von Rohöl und Erdgas ist. Index-Schwergewichte sind Amerada Hess (14%), Total (13%), Kerr-Mcgee (10%) und Occidental Petroleum (9%). Der Index wurde im August 1984 mit einem Index-Wert von 125 Punkten aufgesetzt. Der bekannteste nordamerikanische Minenindex ist der Philadelphia Gold und Silber Index, der die 13 größten Unternehmen, die schwerpunktmäßig Gold und Silber fördern, enthält. Der Index ist mit einem Wert von 100 Punkten in 1979 begründet worden. Die drei Unternehmen mit der höchsten Gewichtung sind Newmont Mining (23%), Barrick Gold (17%) und AngloGold Ashanti (12%). Der Amex Gold Bugs Index dagegen enthält 15 Titel von am Börsenplatz New

---

[30] Vgl. www.msci.com/equity/gics.html

[31] Die American Stock Exchange (Amex) ist nach der New York Stock Exchange (NYSE) die zweitgrößte US-Aktienbörse. An der Amex werden zwei für den Rohstoff-Sektor wichtige Aktien-Indices gehandelt: der Amex Oil & Gas Index (XOI) und der Amex Gold Bugs Index (HUI).

[32] Vgl. www.amex.com

York gelisteten Unternehmen, deren Geschäftsfokus in der Förderung von Gold liegt. Begründet mit einem Basiswert von 200 Punkten im März 1996 sind die höchstgewichteten drei Werte heute Gold Fields (15%), Newmont Mining (14%) und Freeport-McMoRan Copper & Gold (11%). Im Unterschied zum XAU-Index setzt sich der Amex Gold Bugs Index aus Unternehmen zusammen, deren Hedging-Politik nicht mehr als 1,5 Jahre umfasst (‚Bugs' steht dabei für ‚Basket of unhedged Gold Stocks'). Hedging bezeichnet hier die Politik der Unternehmen, ihre zukünftige Goldproduktion zu einem festgelegten Preis im Voraus zu verkaufen. Der Amex Gold Bugs Index wird quartalsweise neu angepasst.

Kanada, Australien und Südafrika

In Kanada, Australien oder Südafrika stellen die rohstoffbezogenen Aktiensektoren Basic Materials und Energy einen dominierenden Teil der jeweiligen Börsenkapitalisierung[33]. An der Toronto Stock Exchange (TSX) und der TSX Venture Exchange sind zusammen über 4.000 Unternehmen gelistet. An der Australian Stock Exchange (ASX) gibt es rd. 1.770 börsengelistete Unternehmen, von denen etwa 450 Unternehmen dem Rohstoffbereich zuzurechnen sind. Die Wertpapierbörse in Johannesburg, Südafrika (JSE) ist mit derzeit etwa 450 Unternehmen dagegen vergleichsweise klein, aber auch hier ist der Anteil der rohstoffbezogenen Aktiensektoren vergleichsweise hoch.

MSCI, S&P, Dow Jones und Goldman Sachs

Als globale Anbieter von Länder- und Branchen-Aktienindices bieten z.B. Morgan Stanley Capital International (MSCI) und Dow Jones Subindices für die Sektoren Basic Materials und Energie an. Der MSCI World ist die wohl am weitesten verbreitete Benchmark für eine globale Aktienanlage. Als Subindices des von Morgan Stanley berechneten MSCI World sind der MSCI World Materials (derzeit 161 Titel) sowie der MSCI World Energy (derzeit 83 Titel) zu nennen. Index Schwergewichte sind im ersten Fall Rio Tinto, BHP Bilitton und Anglo American mit 5% und je 4%; im zweiten Fall sind dies Exxon Mobil, BP und Total mit 17%, 11% und 6%[34]. Materials

---

[33] Vgl. dazu die Informationen der Wertpapierbörsen in Kanada (www.tsx.com), Australien (www.asx.com.au) und Südafrika (www.jse.co.za).
[34] MSCI Client Service, März 2006.

und Energy Subindices werden auch vom Indexanbieter S&P angeboten[35]. Der S&P Global Energy besteht aus derzeit 61 Titeln, der S&P Global Materials aus 122 Unternehmen; dazu kommen die Subindices des S&P 500, der S&P 500 Energy (30 Titel) und der S&P 500 Materials (30 Titel). Auf europäischer Ebene wird die Auswahl an Unternehmen im Rohstoffsektor kleiner: der marktbreite Dow Jones STOXX Index umfasst 600 europäische Aktienwerte. Die beiden Subindices Basic Resources und Oil & Gas für den Rohstoff-Bereich kommen zusammen auf insgesamt 31 Unternehmen. Der Dow Jones STOXX Basic Resources Subindex beinhaltet 21 Grundstoff-Unternehmen. Die Index-Schwergewichte sind die in London gelisteten diversifizierten Minengesellschaften BHP Billiton, Rio Tinto, Xstrata und Anglo American. Die Index-Schwergewichte des 10 Titel umfassenden Dow Jones STOXX Oil & Gas Subindex sind die französische Total und die italienische Eni.
Der Goldman Sachs Natural Resources Aktienindex als kombinierter Rohstoff-Aktienindex bildet Unternehmen – schwerpunktmäßig aus den Bereichen Öl- und Ölservice (64% und 14%) – sowie Metals & Mining (11%), Papier und Forstprodukte (6%), Gas (4%) und anderen Grundstoff-Bereichen ab. In Bezug auf die Sektorallokation orientiert sich der Index eng am S&P GSCI[36].

Zwischenfazit

Unternehmen, deren Fokus die Exploration, Produktion und der Handel mit Rohstoffen ist, können als indirektes Rohstoffinvestment interpretiert werden. Im Einzelnen wurden die von der American Stock Exchange etablierten Oil & Gas und Gold Bugs Indices, der Philadelphia Gold und Silber Index sowie die rohstofflastigen Indices in Kanada, Australien und Südafrika skizziert. Indexanbieter wie MSCI, FTSE oder Dow Jones bieten Subindices für die Bereiche Basic Materials und Energie an; ein Beispiel für einen kombinierten globalen Rohstoffaktien Index ist in Form des Goldman Sachs Natural Resources angeführt. Rohstoff Preisindices wie u.a. der CRB Spot Commodity Index spiegeln dagegen das Preisniveau von Rohstoffen wider und fun-

---

[35] Bloomberg-Kürzel der Indices in Klammern : S&P 500 Materials (S5MATR), S&P 500 Energy (S5ENRS), S&P Global Materials (SGM), S&P Global Energy (SGES).

[36] Als Indexanbieter bietet FTSE ähnliche Indices auf weltweiter (FTSE Global Energy, FSTE Global Basic Industries, FTSE Gold Mines) und europäischer Basis (FTSE 350 Mining, FTSE 350 Oil&Gas), auf die hier jedoch nicht näher eingegangen werden soll; Bloomberg Kürzel der skizzierten Indices: Amex Oil&Gas (XOI), Amex Gold Bugs (HUI), Philadelphia Gold & Silver (XAU), Dow Jones STOXX 600 (SXXP), Dow Jones Stoxx Basic Resources (SXPP), Dow Jones Stoxx Oil & Gas (SXEP) und Goldman Sachs Natural Resources (GSSINR).

gieren oft als Benchmark für das Rohstoffpreisniveau einer Volkswirtschaft. Außer durch den physischen Direkterwerb der zugrunde liegenden Rohstoffe lassen sich Preisindices nicht replizieren. Rohstoff Future Indices wie z.B. der S&P GSCI oder DJ-AIGCI wurden unter dem Gesichtspunkt eines Finanzinvestments entwickelt und sind in der Lage neben der Preisentwicklung auch Erträge aus dem Rollen von Kontrakten sowie der Besicherung des Kapitals abzubilden. Heute investierbare Rohstoff Future Indices unterscheiden sich durch die unterschiedliche Anzahl der abgebildeten Rohstoffe und die Gewichtung der Sektoren, aber auch Faktoren wie z.B. Rebalancing oder Position auf der Terminkontraktkurve sind von Bedeutung.

Fazit Kapitel 2

Im zweiten Kapitel wurden die Grundlagen eines Investments in Rohstoffe gelegt. Die Unterscheidung zwischen einem physischen Rohstofferwerb, der Investition in Rohstoffaktien oder in vollständig besicherte Rohstofftermingeschäfte ist entscheidend für den weiteren Verlauf der Analyse. Die Erträge eines Investments in Rohstofftermingeschäfte lassen sich dabei in Spot, Roll und Collateral Erträge differenzieren. Die Struktur der Terminkurve (Backwardation oder Contango) ist ein bestimmender Faktor der Gesamtperformance eines Rohstoffinvestments. Indices im Rohstoffsektor lassen sich in die Kategorien Preis und Future Indices einteilen. Für den Finanzinvestor investierbar sind Future Indices, von denen die gebräuchlichsten neben S&P GSCI und DJ-AIGCI skizziert wurden. Rohstoffaktien Indices wurden im Rahmen eines Exkurses behandelt.

3. Asset Allokation und Portfolio Theorie

Nach der ausführlichen Beschreibung des Rohstoffbereiches und dessen Besonderheiten (Kapitel 2) wird nun im dritten Kapitel das theoretische Fundament für die Analysen des nachfolgenden Kapitels gelegt.
Asset Klassen und Indices bilden einen wichtigen Bestandteil der Asset Allokation. Im Abschnitt Portfolio Theorie und Portfolio Management wird neben der Portfolio Optimierung ein besonderes Gewicht auf den Aspekt Risiko und Risikomaße gelegt. Das Konzept der Kapitalmarkteffizienz bildet die Grundlage für die beiden Kursverlaufshypothesen Random Walk und Mean Reversion, auf denen dynamische Allokationsregeln aufbauen, die in Kapitel 4.3 verwendet werden.

3.1 Asset Klassen und Indices

Die Auswahl von geeigneten Asset Klassen, d.h. die Aufteilung von Anlagemitteln auf unterschiedliche Vermögenskategorien (Asset Klassen) und die Strukturierung des Investment Universums, spielt eine wesentliche Rolle bei der erfolgreichen Wertpapieranlage. Denn die Anzahl der einzelnen Assets, die theoretisch zur Kapitalanlage in Frage kommen, ist sehr groß. Gleichzeitig stimmen aber verschiedene Anlageformen in einigen finanzstatistischen Merkmalen überein. Durch die Abgrenzung von Asset Klassen anhand ähnlicher Chance-Risiko-Profile und Korrelationsdaten kann die Allokationsentscheidung strukturiert, und die Komplexität reduziert werden. Als traditionelle Asset Klassen sind Aktien und Anleihen beschrieben (vgl. u.a. Steiner/Bruns 2002, Kritzman 1999). Aktien lassen sich weiter nach den Kategorien Regionen und Branchen unterteilen; Anleihen können nach Laufzeit und Emittentenklassen kategorisiert werden. Immobilien, Hedge Funds, Rohstoffe, Private Equity und Währungen werden häufig als Subkategorien der Asset Klasse der nicht traditionellen Anlagekategorien oder ‚Alternativen Investments' zusammengefasst (vgl. u.a. Krämer 2005, S.201f., Fabozzi/Markowitz 2002, S.5ff., Hielscher 1996). Krämer (2005) unterscheidet den Bereich der Alternativen Investments weiter in:
a) Alternative Strategien und b) Alternative Anlagen.
Alternativen Strategien liegen traditionelle Anlageformen zu Grunde. Ein Beispiel hierfür stellen Hedge Funds dar. Alternativen Anlagen wie Immobilien, Rohstoffe,

Private Equity und Währungen, aber auch Wertgegenständen wie z.B. Kunst liegt im Vergleich zu traditionellen Anlagen eine neuartige Investitionsform zugrunde.

Charakteristika einer Asset Klasse

Eine formale Definition, welche Charakteristika eine Asset Klasse ausmachen, sind nicht abschließend festgelegt. Asset Klassen werden bislang vielmehr nach allgemeinen Kriterien abgegrenzt (vgl. u.a. Hörger 2003, S.762, Kaiser 2002, S.18ff. und Greer 1997, S.86ff.). Hörger (2003) fasst folgende Kriterien einer Asset Klasse zusammen:

1. Eine passive Halteposition einer Asset Klasse soll einen signifikanten Mehrertrag im Vergleich zur risikolosen Verzinsung erzielen, und diese sollen zeitlich unabhängig von anderen Asset Klassen anfallen.
2. Langfristig erzielbare Erträge sind nicht von der Leistung eines Managers abhängig.
3. Erträge und Liquidität der Asset Klasse sind signifikant genug um Positionen in dieser Asset Klasse zu rechtfertigen.
4. Die Asset Klasse kann einen positiven Beitrag zur Diversifikation des Portfolios leisten.

Die spezifischen Risiko- und Ertragseigenschaften, die sich von anderen Asset Klassen unterscheiden, sollen statistisch nachweisbar, über längere Zeit gültig, sowie idealerweise durch Marktindices nachvollziehbar sein. Der Ertrag aus einer passiven Anlage soll positiv sein und signifikant über der Rendite des risikolosen Zinssatzes liegen. Idealerweise sollten die Rendite-/ Risikoeigenschaften nicht durch eine Kombination bestehender Asset Klassen replizierbar sein. Die erzielten Renditen sollten von anderen Asset Klassen unabhängig sein, also durch geringe Korrelation mit anderen Asset Klassen günstige Diversifikationseigenschaften im Portfoliokontext aufweisen.

Zusätzlich zu diesen skizzierten Eigenschaften sind für das institutionelle Asset Management noch weitere Kriterien von Bedeutung (vgl. Kaiser, S.18ff.): Assets und Asset Klassen lassen sich aufgrund ihrer finanziellen Verbriefbarkeit unterscheiden. Wertgegenstände wie z.B. Kunst, Schmuck oder Antiquitäten können in der Asset Allokation nicht berücksichtigt werden, weil die Marktpreisbestimmung nur eingeschränkt möglich ist. Ebenso muss eine ausreichende Fungibilität gegeben sein.

Bruns/Meyer-Bullerdiek 2003, S.126ff, unterscheiden hierzu standardisierte und nicht standardisierte Vermögensgegenstände. Ebenfalls von Bedeutung ist die rechtliche Ausgestaltung: Aktien stellen eine Beteiligung an Unternehmen dar; Anleihen verbriefen eine Kreditschuld einer Institution; Investment Fonds bilden ein Sondervermögen, während Zertifikate rechtlich Inhaberschuldverschreibungen des Emittenten darstellen. Daneben muss eine ausreichende Liquidität und Transparenz gegeben sein.

Indices

Indices bieten einen einfachen Weg, einzelne Asset Klassen abzubilden oder eine Vergleichbarkeit einer Anlage relativ zu der zugrunde liegenden Asset Klasse zu beurteilen (Benchmarking). Kriterien der Indexbildung und -berechnung sind Nachbildbarkeit, Marktnähe und Stabilität, Vollständigkeit der Performancequellen, realistische Preise, Verzerrungsfreiheit und Nutzerfreundlichkeit (vgl. für weiterführende Angaben z.B. Dieckmann 1997 und Schnell/Hill/Esser 1995). Grundsätzlich lassen sich alle Indices in Kurs- und Performanceindices unterscheiden: erstere bilden die gewichtete Kursentwicklung eines Marktes ab, während letztere zusätzlich die Zahlungen von Dividenden oder Zinsen einbeziehen. Eine zweite Unterscheidung separiert synthetische von nicht-synthetischen Indices: für Investoren, die sich an Benchmarks orientieren, sind aufgrund ihrer Replizierbarkeit reale Indices mit bekannten und investierbaren Bestandteilen praktikabler als synthetische Indices.
Im Folgenden werden die Indices, die die Grundlage der empirischen Untersuchung im vierten Kapitel bilden, skizziert.

Die bekanntesten und am weitesten verwendeten internationalen Indices, die die Entwicklung der weltweiten Aktienmärkte widerspiegeln, werden von den Anbietern Morgan Stanley Capital International (MSCI), Standard & Poor's (S&P) und Dow Jones (DJ) berechnet. Der MSCI World Index ist dabei der wohl am häufigsten verwendete weltweite Aktienindex. MSCI benutzt den zusammen mit S&P entwickelten Branchenklassifizierungsstandard (GICS)[37]. Der MSCI World Aktienindex deckt rd.

[37] Die GICS Sytematik differziert 10 Wirtschaftssektoren, deren prozentuale Gewichtung (2006) für den MSCI World in Klammern angegeben sind: Energie (7,1%), Financials (23,5%), Grundstoffe (4,6%), Healthcare (12,0%), Industrie (9,7%), Informationstechnologie (IT) (13,2%), zyklischer (12,0%) und nicht-zyklischer Konsum (9,5%), Telekommunikation (4,9%) und Versorger (3,7%). Diese 10 Sektoren setzen sich wiederum aus 24 Branchengruppen zusammen. Diese teilen sich auf 62

85% der weltweiten Börsenkapitalisierung ab und wird zwei Mal pro Jahr rebalanced. Als Benchmark für eine weltweite Aktienanlage kommen ebenfalls der S&P 1500 oder der Dow Jones World bzw. Dow Jones 1800 Index in Frage. Da sich die Rendite-, Volatilitäts- und Korrelationseigenschaften dieser Indices nur geringfügig unterscheiden wurden in den Analysen des Kapitels 4 der verbreitetere MSCI World Aktienindex[38], berechnet in USD als Performanceindex, verwendet.

Die bekanntesten realen, nicht-synthetischen globalen Anleihen-Index-Gruppen sind die der Brokerhäuser JP Morgan, Salomon Brothers und Lehman Brothers (vgl. Bodie et al. 1999, S. 57f.)[39]. Die globalen Anleiheindices der ersten beiden Anbieter unterscheiden sich u.a. in der Anzahl der einbezogenen Staatsanleihemärkte, der Kriterien für die Aufnahme von einzelnen Anleihen und dem Umgang mit anfallenden Kuponzahlungen. Im Unterschied zu den Indices von JP Morgan und Salomon Brothers besteht der Lehman Brothers Global Bond Composite Index zu je 25% aus US Staatsanleihen, US Unternehmensanleihen, US Mortgage Backed Securities und Nicht-US Staatsanleihen. Aufgrund des hohen US Gewichtes und der hohen Quote von Nicht-Staatsanleihen wird der Lehman Index in dieser Arbeit nicht berücksichtigt. Ausgewählt wurde aufgrund breiterer Verwendung in der Asset Management Praxis und besserer Datenverfügbarkeit der 18 Staatsanleihemärkte umfassende JP Morgan Global Government Bond Index (USD).

Zwischenfazit

Asset Klassen werden bislang nach allgemeinen Kriterien wie Ertrag, Korrelation, Homogenität oder Liquidität abgegrenzt. Indices bieten dabei einen einfachen Weg, einzelne Asset Klassen abzubilden und zu beurteilen. Im Bereich der Alternativen

---

Branchen und 132 Subbranchen auf. Ein Wertpapier wird in die Subbranche eingeordnet nach denjenigen Geschäftsaktivitäten, die etwa 60% oder mehr des Umsatzes ausmacht (vgl. MSCI Client Services).

[38] Der MSCI World wird brutto, d.h. inkl. Dividenden und ohne Abzug einer fiktiven Quellensteuer abgebildet. Vgl. hierzu www.msci.com.

[39] Vgl. Bloomberg: JP Morgan Global Government Bond Index: JPMGGLBL Index <GO>; Lehman Global Bond Index: BNDGLB Index <GO>; Salomon Brothers World Government Bond Index: SBWGU Index <GO>. Am JP Morgan Global Government Bond Index sind europäische Anleihen mit 47%, US-Anleihen mit 36% und japanische Anleihen mit 17% gewichtet. Enthalten sind ausschließlich liquide Staatsanleihen mit einer Restlaufzeiten von über einem Jahr (keine Nullkouponanleihen und Perpetuals). Die Gewichte werden nach Marktkapitalisierung berechnet. Das Indexportfolio und dessen Gewichte werden monatlich angepasst; unterstellt wird eine tägliche Wiederanlage von Stückzinsen und Koupons. Vgl. hierzu www.jpmorgan.com.

Investments wird neben Rohstoffen im Rahmen dieser Arbeit nicht näher auf Immobilien, Private Equity, Hedge Funds und Währungen eingegangen.
Die in Kapitel 2.3.3 beschriebenen Rohstoff Future Indices unterscheiden sich u.a. hinsichtlich der Anzahl der enthaltenden Rohstoffe, der Sektorengewichtungen, der Roll-Mechanismen, der Positionierung auf der Terminstrukturkurve und der verfügbaren Datenhistorie. Aufgrund der langen Datenhistorie und des hohen Anteils des auf diesen Index allokierten Kapitals ist der S&P Goldman Sachs Commodity Index (S&P GSCI) in Form von Spot, Excess und Total Return Index für die Analyse in dieser Arbeit ausgewählt worden. Ebenfalls Gegenstand der Analysen in Kapitel 4 sind die fünf Sektorindices (TR) Energie, Industrie- und Edelmetalle, Agrar und Vieh, sowie die Einzelrohstoffe Rohöl und Gold. Hierfür werden die Einzelrohstoff-Subindices Rohöl (TR) und Gold (TR) des S&P GSCI verwendet[40].

3.2 Asset Allokation

Asset Allokation beschreibt den Prozess einer strukturierten, zielgerichteten Aufteilung (Allokation) von Anlagemitteln (Kapital) auf Vermögenswerte (Assets) wie zum Beispiel Aktien, Anleihen oder Immobilien (Garz/Günther/Moriabadi 1997, S.119). Ergebnis dieses Prozesses ist eine diversifizierte Vermögensstruktur, basierend auf dem Portfolio Selection Model von Markowitz. Der Prozess unterteilt sich in einen strategischen und einen taktischen Bestandteil (vgl. Abb.5). Die strategische Asset Allokation ist von langfristigen Zielen und den persönlichen und finanziellen Rahmenbedingungen des individuellen Investors sowie den Rahmendaten des Kapitalmarktes abhängig. Die taktische Asset Allokation legt dagegen fest, in welche Assets das investierte Kapital fließt (Selektion), und bestimmt durch fundamentale und technische Wertpapieranalyse den optimalen Kauf- und Verkaufszeitpunkt.

---

[40] Vgl. auch Goldman Sachs 2007, in: www.gs.com/gsci, zugegriffen am 25.05.2007. Die Bloomberg-Kürzel des GSCI Rohöl TR und des GSCI Gold TR Index sind SPGCCLTR Index <Go> und SPGCGCTR Index <GO>. Der GSCI in den Berechnungen Spot, Excess Return, Total Return weißt die Abkürzungen SPGSCI, SPGSCIP und SPGSCITR auf. Die Kürzel für die S&P GSCI Subindices (TR) für Energie, Industrie- und Edelmetalle, Agrar und Vieh lauten SPGSENTR, SPGSINTR, SPGSPMTR, SPGSAGTR und SPGCLVTR.

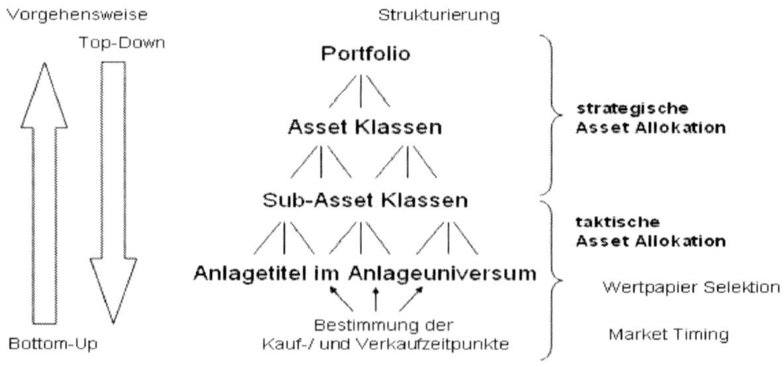

Abbildung 5: Prozess der Asset Allokation

(Quelle: Schmidt-von-Rhein 1996, Kleeberg/Rehkugler 2002)

Der Prozess der Portfoliobildung verläuft idealtypisch Top-Down, d.h. von der Auswahl der Asset Klassen bis zur Auswahl von Sub-Asset Klassen. In einem Bottom-Up Prozess werden die ertragsreichsten Wertpapiere aus dem Investmentuniversum (Möglichkeiten Set) gewählt, und die Asset Allokation ergibt sich als Summe der einzelnen Anlageentscheidungen (Kleeberg/Rehkugler 2002, S.24f.).

3.2.1 Strategische Asset Allokation

Im Mittelpunkt der strategischen Asset Allocation steht die Festlegung auf eine für den Investor langfristig angemessene und nach Risiko- und Renditeerwartungen möglichst effiziente Portfoliokombination (Garz/Günther/Moriabadi 1997, S.120). Hierbei wird das Gesamtvermögen gewichtet auf die einzelnen Anlagekategorien (Asset Klassen) aufgeteilt. Im Zentrum der Entscheidungsfindung stehen dabei die Rahmenbedingungen aus der Anleger- und der Finanzmarktebene (Krämer 2003, S.5f). Inputfaktoren auf der Finanzmarktebene sind Schätzungen der zukünftigen Renditen, Varianzen und Korrelationen der einzelnen Asset Klassen. Auf der Anlegerseite müssen eine Vielzahl von individuellen Faktoren berücksichtigt werden. Beispiele sind:

- Ziele wie Ertragserwartung und Risikotoleranz
- Risiken (Volatilität) und Korrelationseigenschaften
- Anlagehorizont

- Eigenschaften der Produkte und zeitliche Struktur der geplanten Auszahlungen bzw. Verbindlichkeiten (Asset/Liability-Profil)
- Berücksichtigung der maßgeblichen Gesetze und regulatorischen Vorschriften (z.B. Spekulationsfristen, Mündelsicherheit), sonstige Restriktionen

Im Allgemeinen umfasst der Planungshorizont einen Zeitraum von drei bis fünf Jahren. Als Ergebnis steht ein Benchmark Portfolio (strategisches Neutralportfolio), in dem die Anteile der verschiedenen Anlagekategorien festgelegt (Asset Klassen Gewichtungen) werden. Kern der Portfoliobildung ist, welche Asset Klassen mit welcher Gewichtung in einem effizienten Portfolio zu berücksichtigen sind. Den Entscheidungen der strategischen Asset Allokation kommt weit reichende zeitliche und inhaltliche Bedeutung zu: Untersuchungen haben gezeigt, dass die strategische Asset Allokation für bis zu 90% der Ertragsunterschiede zwischen Portfolios verantwortlich sein kann und somit einen weitaus wichtigeren Einfluss hat als die Investment-Strategie im Sinne von Wertpapier Selektion und Timing (vgl. Brinson et al. 1986, 1991, Ibbotson et al. 2000).

Die strategische Asset Allokation definiert somit die langfristige Anlagepolitik und bildet zugleich die Benchmark für davon abweichende taktische Ausgestaltungen des Portfolios (vgl. Kleeberg/Rehkugler 2002, S.24f.). Dieses Benchmarkportfolio weist als Neutralportfolio eine Strukturierung von Anlagemitteln auf, die den langfristigen Anlagezielen des Investors entspricht und kann als Zielvorgabe für am Markt erzielbare Anlageergebnisse dienen (Kleeberg/Rehkugler 2002, S.226ff.). Als Marktportfolio (optimales Portfolio) kann dieses Portfolio in mehrere Portfolio-Submodelle heruntergebrochen werden (vgl. Kapitel 3.3.4) und bildet hier gleichzeitig die Basis für die empirischen Analysen des Kapitels 4.2, in dem Rohstoffe als passiver Bestandteil der Asset Allokation analysiert werden.

3.2.2 Taktische Asset Allokation

Auf der Stufe der taktischen Asset Allokation werden die zuerst aggregierten Assetklassen in Sub-Asset Klassen und einzelne Assets aufgegliedert, und es wird festgelegt in welche Assets das zu investierende Kapital fließt (Selektion und Timing). Der Kern der taktischen Asset Allokation besteht in der temporären Über- bzw. Untergewichtung von einzelnen Assets bzw. Sub-Asset Klassen des Portfolios relativ zum Benchmark- bzw. zum strategischen Neutralportfolio. In regelmäßigen

Abständen werden diese Entscheidungen angepasst um auf Veränderungen des Kapitalmarktes zu reagieren. Die taktische Asset Allokation beruht dabei auf Gewichtungsveränderungen von Branchen oder Ländern, nicht einzelner Werte. Ob die taktische Asset Allokation sinnvoll ist, hängt wesentlich vom Grad der Kapitalmarkteffizienz ab (vgl. Kapitel 3.4.1). Der Sinn der taktischen Asset Allokation liegt darin den Markt bzw. die Benchmark zu übertreffen. Die dauerhafte Erzielung einer risikoadjustierten Überrendite ist aber auf effizienten Märkten nicht möglich (Kleeberg/Rehkugler 2002, S.24f.).

Die Entscheidungsebenen innerhalb der taktischen Asset Allokation lassen sich in verschiede Ebenen einordnen (ebenda):

- Taktische Über- oder Untergewichtungen
- Wertpapier-Selektion
- Style Investment
- Branchen-Rotation / -Selektion
- Market Timing

Die sich ständig verändernden Risiko- und Markteinschätzungen erfordert auf der Ebene der taktischen Asset Allokation eine regelmäßige Korrektur der Über- oder Untergewichtungen gegenüber der Benchmark der strategischen Asset Allokation. Durch Wertpapierselektion (Stock Picking) können innerhalb eines Marktes oder einer Branche Schwerpunkte gesetzt werden. Zur Selektion können dabei Ergebnisse der fundamentalen oder technischen Wertpapieranalyse herangezogen werden. Je nach Markteinschätzung können unterschiedliche Unternehmens-Eigenschaften bevorzugt werden: large vs. small Caps, value vs. growth Aktien oder high Beta vs. low Beta Werte; diese Entscheidungen werden unter dem Begriff Style Investment zusammengefasst. Dies ist ebenso auf Branchenebene möglich (Branchen-Rotation/-Selektion). Durch Market Timing können im Portfolio in Antizipierung von Marktphasen und Stimmungen das Gewicht von Märkten oder Währungsräumen reduziert oder erhöht werden, sowie Liquidität auf- oder abgebaut werden. Timing Aspekte können dabei auf der Grundlage der technischen Wertpapieranalyse getroffen werden.

Zwischenfazit

Die strategische Asset Allokation definiert das Neutralportfolio, eine Strukturierung von Anlagemitteln, die den langfristigen Anlagezielen des Investors entspricht. Das Marktportfolio bzw. dessen strategische Submodelle bilden die Basis für die empirischen Analysen des Kapitels 4.2. Kern der taktischen Asset Allokation ist die weitere Zerlegung der Asset Klassen bis zur konkreten Auswahl einzelner Titel (Wertpapier Selektion) und der Bestimmung der Kauf- und Verkaufszeitpunkte (Timing). Die taktische Asset Allokation bildet die Basis für die empirischen Analysen des Kapitels 4.3, in dem Rohstoffe als dynamischer Bestandteil der Asset Allokation analysiert werden.

3.3 Portfolio Theorie und Portfolio Management

Die Beobachtungen einer Zeitreihe können als Realisationen einer endlichen Folge voneinander abhängiger Zufallsvariablen Y_1, Y_2, Y_3, ... interpretiert werden. Man bezeichnet diese Folge auch kurz als einen stochastischen Prozess (Y_t) (vgl. Stier 2001). Die klassische Zeitreihenanalyse greift in einigen Aspekten zur Erklärung des Preisverhaltens von besicherten Rohstoff Terminkontrakten zu kurz[41]. Ergänzend sollen die weiteren Eigenschaften von Preis- und Renditeverteilungen durch Verteilungsanalysen berücksichtigt werden (ebenda). Im ersten Abschnitt werden dazu die Momente der Verteilungsfunktion erläutert. Ein besonderes Gewicht kommt der Skizzierung von allgemeinen und von Downside Risikomaßen im Abschnitt 2 zu. Rendite und Varianz auf Portfolioebene (Abschnitt 3) bilden die Grundlage für die Portfolio Optimierung im Sinne der Herleitung des Minimum Varianz Portfolios, des Tangentialportfolios, sowie der Ableitung verschiedener Portfoliomodelle in Abschnitt 4.

3.3.1 Momente der Renditeverteilung

Momente sind Kenngrößen zur Beschreibung einer Verteilungsfunktion. Für ein metrisches Merkmal X und eine natürliche Zahl k heißen

[41] Die ausschließliche Verwendung der Zeitreihenanalyse z.B. in Form der Volatilität birgt die Gefahr der Verwendung eines falschen Risikomaßes. Angenommen der Preis für Rohöl bewegt sich innerhalb eines Jahres täglich zwischen 80 und 85 USD/Barrel, so sagt die Volatilität in diesem Fall wenig über das tatsächliche Preisverhalten von Rohöl aus, das in einer vergleichbar engen Range handelt. Die Kombination von Zeitreihenanalyse und Verteilungsanalyse erlaubt ein genaueres Bild des Preisverhalten.

$$M_k = \frac{1}{N}\sum_{i=1}^{N} x_i^k$$

$$M_k^Z = \frac{1}{N}\sum_{i=1}^{N} (x_i - \bar{x})^k$$

k-tes Moment bzw. k-tes zentrales Moment. In der Praxis spielen Momente aber lediglich bis zur 4. Ordnung eine Rolle (vgl. Papoulis/Pillai 2002).

Als erstes und zweites zentrales Moments sind das arithmetisches Mittel und die Varianz definiert als:

$$M_1 = \mu$$

$$M_2^Z = \sigma^2$$

mit

$$\mu = \mathrm{E}(X)$$

und

$$\sigma^2 = \mathrm{Var}(X) = \mathrm{E}((X - \mu)^2)$$

Das dritte zentrale Moment der Verteilung beschreibt die Schiefe (Skewness) einer Verteilung mit:

$$\upsilon'_3 = \frac{M_3^Z}{\sigma^3}$$

Es gilt:

$\upsilon = 0$ symmetrische Verteilung

$\upsilon > 0$ rechtsschiefe bzw. linkssteile Verteilung

$\upsilon < 0$ linksschiefe bzw. rechtssteile Verteilung

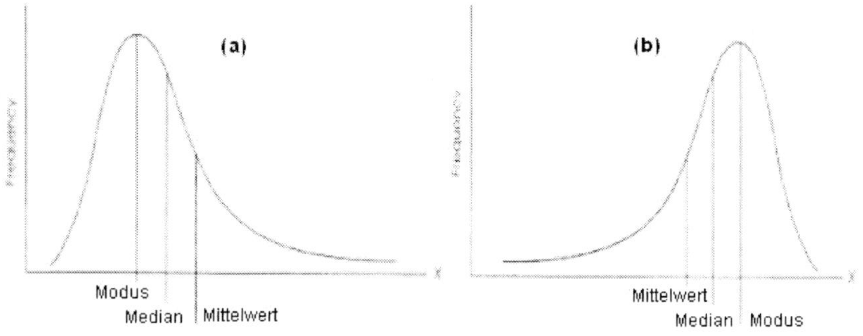

Abbildung 6: Rechtsschiefe (a) und linksschiefe (b) Verteilung

Eine Verteilung mit positiver Schiefe (rechtsschief) weist ein langes rechtes Ende auf (Abb.6a) und bei negativer Schiefe (linksschief) ist das linke Ende lang gezogen (Abb.6b). Bei rechtsschiefer Verteilung gilt: Modus < Median < Mittelwert und vice versa für linksschiefe Verteilungen. Die Schiefe ist ein Maß für die Symmetrie der Verteilungsfunktion zum Mittelwert. Da die Gaußsche Normalverteilung symmetrisch zum Mittelwert ist, ist die Schiefe ein geeignetes Werkzeug um eine beliebige Verteilung mit der Normalverteilung zu vergleichen. Ein Investor zieht bei vergleichbarem Erwartungswert der Renditen und vergleichbarer Varianz Renditeverteilungen mit positiver Schiefe, also rechtsschiefe Verteilungen vor.

Die Kurtosis (Wölbung) einer statistischen Verteilung ist definiert als:

$$\kappa = \frac{M_4^Z}{\sigma^4} - 3$$

κ ist der Wölbungskoeffizient. Man unterteilt in

$\kappa > 0$ leptokurtische Verteilungen (Steilheit)

$\kappa = 0$ mesokurtische Verteilungen

$\kappa < 0$ platykurtische Verteilungen (Flachheit)

$\kappa > 0$ beschreibt eine Verteilung steiler als die Normalverteilung, und $\kappa < 0$ eine entsprechend flachere Verteilung. Ist die Wölbung einer Verteilung groß (positive

Excess-Kurtosis), so kommt ein höherer Anteil der Varianz von Ausreißern (‚Fat Tails') als bei einer Verteilung mit geringer Wölbung (vgl. Abb.7). Die Excess-Kurtosis ist definiert als Stichprobenkurtosis minus 3; eine positive Excess-Kurtosis bedeutet eine größere Kurtosis als bei einer Normalverteilung. Bei positiver Kurtosis (leptokurtisch) liegen mehr Werte im Zentrum der Verteilung (spitzer), und die Enden sind länger. Negative Kurtosis (platykurtisch) zeigt weniger Werte im Zentrum der Verteilung (flacher) und die Enden sind kürzer (‚Thin Tails').

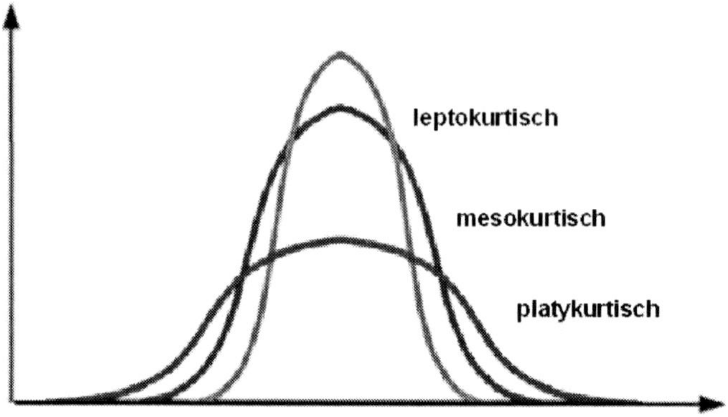

Abbildung 7: Verteilungsfunktion (Wölbung)

Mittelwert und Varianz sind bei nicht-normalverteilten Zeitreihendaten nur beschränkt aussagekräftig. Schiefe und Kurtosis werden oft als Maß der Abweichung von der Normalverteilung benutzt und sind ein erster Analyseschritt für Finanzmarkt-Datenreihen. Ein risikoaverser Investor hat klare Präferenz für rechtsschiefe Renditeverteilungen (positive Skewness) und negative Excess Kurtosis seines Portfolios (Platykurtosis).

3.3.2 Risiko und Risikomaße

In dieser Arbeit werden zwei Sets von Risikomaßen verwendet: allgemeine Risikomaße und Downside Risikomaße. Allgemeine Risikomaße basieren auf der Rendite-Schwankung des empirischen Datenmaterials wie z.B. Varianz und Standardabweichung. Ergänzend werden deskriptiv die Spannweite der Renditen in verschiedenen Zeiträumen sowie der maximale Drawdown der Renditen im Gesamtzeitraum betrachtet. Die Sharpe Ratio als risikoadjustierte Kennziffer wird aufgrund ihrer großen

Bedeutung in der Praxis gesondert behandelt. Die zweite Kategorie bezieht sich auf Downside-Risikomaße. Hier werden die Ausfallwahrscheinlichkeit und die Semi-Varianz als spezielle Ausprägungen der Lower Partial Moments (LPM), sowie der empirische Value at Risk (VaR) betrachtet.

3.3.2.1 Allgemeine Risikomaße

Kerngedanke der modernen Portfoliotheorie ist die Ermittlung risikoeffizienter Wertpapier-Zusammenstellungen (Steiner/Uhlier 2001, S.166f.). Dabei weicht der finanzmathematische Risikobegriff von der intuitiven reinen Verlustmöglichkeit ab – unter Risiko wird im Folgenden die Unsicherheit, Zielgrößen zu erreichen oder zu verfehlen, also die positive und negative Abweichung von Prognosen, verstanden. Als allgemein anerkanntes und gebräuchliches Risikomaß hat sich aufgrund der breiten Anwendbarkeit die aus der Varianz bzw. Standardabweichung der Renditen abgeleitete Volatilität durchgesetzt[42].

Die Varianz und die Standardabweichung bzw. die Volatilität als annualisierte Standardabweichung erfasst Abweichungen einer Zielvariablen vom Erwartungswert bzw. Mittelwert der Renditen. Mit der zunehmenden Entfernung nach oben oder nach unten vom erwarteten Wert der Wahrscheinlichkeitsverteilung nimmt das Risiko zu. Das bedeutet, dass nicht nur die negativen Abweichungen, sondern auch die positiven Abweichungen vom Ziel (höhere Renditen als die angestrebte Rendite) ins Risikomaß einfließen. Als Schätzer für die Varianz wird oft die empirische Varianz verwendet:

$$\sigma^2 = \mathrm{Var}(X) = \mathrm{E}((X - \mu)^2)$$

mit E(X) als Erwartungswert der Zufallsvariablen X. Die Standardabweichung ist definiert als Quadratwurzel der Varianz.

$$\sigma = \sqrt{\sigma^2}$$

[42] Krämer (2003), S.7ff. führt darüber hinausgehend an, dass die alleinige Abgrenzung von Risiko über Volatilitäten insbesonders bei Alternativen Investments nicht ausreicht; im Unterschied zu traditionellen Asset Klassen werden die Faktoren Illiquidität, Intransparenz, Manager-Selektion und strukturelle Risiken wie z.B. Bewertung und Bewertungs-Frequenz, Markteinfluss, implizite Gebühren oder ein abweichendes regulatorisches Umfeld aufgeführt.

Im Konzept der Varianz bzw. Standardabweichungen der Renditen als Risikomaß muss beachtet werden, dass positive Renditeabweichungen vom Mittelwert durchaus erwünscht sind. Denn positive Abweichungen vom Zielwert betrachtet der Investor meistens nicht als Risikoquelle sondern als Erfolgschance, und will sie nicht durch die Risikominimierung im Optimierungsprozess vermeiden. Varianz und Standardabweichung liefern konsistente Aussagen für den Fall von symmetrischen Renditeverteilungen. Dies ist ein Grund, warum die Überprüfung auf Normalverteilung einen wichtigen Bestandteil der deskriptiven Analyse darstellt.

Neben Varianz und Standardabweichung der Renditen sollen deskriptiv die Spannweite der Renditen über 12 Monate betrachtet werden. Hierfür werden die Extremwertausprägungen (Minimum, Maximum) der rollierenden Jahresrenditen über unterschiedliche Perioden berechnet – zusätzlich soll als Kennziffer der maximale Verlust (Drawdown) über 12 Monate betrachtet werden.

Sharpe Ratio

Die Sharpe-Ratio (vgl. Sharpe 1966, S.119-138, Steiner/Bruns 2002, S.604ff.) ist ein in der Asset Management Praxis verbreitetes Instrument, um den Ertrag in Abhängigkeit zum eingegangenen Risiko - den risikoadjustierten Ertrag zu beurteilen. Die Sharpe Ratio definiert sich ex post durch das Verhältnis der Überschussrendite (Excess Return) zum eingegangenen Risiko:

Sharpe Ratio (SR): $\frac{\mu_P - r_{RF}}{\sigma_P}$

mit

μ_i: Erwartungswert der Rendite

σ_i: Standardabweichung der Rendite

r_{RF}: Risikofreier Zins

Je höher die Sharpe-Ratio, desto höher ist der risikoadjustierte Anlageerfolg: denn je höher die realisierte Rendite pro übernommener Einheit Gesamtrisiko liegt, desto besser wird das Verhältnis von Rendite zu Risiko. Als ein Kritikpunkt wird angeführt, dass sich die Risikobetrachtung auf das gesamte Risiko bezieht (vgl. Steiner/Bruns 2002, S.604ff.). So sollte im Portfolio Kontext lediglich das systematische Risiko eine Rolle spielen. Desweiteren kann keine Aussage über die Zusammensetzung des

Risikos, den Anteil des systematischen und unsystematischen Risikos, getroffen werden. Trotz dieser Kritikpunkte stellt die Sharpe-Ratio ein robustes Maß dar, die Vorteilhaftigkeit einer Anlagestrategie unter Berücksichtigung der eingegangen Risiken zu beurteilen, und soll im empirischen Teil als Beurteilungs-Maßstab herangezogen werden. Für den Fall nicht normalverteilter Zufallsvariablen können darüber hinaus Downside Risikomaße einen wichtigen Analyseansatz bieten.

3.3.2.2 Downside Risikomaße

Downside Risikomaße umschreiben eine Vielzahl von nicht-symmetrischen Risikomaßen. Untere partielle Momente (Lower Partial Moments) stellen ein allgemeines Maß des Shortfallsrisikos, der Gefahr des Unterschreitens eines Mindestanspruchsniveaus an eine bestimmte Zielgröße, dar. Lower Partial Moments integrieren dabei alle einseitigen ausfallrisikoorientierten Streuungsmaße (Downside Risikomaße), die nur eine Aussage über negative Abweichungen machen bzw. nur den unteren Teil einer Dichtefunktion erfassen (vgl. Bawa 1975, Bawa et al. 1977, Fishburn 1977, Haaß 2001 und Danielsson et al. 2005). Downside Risikomaße gewinnen ihre Bedeutung vor allem bei nicht-symmetrischen Renditeverteilungen. Der Value at Risk (VaR) kann ebenfalls den Downside-Risikomaßen zugerechnet werden und soll aufgrund seiner großen Bedeutung in der Praxis gesondert behandelt werden.

Die Lower Partial Moments (LPM) *n*-ter Ordnung lassen sich bei diskreter Merkmalsausprägung beschreiben als:

$$LPM_n = \sum_{i=1}^{N^*} \frac{1}{N} \left(R_{min} - R_i^-\right)^n$$

mit:

R_{min}: geforderte Mindestrendite (Target Return)

R_i^-: Renditerealisation, die kleiner als die Mindestrendite ist

N: Anzahl aller Renditerealisationen

N*: Anzahl der Renditerealisationen, die kleiner als die Mindestrendite sind

In die Auswertung fließen ausschließlich Wertrealisationen ein, die unterhalb der Zielrendite liegen. Durch die Parameter Mindestrendite R_{min} und den Exponenten n legt der Investor den Grad der Risikoaversion fest. Je höher der Exponent, desto höher werden die größeren Abweichungen von der Mindestrendite gegenüber kleinen Unterschreitungen gewichtet, und desto größer wird das Risikomaß. Mit steigendem R_{min} wird auch ein immer größerer Teil der Wahrscheinlichkeitsverteilung als risikobehaftet betrachtet. Ein $R_{min} = 0\%$ kann dabei als Vorgabe eines Kapitalschutzes interpretiert werden.

Die bekanntesten Ausprägungen der Lower Partial Moments können für n = 0 als Ausfallwahrscheinlichkeit (Shortfall Risk) interpretiert werden; n = 1 und n = 2 können als Shortfall-Erwartungswert und Shortfall-Varianz beschrieben werden (vgl. Fishburn 1977, S.116-126, Laughhunn et al. 1980, S.1238-1249, Albrecht 2003, Poddig et al. 2003, S.135ff. und Danielsson et al. 2005). Bei näherer Betrachtung stellt die Semi-Varianz für n = 2 und $R_{min} = \mu$ einen Spezialfall der LPM 2ter Ordnung dar (ebenda).

Für n = 0 ist $LPM_0 = \sum_{i=1}^{N^*} \frac{1}{N} (R_{min} - R_i^-)^0 = \sum_{i=1}^{N^*} \frac{1}{N} = N^* / N$

Für n = 1 ist $LPM_1 = \sum_{i=1}^{N^*} \frac{1}{N} (R_{min} - R_i^-)^1$

Für n = 2 ist $LPM_2 = \sum_{i=1}^{N^*} \frac{1}{N} (R_{min} - R_i^-)^2$ mit $R_{min} = \mu$ wird $LPM_2 = \sum_{i=1}^{N^*} \frac{1}{N} (\mu - R_i^-)^2$

Ausfallwahrscheinlichkeit und Semi-Varianz sind zwei konkrete Ausprägungen der Lower Partial Moments (LPM) für n=0 und n = 2 mit $R_{min} = \mu$, die für die empirische Untersuchung im Rahmen dieser Arbeit als Vergleich herangezogen werden sollen. Im Gegensatz zur empirischen Ausfallwahrscheinlichkeit und Semi-Varianz muss für die aus den LPM abgeleiteten korrespondierenden Risikomaße keine Normalverteilung der Renditen unterstellt werden.

Ausfallwahrscheinlichkeit

Die Ausfallwahrscheinlichkeit[43] ist definiert als die Wahrscheinlichkeit P, dass ein vorgegebenes Mindestrenditeniveau verfehlt wird: P ($R_i < R_{min}$).

---

[43] Die Ausfallwahrscheinlichkeit wird auch als Defizitrisiko oder Shortfall Risk bezeichnet. Vgl. hierzu auch Steiner/Bruns 2002, S.64ff.

Empirisch berechnet sich die Ausfallwahrscheinlichkeit ex post durch

$AW = N^* / N$ mit:

N: Anzahl aller Renditerealisationen

N*: Anzahl der Renditerealisationen, die kleiner als die Mindestrendite sind

Zwei mögliche Vorgaben für R_{min} für die empirische Analyse in Kapitel 4 sind $R_{min} = 0$ (Kapitalschutz) und $R_{min} = R_{RF}$. Durch die Vorgabe des risikolosen Zinses R_{RF} sollen sowohl Inflationsschutz als auch die Abdeckung von Opportunitätskosten dargestellt werden. Ex ante kann die Ausfallwahrscheinlichkeit unter Zugrundelegen der Normalverteilung geschätzt werden durch:

$AW = N\,[(R_{i,min} - E(R_i)) / \sigma_i]$ mit:

N [...]: Wert aus der Verteilungsfunktion der Standardnormalverteilung

$R_{i,min}$: vorgegebene Mindestrendite

$E(R_i)$: erwartete Rendite

σ_i: Volatilität der Rendite

Wesentliche Einflussfaktoren sind die Höhe der erwarteten Mindestrendite, der Erwartungswert der Rendite und deren Schwankungsbreite. Mit steigender Volatilität nimmt ceteris paribus die Ausfallwahrscheinlichkeit zu. Trotz der Aussagekraft der ex ante Ausfallwahrscheinlichkeit muss auf die fehlende Aussagekraft hinsichtlich der Verteilungseigenschaften der Renditen hingewiesen werden.

Semi-Varianz

Bei der empirischen Semi-Varianz werden im Unterschied zur regulären Varianz nur die negativen Abweichungen vom arithmetischen Mittelwert der Renditen in die Berechnung einbezogen[44]. Lediglich Renditerealisationen, die unterhalb des Erwartungswertes der Rendite liegen, erhöhen das Risiko.

$$\sigma^2_{SV} = \sum_{i=1}^{N^*} \frac{1}{N} \quad (R_i^- - \mu)^2$$

mit:

R_i^-: Rendite, die kleiner als die durchschnittliche Rendite ist

μ: Erwartungswert der Rendite

N: Anzahl aller Renditerealisationen

N*: Anzahl der Renditerealisationen, die kleiner als die Mindestrendite sind

Value at Risk

Dem Value at Risk (VaR) kommt aufgrund seiner verbreiteten Anwendung und intuitiven Interpretierbarkeit eine hohe Bedeutung innerhalb der Kategorie der Downside Risikomaße zu (vgl. hierzu Hallerbach 1999, S.5ff., Hull 2000, S.342ff., Bruns/Meyer-Bullerdiek 2003, S.38ff.). Der Value at Risk VaR (α, T) einer Vermögensposition ist der im Zeitpunkt t für eine bestimmte Haltedauer T geschätzte maximale Verlust-Betrag, der nur mit einer festgelegten, geringen Wahrscheinlichkeit α (Konfidenzniveau von 1-α) überschritten wird[45]. Das Konfidenzniveau definiert die Wahrscheinlichkeit, mit der eine nachfolgend zu berechnende, in Geldeinheiten gemessene Verlustobergrenze nicht überschritten wird (vgl. Abb. 8).

---

[44] Vgl. hierzu Podig et al. 2003, S.130ff. Die Semivarianz bietet eine zusätzliche Aussagekraft bei nicht symmetrischen Renditeverteilungen – bei normalverteilten Renditen bietet sie gegenüber der regulären Varianz keine zusätzliche Aussagekraft, da sie ist immer exakt halb so groß ist ($2\sigma^2_{SV}=\sigma^2$).

[45] Unter dem VaR wird eine Wahrscheinlichkeitsaussage unter einem bestimmten Zeithorizont getroffen – es wird keine Aussage über die maximale Verlusthöhe getroffen. Das Risiko wird in Geldeinheiten angegeben. Das Konzept ähnelt der Ausfallwahrscheinlichkeit, die im Unterschied zum VaR jedoch angibt mit welcher Wahrscheinlichkeit ein bestimmtes Renditeniveau nicht erreicht wird. Vgl. auch: Risk Metrics 2006: Technical Docoment, in: www.riskmetrics.com/techdoc.html, zugegriffen am 04.06.2007 und www.gloriamundi.org, zugegriffen am 06.06.2007.

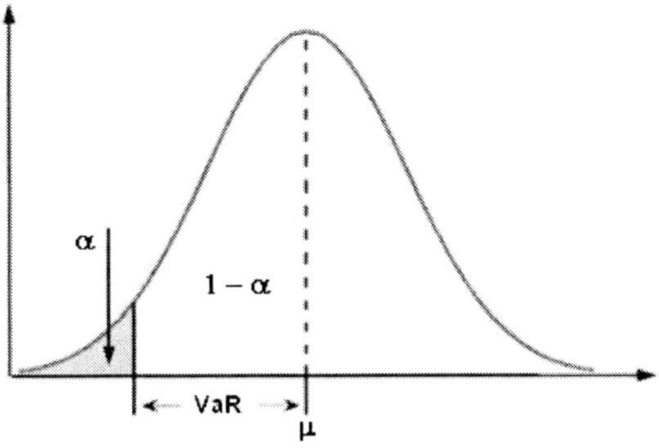

Abbildung 8: Value at Risk (VaR)

Eine mögliche Aussage der Value at Risk Berechnung ist beispielsweise, dass bei einem Konfidenzniveau von 99% eine 1%ige Restwahrscheinlichkeit besteht, dass die Verlustgrenze (Value at Risk) von den tatsächlich eintretenden Verlusten überschritten wird. Alternativ kann gesagt werden, dass mit 99%iger Sicherheit über den betrachteten Zeitraum nicht mehr als X Geldeinheiten verloren werden, oder im Umkehrschluss, dass mit einer Wahrscheinlichkeit von 1% der Verlust innerhalb der Periode mehr als X Geldeinheiten beträgt.

Die bekanntesten Verfahren, um den Value at Risk zu berechnen sind die aus historischen Daten (1), durch ein parametrisches Schätzverfahren (Varianz-Kovarianz-Ansatz) (2) und durch Monte Carlo Simulation (3). Ein Vorteil der Datengewinnung aus historischen Daten besteht darin, dass keine Annahmen bzgl. der Verteilung der Renditen getroffen werden muss. Jedoch muss unterstellt werden, dass die zukünftige Entwicklung der Historie entspricht. Bei der Varianz-Kovarianz-Methode wird der Value-at-Risk über die Kovarianzmatrix der Renditen der einzelnen Portfolio-Anteile bestimmt. Value-at-Risk-Änderungen können so bei Portfolio-Umschichtungen relativ schnell ermittelt werden. Die Ermittlung der Value-at-Risk Änderungen bei den beiden Simulationsverfahren erfordert dagegen die Durchführung einer vollständig neuen Simulationsserie. Der Value at Risk lässt sich darstellen[46] als:

[46] vgl. Poddig et al. 2003, S.137ff. Hier werden normalverteilte Renditen zugrundegelegt.

$VaR = -V\,(z_\alpha\,\sigma + \mu)$ mit

-V: Volumen der Vermögensposition heute in Geldeinheiten

z_α: Stelle, an der die Standardnormalverteilung den Wert α annimmt

μ: Erwartungswert der Renditen

σ: Standardabweichung der Renditen

Der Value at Risk ergibt sich somit durch die Multiplikation des Marktwertes einer Vermögensposition mit der auf die gewünschte Wahrscheinlichkeit skalierten Volatilität. Dabei wird der Erwartungswert der Renditen mit einbezogen, der die Verteilungsfunktion im Vergleich zur Standardnormalverteilung nach rechts verschiebt. Durch Vorgabe des Konfidenzniveaus kann der entsprechende z-Wert der Standardnormalverteilung bestimmt werden. Üblich für Anwendungen sind die Quantile z_α der Standardnormalverteilung für Wahrscheinlichkeitsaussagen auf dem Konfidenzniveau von 99%, 98%, 95% oder 90% mit den Werten 2,3263, 2,0537, 1,6449 und 1,2816 (ebenda). Der VaR gehört ebenfalls zu den Downside Risikomaßen und lässt sich durch das Lower Partial Moment vom Grad 0 mit einem vorgegebenen Zielwert beschreiben (vgl. Gleißner 2006, S.19f.). Bei Verwendung von stetigen, logarithmierten Renditen zur Ermittlung von Mittelwert und Standardabweichung wird der obige Ausdruck zu:

$VaR = -V\,[e^{(\mu\,t + z_\alpha\,\sigma\,\sqrt{t})} - 1]$ mit

-V: Volumen der Vermögensposition heute in Geldeinheiten

e: Eulersche Zahl

μ: Erwartungswert der stetigen Renditen p.a.

σ: Standardabweichung der stetigen Renditen p.a.

z_α: Stelle, an der die Standardnormalverteilung den Wert α annimmt

t: Haltedauer in Jahren

Kritisch muss zum Value-at-Risk-Ansatz angemerkt werden, dass z.T. eine Normalverteilung der Renditen, sowie die Zeitstabilität von Mittelwert und Standardabweichung über den Anlagehorizont unterstellt wird (Bruns/Meyer-Bullerdiek 2003, S.45). Als Konsequenz für das Risikomanagement resultiert, dass die Wahrscheinlichkeit sehr hoher Verluste durch die Normalverteilung erheblich unterschätzt werden kann[47]. Hier sollten z.B. Stresstests ergänzend herangezogen werden. Trotz dieser Nachteile bietet der Value-at-Risk durch die Reduktion auf eine einzige zu interpretierende Risikokennzahl ein effizientes Werkzeug um die Risiken größerer, komplex strukturierter Portfolios einzuschätzen.

3.3.3 Rendite und Varianz auf Portfolioebene

Die Bestimmung einer optimalen Portfoliostruktur wird anhand der erwarteten Rendite und des Risikos eines Portfolios vorgenommen. Für diese beiden Größen werden die statistischen Kennzahlen Erwartungswert und Standardabweichung der Portfoliorendite verwendet.

$$(1)\ R_p = \sum_{i=1}^{N} w_i R_i \quad \text{bzw.} \quad R_p = w^T R = (w_1 \ \ldots \ w_i) \times \begin{pmatrix} R_1 \\ \ldots \\ R_i \end{pmatrix}$$

mit R_p: Portfoliorendite

R_i: Rendite des Assets i

w_i: Gewichtung der Anlage i im Portfolio

w^T: Transponierte der Gewichtungsmatrix

R: Matrix der Renditen

N : Anzahl der Anlagen im Portfolio

Die Renditen der einzelnen Anlagen werden mit ihrem Anteil am Portfolio gewichtet und aufsummiert. Die Summe der einzelnen Gewichte w_i addieren sich zu 1. Werden die Renditen des Portfolios und der Anlagen als Zufallsvariablen betrachtet, ergibt sich der Erwartungswert der Portfoliorendite als

$$(2)\ \mu_p = E(R_P)$$

Für die Varianz der Renditen gilt:

[47] Krämer (2003), S.5f. argumentiert, dass extreme Kursausschläge in der Praxis der Finanzmärkte wesentlich häufiger auftreten, als es dieser Verteilungsannahme entsprechen würde. Die Krise des LTCM Hedge Funds während der Rußlandkrise 1998 legt nahe, dass Risiko und Ertrag in Portfolios nicht in dem Ausmaß unter Kontrolle sind, wie die moderne Portfoliotheorie es nahelegt. Die Value at Risk Analyse sollte aus diesem Grund durch Stress Testing und Analysen zur Zeitstationarität wichtiger Parameter ergänzt werden.

(3a) σ^2 = Var (R_i) für alle i = 1, ..., N

Für N Beobachtungen erhält man als erwartungstreuen Schätzer für die Varianz:

(3b) $\sigma^2 = \frac{1}{N-1} \sum_{i=1}^{N} (r_i - \tilde{r})^2$

Erwartete Rendite und Varianz spiegeln lediglich zwei Dimensionen eines dreidimensionalen Portfolio-Konstruktionsprozesses wieder: die dritte Dimension wird durch das Ausmaß des Gleichlaufs der Erträge verschiedener Portfolio-Bestandteile bestimmt. Das Gesamtrisiko des Portfolios ist umso geringer je geringer die Preisentwicklung der einzelnen Anlagen (Assets) miteinander korrelieren (vgl. Abb. 9). Im langfristigen Trendverlauf kann hierdurch eine höhere durchschnittliche Rendite bei geringerem Risiko erzielt werden.

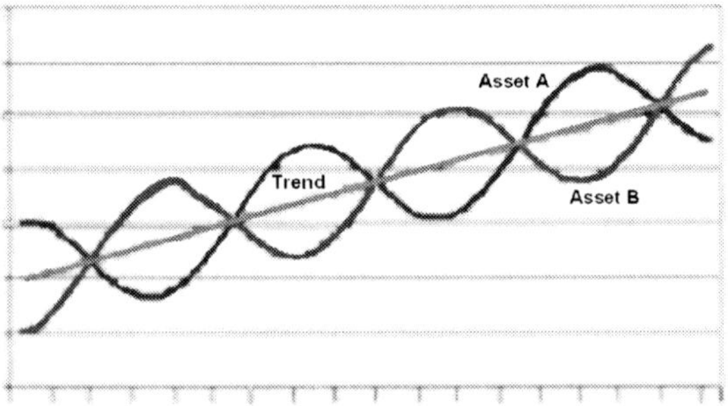

Abbildung 9: Verstetigung der Rendite im Zeitverlauf

Für die Berechnung der Standardabweichung der Portfoliorendite muss somit zusätzlich zur gewichteten Summe der Varianzen die Abhängigkeit der Renditen untereinander beachtet werden. Diese zusätzliche Einflussgröße lässt sich durch die Kovarianz bzw. die Korrelation quantifizieren (Poddig et al. 2003, S.53f.):

(4) σ_{AB} = Cov (R_i,R_j) für alle i ungleich j bzw. $\rho_{AB} = \sigma_{AB} / \sigma_A \sigma_B$ mit $-1 < \rho < 1$

Für die Kovarianz σ_{AB} gilt: $\sigma_{AB} = \frac{1}{N-1} \sum_{n=1}^{N} (r_{i,n} - \tilde{r})(r_{i,n} - \tilde{r})$

Die über das Produkt der Standardabweichungen normierte Kovarianz σ_{AB} definiert den Korrelationskoeffizient ρ. Dieser ist ein normiertes Maß für den Gleichlauf zweier Variablen und liegt zwischen -1 (gegenläufige Entwicklung) und +1 (gleichläufige Entwicklung) (vgl. Abb. 10).

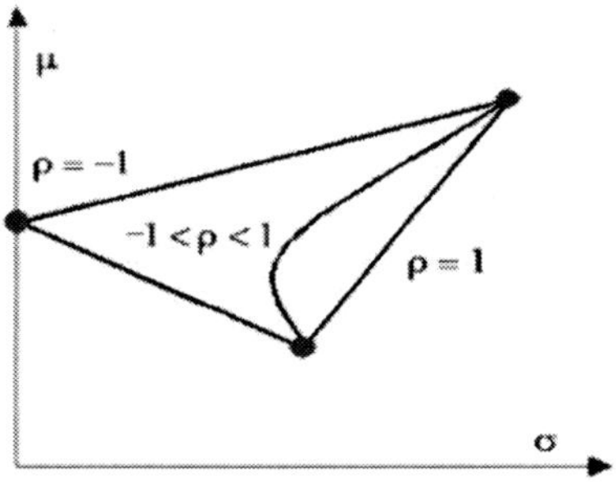

Abbildung 10: Korrelationskoeffizient

Bei Korrelationen von weniger als +1 bewegen sich die Preise von Kapitalanlagen nicht immer in die gleiche Richtung. Dadurch können sich die Preisschwankungen einzelner Anlagen zum Teil gegenseitig ausgleichen, wodurch die Schwankungsbreite (Volatilität) des gesamten Portfolios sinkt.

Für die Portfolio-Varianz bedeutet dies allgemein für N Assets:

(3a) $\sigma_P^2 = w^T \, \Omega \, w$ mit

$$w^T = (w_1 \ \ldots \ w_i), \quad \Omega = \begin{pmatrix} \sigma_{11} & \ldots & \sigma_{1i} \\ \ldots & \ldots & \ldots \\ \sigma_{i1} & \ldots & \sigma_{ii} \end{pmatrix} \quad \text{und} \quad w = \begin{pmatrix} w_1 \\ \ldots \\ w_i \end{pmatrix}$$

w beschreibt die Gewichtungsmatrix und w_T bildet die Transponierte der Gewichtungsmatrix. Ω bezeichnet die Varianz-Kovarianz-Matrix; die Elemente der Hauptdiagonale bilden die Varianzen, und da für die Kovarianzen $\sigma_{ij} = \sigma_{ji} \quad \forall$ gilt, ist Ω symmetrisch (vgl. Podig et al. 2003, S. 700ff., Steiner/Uhlir 2001, S.137ff.).

Exemplarisch für den 3-Asset-Fall bedeutet dies für die Portfolio-Varianz:

$$(3b)\ \sigma_P^2 = w^T \,\Omega\, w = (w_A \quad w_B \quad w_C) \times \begin{pmatrix} \sigma_A^2 & \sigma_{BA} & \sigma_{CA} \\ \sigma_{AB} & \sigma_B^2 & \sigma_{CB} \\ \sigma_{AC} & \sigma_{BC} & \sigma_C^2 \end{pmatrix} \times \begin{pmatrix} w_A \\ w_B \\ w_C \end{pmatrix}$$

3.3.4 Portfolio Optimierung

Naive Diversifikation und Diversifikationsvorteil zeigen den Einfluss der Korrelation der einzelnen Portfolio-Bestandteile auf das Portfolio-Risiko. Die nächste Stufe im Optimierungsprozess bildet die Identifizierung effizienter Portfolios im Möglichkeitenraum sämtlicher Portfolio-Kombinationsmöglichkeiten. Das Minimum Varianz Portfolio, Tangentialportfolio und unterschiedliche Portfolio-Modelle sind Grundlage der empirischen Analysen im Kapitel 4.2.

3.3.4.2 Naive Diversifikation und Diversifikationsvorteil

Das Risiko einer Kapitalanlage kann in einen systematischen und einen unsystematischen Anteil aufgeteilt werden. Der systematische Risikoanteil (Marktrisiko) bestimmt den Trend eines Marktes oder einer Asset Klasse durch makroökonomische Größen wie z.B. konjunkturelle Entwicklung, Zinsniveau-Änderungen oder externe Schocks wie Naturkatastrophen, Kriege, etc. Der unsystematische oder idiosynkratische Risikoanteil umfasst eine firmenspezifische Risikokomponente, beispielsweise Faktoren wie die Wettbewerbssituation, Streiks, M&A-Strategie, Managementleistung etc. Kerngedanke der durch Markowitz begründeten modernen Portfoliotheorie (MPT) ist es, unsystematische Risiken durch die breite Streuung von Kapitalanlagen zu vermeiden (vgl. Markowitz 1952, 1959, Tobin 1958). Hierbei spielt zuerst die Anzahl der Einzeltitel und danach die Streuung der Anlagetitel auf mehrere Länder aufgrund der nicht gleichmäßig verlaufenden Wertentwicklung eine entscheidende Rolle (Diversifikation, vgl. schematische Darstellung in Abb.11). Unsystematische, firmenspezifische Risiken können durch die Anlage in unterschiedliche Firmen verschiedener Branchen und Länder im Idealfall so gut wie vollständig vermieden werden – während eine systematische Risikokomponente erhalten bleibt.

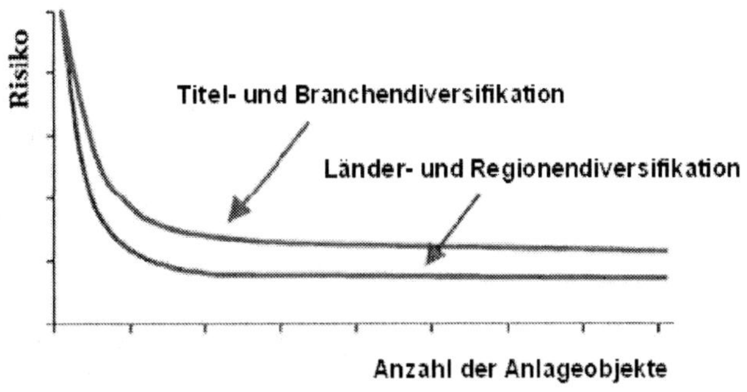

Abbildung 11: Naive Diversifikation

Naive Diversifizierung

Eine einfache Technik der Risikoreduktion auf Portfolioebene besteht folglich in der Aufteilung der Anlagemittel auf mehrere Assets. Diese Technik naiver Diversifikation beinhaltet also, Portfolios ohne Informationen hinsichtlich Rendite oder Risiko rein zufällig aus einem vorgegebenen Anlageuniversum auszuwählen. Dabei wird üblicherweise in alle Portfoliobestandteile der gleiche Betrag investiert (1/N, wobei N den Anlagebetrag darstellt) – es findet kein Optimierungsprozess im Sinne der Portfoliotheorie statt. Variiert wird lediglich die Anzahl der Titel, wobei die Risikoreduktion mit der Anzahl der Titel zunimmt aber der absolute Zuwachs der Risikominderung abnimmt:

$dF(N)./dN > 0$ und $d^2F(N)./dN^2 < 0$

mit:

F(N): Funktion des Portfoliorisikos in Abhängigkeit der Anzahl der Anlageobjekte

N: Anzahl der Anlageobjekte

Eine Risikoreduzierung wird hier erreicht, weil Wertpapierrenditen nicht vollständig positiv miteinander korrelieren.

Diversifikationsvorteil

Unabhängig von der angewandten Optimierungsmethode führt somit die Berücksichtigung der Kovarianz bzw. Korrelation der Einzelassets untereinander zu einer Reduktion des Portfolio-Risikos unter das Niveau der Summe der Einzelrisiken. Der Diversifikationsvorteil misst den Grad der Risikoreduzierung, der sich durch das Halten von nicht perfekt korrelierender Assets ergibt (vgl. Hull 2000, S.345, Kim/Mina 2001, S.13ff.) – definitionsgemäß ist dieser umso größer je geringer die Korrelation der Assets untereinander ist. Quellen der Diversifikation sind Assets mit niedriger oder negativer Korrelation zueinander. Der Diversifikationsvorteil ergibt sich durch die Differenz der gewichteten Summe der Einzelvarianzen der Portfolio Assets mit der Portfoliovarianz:

$$\text{Diversifikationsvorteil (DV)} = \sum_{i=1}^{N} \sigma_i^2 - \sigma_P^2$$

mit:

σ_i^2: Varianz des Assets i

σ_P^2: Portfolio-Varianz

Erst unter der Annahme, dass sich das Risiko einer jeden Investition quantitativ präzise ermittelt lasse und in der Standardabweichung (σ) der Renditen um den Erwartungswert (μ) ihrer als bekannt vorausgesetzten Renditeverteilung zu messen sei, wird eine methodische Lösung der Frage nach einer effizienten und optimalen Portfoliobildung ermöglicht. Historische Rendite- und Volatilitätsmessungen dienen dabei oft als Anhaltspunkt für die strategische Asset Allokation[48]. Die Bildung effizienter Portfolios steht dabei im Mittelpunkt des folgenden Abschnittes.

3.3.4.2 Bildung effizienter Portfolios

Anlageobjekte (Assets) können beliebig zu Portfolios zusammengesetzt werden – aufgeteilt in Rendite-/ Risikopaare (μ-σ-Raum) finden sich alle umsetzbaren Portfolios im Feasible Set, dem Möglichkeitenraum, wieder. Jedoch sind nicht alle Portfolio-Kombination sinnvoll: ein Portfolio ist effizient, wenn es kein anderes Portfolio gibt welches a) bei gleichem Risikoniveau eine höhere Rendite oder b) bei gleicher Rendite ein geringeres Risiko bzw. c) gleichzeitig eine höhere Rendite bei geringerem Risiko aufweist. Die Menge aller effizienten Portfolios bilden den effizienten Rand

48 Krämer (2003), S.8ff. merkt hierzu an, dass weder Erträge noch Volatilitäten und Kovarianzen zeitlich stabil oder prognostizierbar sind; daher die Vorstellung einer ex-ante optimalen Asset Allokation sehr ambitioniert sei. Trotzdem sei der Rückgriff auf historische Daten ein in der Praxis sehr verbreiteter Ansatz.

und kommen in einem μ-σ-Diagramm auf der Effizienzkurve (Efficient Frontier) zu liegen (vgl. Abb.12). Alle Kombinationen unterhalb dieser Linie werden durch ein Pendant auf der Linie dominiert und sind daher ineffizient.
Um die Gewichtungen der Assets in den einzelnen effizienten Portfolios zu erhalten ist die Lösung eines quadratischen Optimierungsproblems in Form der Zielfunktion (1) nötig:

(1) $ZF(w) = w^T \Omega w \rightarrow \min!$

unter den Nebenbedingungen

$$\sum_{i=1}^{N} w_i = 1$$

und $R_p = \sum_{i=1}^{N} w_i R_i$

mit:

Ω: Varianz-Kovarianz-Matrix

w: Gewichtungsmatrix

w^T: Transponierte der Gewichtungsmatrix w.

Die Renditen der einzelnen Assets werden mit ihrem Anteil am Portfolio gewichtet und aufsummiert; die Summe der einzelnen Gewichte ergibt dabei eins (vgl. Podig et al. 2003, S.163f., Krämer 2003, S.4f. und Oberuc 2004, S. 3ff.). Unter Auflösung dieser Zielfunktion kann für ein vorgegebenes Renditeniveau die Portfolio-Zusammensetzung ermittelt werden, für die die zugehörige Portfolio-Varianz am geringsten ist. Durch die Vorgabe eines Portfolio-Renditeniveaus lässt sich graphisch im μ-σ-Raum die Effizienzkurve aller effizienten Portfolios darstellen (vgl. Abb. 12).

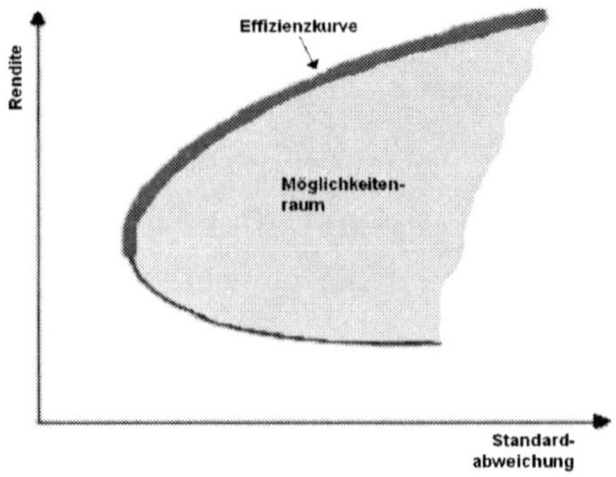

Abbildung 12: Effizienzkurve und Möglichkeitenraum

Portfolio Selektion und Nutzenmaximierung

Welches konkrete Portfolio ein Investor aus allen effizienten Portfolios als optimal auswählt, hängt von seiner individuellen Risikonutzenfunktion (Bernoulli-Prinzip) ab[49]. Risikonutzenfunktionen können eine lineare, konvexe oder konkave Funktion haben, je nach der Risikoeinstellung des Entscheiders – ein konvexer Kurvenverlauf impliziert einen risikoaversen Investor. Bei der Bestimmung des optimalen Portfolios ist eine Zusammenstellung von Wertpapieren gesucht, für die der Erwartungswert des Nutzens (Expected Utility, EU) unter Berücksichtigung verschiedener Nebenbedingungen maximiert wird.

(2) $EU(w) \rightarrow \max!$

Die Funktion drückt mathematisch aus, welchen individuellen Nutzen ein Anleger einer bestimmten Rendite-Risiko-Kombination zuordnet. Der Rendite-Return trade-off beschreibt, um wie viele Einheiten die erwartete Rendite eines Portfolios steigen (fallen) muss, falls dessen Risiko um eine Einheit zunimmt (abnimmt), ohne dass sich der Risikonutzen des Anlegers ändert. Graphisch (vgl. Abb. 13) lassen sich alle Rendite-Risiko-Kombinationen, die einen identischen Nutzen für den Anleger ergeben, in einem μ-σ-Diagramm als Indifferenzkurven oder Iso-Nutzenkurven darstellen.

[49] Vgl. hierzu u.a. Schmidt/Terberger 1997, S.288ff. und Hax 1993, S.133ff.

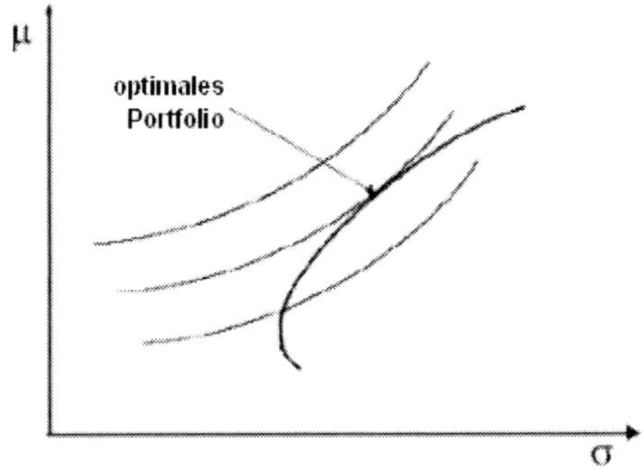

Abbildung 13: Nutzen-Indifferenzkurven

Je stärker die Indifferenzkurve nach oben gekrümmt verläuft, desto stärker ist die Risikoaversion des Anlegers (vgl. auch Hax 1993, S.140). Das optimale Portfolio eines individuellen Anlegers definiert sich durch den Tangentialpunkt der am weitesten vom Ursprung entfernten Isonutzenkurve mit dem effizienten Rand. Das optimale Portfolio sieht also für jeden Anleger anders aus – in der Asset Management Praxis ist es verbreitet, unterschiedliche Portfolio-Modelle je nach Risikoneigung der Investoren zu entwerfen (vgl. Abschnitt 3.3.4.5).

3.3.4.3 Herleitung des Minimum Varianz Portfolios

Unter der Annahme einer quadratischen Risikonutzenfunktion und normalverteilter Renditen ist die Maximierung des Erwartungsnutzens gleichbedeutend mit der Maximierung der Zielfunktion (5) [50]:

(5) $ZF(w) = \lambda\mu_P - \sigma^2_P$

mit:

μ_P: Erwartungswert der Portfoliorendite

σ^2_P: Varianz der Portfoliorendite

λ: Risikotoleranzparameter

---

[50] Die Anwendung des μ-σ-Prinzips und des Bernoulli-Prinzips führt bei Entscheidungsproblemen nur zum gleichen Ergebnis, wenn eine quadratische Nutzenfunktion des Entscheiders und normalverteilte Renditen unterstellt werden; vgl. Hax (1993), S.133ff.

Auf Grundlage des Erwartungswert-Varianz-Ansatzes (μ-σ-Prinzip) von Markowitz kann durch quadratische Optimierung das Minimum Varianz Portfolio (MVP) bestimmt werden (vgl. Abb.14), für das die Varianz auf der Effizienzkurve am geringsten ist[51].

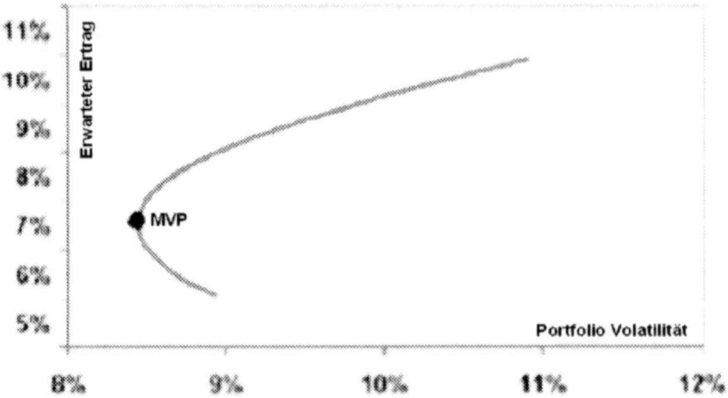

Abbildung 14: Minimum Varianz Portfolio

Durch Einsetzen von (1) und (3a) in der Matrixform resultiert die Zielfunktion nach (6). Nun sind die jeweiligen Anteile der Wertpapiere am Portfolio w_i so zu bestimmen, dass der Wert der ZF unter Berücksichtigung der Nebenbedingungen (7) maximiert wird.

(6) $ZF(w) = \lambda\, w^T R - w^T \Omega\, w \rightarrow \max!$

(7) Nebenbedingungen $\sum_{i=1}^{N} w_i = 1$ und $w_i \geq 0$.

Nebenbedingungen der Optimierung sind, dass sich die Anteile w_i aller Wertpapiere im Portfolio zu 1 summieren und alle Anteilsgewichte w_i positiv oder null sind. Die Möglichkeit zu Leerverkäufen soll in der weiteren Analyse ebenso wenig wie weitere Nebenbedingungen (beispielsweise Höchst- oder Mindestanteile) berücksichtigt werden (vgl. Podig et al. 2003, S. 700ff.).

[51] In mehreren Studien zur Portfoliooptimierung schneidet das Minimum-Varianz-Portfolio als überlegende Anlagestategien ab. Kempf/Memmel (2005) begründen dies u.a. mit der Robustheit gegenüber Schätzfehlern der zur Optimierung notwendigen Parameter.

3.3.4.4 Herleitung des Tangentialportfolios

Unter Berücksichtigung einer risikofreien Anlagemöglichkeit r_{RF} und deren Kombination mit Portfolios der Effizienzkurve ergibt sich eine Gerade effizienter Portfolios (Abb. 15), die Kapitalmarktlinie (Capital Market Line). Das optimale Portfolio für eine Mischung mit der risikofreien Anlagemöglichkeit befindet sich unabhängig von individuellen Risikopräferenzen am Tangentialpunkt der Graden ausgehend von r_{RF} mit der Efficient Frontier (Tangentialportfolio). Alle nicht dominierten (effizienten) Portfolios liegen auf dieser Tangente. Dieses Portfolio aus risikobehafteten Anlagemöglichkeiten ist also für jeden Investor identisch. Je nach Ausmaß der individuellen Risikoaversion legt der Anleger in einem zweiten Schritt fest, zu welchem Ausmaß er das Portfolio mit einer Anlage im risikolosen Instrument kombiniert, oder ob er zusätzlich Kapital zur Anlage zum risikolosen Zinssatz r_{RF} leiht (Leverage) – dieser Prozess ist bekannt unter dem Begriff der Tobin-Separation (vgl. Tobin 1958, S. 65ff., Sharpe 1964, S. 425ff.).

Die Tobin Separation trennt also im Asset Allokation Prozess

1. die Bestimmung des optimalen Portfolios risikobehafteter Anlagemöglichkeiten unabhängig vom Ausmaß der Risikoaversion des Investors, und
2. die Kombination dieses Portfolios mit sicherer Anlage oder Verschuldung unter Beachtung der persönlichen Risikoeinstellung.

Das Tangentialportfolio ist gleichzeitig das Portfolio mit dem höchsten risikoadjustierten Ertrag (ebenda).

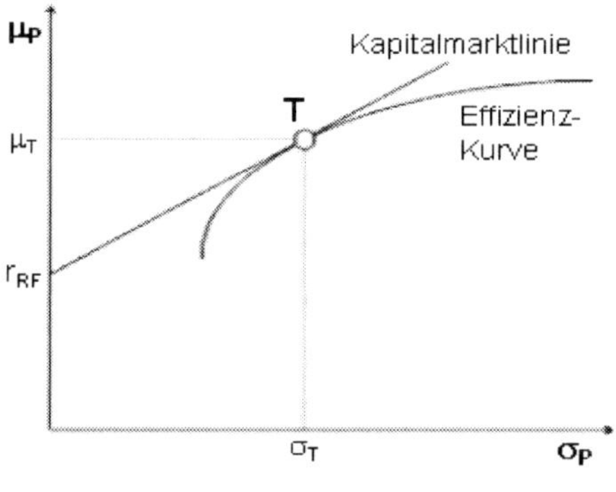

Abbildung 15: Tangentialportfolio

Bei näherer Betrachtung der Abb.15 ist ersichtlich, dass das Tangentialportfolio T der Bedingung

$$\frac{\mu_P - r_{RF}}{\sigma_P} \rightarrow \max!$$

mit

μ_P: Erwartungswert der Rendite eines Portfolios P auf der Effizienzkurve

σ_P: Standardabweichung der Rendite des Portfolios P

r_{RF}: Risikofreier Zins

genügt.

Das Tangentialportfolio T definiert sich also dadurch, dass die Überschussrendite pro Risikoeinheit unter allen Portfolios auf der Effizienzkurve am höchsten ist.

$$(7)\ ZF(w) = \frac{w_T R - r_{RF}}{\sqrt{w_T \Omega w}} \rightarrow \max!$$

Zur Bestimmung von T ist durch Einsetzen von (1) und (3a) die Zielfunktion (7) aufzustellen und zu maximieren (vgl. Podig et al. 2003, S. 700ff.).

3.3.4.5 Bildung von Portfolio-Modellen

Die Bildung von Portfolio-Modellen stellt in der Asset Management Praxis eine Annäherung an die komplexen individuellen Anlegerpräferenzen dar, da der Aufwand, für jeden Investor ein subjektiv optimales Portfolio zu entwickeln, nicht ökonomisch ist. Anleger werden im Hinblick auf Präferenzen in Gruppen aufgeteilt: reine Aktien- und Anleihenmodelle sowie Zwischenmodelle. Im Folgenden sind fünf unterschiedliche Portfolio-Modelle (Substanz, Einkommen, Balance, Wachstum und Dynamik) entworfen, die sich hinsichtlich des Anteils riskanter Anlagemittel unterscheiden:

	Substanz	Einkommen	Balance	Wachstum	Dynamik
Liquidität	5%	5%	5%	5%	5%
Anleihen	95%	70%	45%	20%	0%
Aktien	0%	25%	50%	75%	95%

Tabelle 1: Asset Allokation – Portfolio Modelle

Die Tabelle 1 zeigt einen Überblick über die Aufteilung der Strategischen Asset Allokation der verschiedenen Portfolio Modelle. Ausgehend von den beiden Asset

Klassen Aktien und Anleihen sowie der Residualgröße Liquidität wurden Quoten für den sicheren Portfolioanteil (Anleihen und Liquidität) und der Aktienquote aufgestellt. Der sichere Portfolio-Anteil beträgt im Modell Substanz 100% und fällt um je 25%-Punkte in den Modellen Einkommen (75%), Balance (50%) und Wachstum (25%). Da in allen Modellen per Definition eine Liquiditäts-Residualgröße i.H.v. 5% gehalten wird, beträgt im Dynamik-Modell der sicherheitsorientierte Anteil immer noch 5%. Auf der Ebene der taktischen Asset Allokation kann von den Vorgaben der strategischen Asset Allokation durch Über- bzw. Untergewichten von Asset und/oder Sub-Asset Klassen abgewichen werden.

Im Rahmen der empirischen Auswertungen des Kapitels 4.2 werden a) die Auswirkungen der Aufnahme von Rohstoffen auf die Effizienzkurve untersucht und b) zwei bestimmte Portfoliotypen näher untersucht: das Minimum-Variance-Portfolio als Portfolio mit dem geringsten Risiko und das Tangentialportfolio mit dem höchsten risikoadjustierten Ertrag. Daneben werden c) Rohstoffinvestments und ihre Auswirkungen auf die Eigenschaften der fünf Portfolio Modelle analysiert.

Zwischenfazit

Die Momente der Renditeverteilung eingeschlossen Rendite und Varianz auf Portfolioebene bilden die Grundlagen zur Portfolio Optimierung auf Asset Klassen Ebene. Hierfür wurde das Konzept der naiven Diversifizierung, Diversifikationsvorteile und effizienter Portfolios vorgestellt und das Minimum Varianz Portfolio sowie das Tangentialportfolio hergeleitet. Vorgegebene Portfolio Modelle, die in der Asset Management Praxis eingesetzt werden bilden den Abschluss. Ein Schwerpunkt liegt auf der Risikomessung: hier wurden allgemeine Risikomaße wie Varianz, Standardabweichung, Spannweite der Erträge, Drawdown sowie Sharpe Ratio und Downside Risikomaße wie Ausfallwahrscheinlichkeit, Semi-Varianz und Value at Risk vorgestellt.

3.4 Kursverlaufshypothesen - Random Walk und Mean Reversion

Die verschiedenen Einschätzungen der Marktteilnehmer bzgl. erwarteter Renditen und Risiko (heterogene Erwartungen) resultieren im Wesentlichen aus der unterschiedlichen Nutzung und Interpretation von verfügbaren Informationen. Das Konzept der Informationseffizienz der Kapitalmärkte bildet die Grundlage für eine eingehende Betrachtung der beiden Kursverlaufshypothesen des Random Walk und des Mean Reversion Modells. Darüber hinaus bietet es einen Ansatzpunkt für ein aktives versus passives Asset Management.

3.4.1 Hypothese der effizienten Märkte

Ein vollkommener oder effizienter Kapitalmarkt ist ein Markt, an dem die Preise für Finanztitel eine Signalfunktion ausüben können sind, die dafür sorgt, dass das Kapital den besten Verwendungsmöglichkeiten zugeführt wird (effiziente Allokation)[52]. Ein effizienter Markt ist an folgende Bedingungen gebunden: operative Effizienz, Informations- und Bewertungseffizienz (vgl. Garz (2002), S.79ff.).

Die operative Effizienz eines Kapitalmarktes ist abhängig von der Marktstruktur und -organisation. Neben der Treffpunktfunktion von Märkten spielt insbesondere die Markttiefe, die Liquidität, eine wichtige Rolle. Die Markttiefe hat direkten Einfluss auf die indirekten Transaktionskosten: je nach Positionsgröße können Wertpapiere nur unter Inkaufnahme eines Preisaufschlags/-abschlags ge- bzw. verkauft werden. Unter die direkten Transaktionskosten fallen beispielsweise Provisionen, Courtagen oder Börsenumsatzsteuer. Operative Effizienz ist erreicht, wenn Marktpreise nicht durch Steuern, Transaktionskosten oder andere rechtliche Rahmenbedingungen systematisch verzerrt sind.
Zur Theorie der effizienten Märkte (Efficient Market Hypothesis, EMH) steuerte Fama (1970) das Konzept der Informationseffizienz bei, in dem er eine schwache, mittelstrenge und strenge Form der Informationseffizienz unterscheidet (vgl. hierzu auch Franke/Hax 1994, S.389ff.). Die schwache Form der Informationseffizienz besagt, dass allein auf Basis der Auswertung historischen Preis- und Rendite-Informationen kein Investor dauerhaft überdurchschnittliche Renditen erzielen kann. Daraus folgt,

[52] „Efficient capital markets ... security prices fully reflect all available information“ (vgl. hierzu Elton/Gruber et. al (2006), S.406; Garz (2002), S.79ff.). Zu vollkommenen und vollständigen Kapitalmärkten vgl. auch Schmidt/Terberger (1997), S.90ff. und Wied-Nebbeling (1994), S.211ff.

dass künftige Preisentwicklungen unabhängig sind von derzeitigen oder vergangenen Preisen, also zeitlich aufeinander folgende Preisänderungen stochastisch voneinander unabhängig sein müssen. Technische Wertpapieranalyse sowie darauf aufbauende Handelssysteme, die allein auf der Auswertung derzeitiger und vergangener Wertpapierkurse beruhen, sind somit nicht in der Lage dauerhaft überdurchschnittliche Renditen zu erwirtschaften. Im Falle zeitlicher Abhängigkeiten müssten signifikante negative oder positive serielle Korrelationen (Autokorrelationen) auftreten. Das der mittelstrengen Form der Informationseffizienz zugrunde liegende Informationsset ist weiter gefasst: neben historischen Daten umfasst es alle gegenwärtig öffentlich zugänglichen Informationen. Alle marktrelevanten öffentlich zugänglichen Informationen sind bereits im Kurs enthalten, und kein Investor kann durch technische und fundamentale Wertpapieranalyse dauerhaft überdurchschnittliche Renditen erzielen[53]. Die strenge Form der Informationseffizienz postuliert, dass alle marktrelevanten Informationen inklusive Insider-Informationen bereits in den Wertpapierkursen enthalten sind. Kein Marktteilnehmer verfügt über einen Informationsvorsprung und kann dauerhaft durch Nutzung von öffentlichen und privaten Informationen überdurchschnittliche Renditen erzielen. Eine empirische Überprüfung dieser Effizienzform ist jedoch schwierig. Ein Wertpapiermarkt ist also informationseffizient, wenn die Preise jederzeit alle verfügbaren Informationen korrekt widerspiegeln. Unter Berücksichtigung von Informationskosten bedeutet Informationseffizienz, dass der Nutzen zusätzlicher Informationen die Grenzkosten der Informationsbeschaffung nicht übersteigt. Operationale Effizienz und Informationseffizienz sind notwendige Bedingungen für einen bewertungseffizienten Markt. Damit die Marktpreise stets den zugrunde liegenden fundamentalen Werten entsprechen, müssen sich die Preise nicht nur schnell und ohne Reibungsverluste an veränderte Informationen anpassen, sondern auch rational verarbeitet werden[54].

Aus der Annahme von Kapitalmarkteffizienz bzw. -ineffizienz lassen sich zwei wesentliche Anlagestrategien verfolgen: das aktive und das passive Wertpapiermanagement. Aktives Management beruht auf der Annahme, dass zumindest zeitweise

---

[53] Eine eindeutige Überprüfung dieser Effizienzform ist schwierig, da die Gesamtheit aller öffentlich verfügbaren Informationen erfasst und aufgearbeitet werden muss. Zur Untersuchung von Abweichungen von Unternehmens-Quartalszahlen zu den Makrterwartungen vgl. z.B. Bernard/Thomas (1989).

[54] Zu dem Phänomen von Irrationalitäten und Spekulationsblasen vgl. auch Schiller (2000).

ausnutzbare Marktineffizienzen bestehen, und dass diese durch Marktteilnehmer identifiziert und ausgenutzt werden können, während die realisierten Portfolios im passiven Management neutrale Marktportfolios darstellen. Das Konzept der Kapitalmarkteffizienz bildet darüber hinaus die formale Grundlage der im Folgenden vorgestellten Kursverlaufshypothesen des Random Walks und Mean Reversion.

3.4.2 Random Walk Modell

Gängige Bewertungsmaßstäbe für Marktpreisrisiken gehen davon aus, dass sich Kursveränderungen kontinuierlich in kleinen Schritten vollziehen. Der Kursverlauf folgt einem Zufallspfad (Random Walk). Die Random Walk Hypothese ist konform mit der Theorie informationseffizienter Kapitalmärkte, wonach sich Preise sofort an alle neuen Informationen anpassen. Basierend auf Arbeiten von Bachelier (1900) und Osborne (1959) beinhaltet das Modell die stochastische Unabhängigkeit zeitlich aufeinander folgenden Kursveränderungen[55].

Die zukünftige Kursentwicklung folgt einem Zufallspfad (Random Walk):

$X_{t+1} = X_t + \varepsilon_{t+1}$ (arithmetischer Random Walk)

mit : X_{t+1}: zukünftiger Kurs

X_t: heutiger Kurs

ε_{t+1}: normalverteilte Zufallsvariable mit einem Erwartungswert von 0.

Folgende drei Bedingungen müssen für alle t gelten:

1. Erwartungswert der Kursänderungen von 0
2. Kursänderungen sind stochastisch voneinander unabhängig
3. Kursänderung ε_{t+1} ist eine normalverteilte Zufallsvariable

Ein entscheidender Punkt ist, dass aufgrund der normalverteilten Störgröße, die auf den Kurs wirkt, jede Kursveränderung unabhängig von der vorhergehenden ist („der Markt hat kein Gedächtnis"). Eine abgeschwächte Form der Random Walk Hypothese (Martingale-Modell) verzichtet darüber hinaus auf eine Normalverteilungsannahme, und statt der stochastischen Unabhängigkeit reicht der Nachweis einer Un-

[55] Bachelier (1964), S.17ff. und Osborne (1967), S.100ff. Vgl. hierzu auch Poddig et al. (2003), S.109ff. sowie Gammelin/Kloy (2006). Viel zitierter Vergleich mit einem Random Walk Prozess ist der Weg eines Betrunkenen nach Hause (vgl. Murray 1994, S. 37ff.).

korreliertheit. Neben vom Zufall abhängigen Komponenten (ε) verändert auch eine deterministische Komponente den aktuellen Wert insbesondere bei finanzwirtschaftlichen Zeitreihendaten. Die logarithmierten Veränderungsraten sind normalverteilt um einen Mittelwert. Dieser wird üblicherweise entweder mit Null angenommen, oder mit einem positiven Wert, der der Rendite des Anlageobjektes entspricht (z. B. Dividendenrendite bei Aktien und Aktienindizes). Ist der Mittelwert positiv, symbolisiert er die langfristige Wachstumsrate. Diese als Drift oder Trendkomponente[56] bezeichnete Konstante a erweitert das Modell zu:

$X_{t+1} = a + X_t + \varepsilon_{t+1}$ (arithmetischer Random Walk mit Drift)

Graphisch driftet ein Random Walk Prozess relativ lange in eine Richtung, ohne zum Mittelwert der Zeitreihe zurückzukehren - ein Random Walk Prozess mit Drift dagegen entwickelt sich um eine sich verschiebende Trendgerade – der Mittelwert steigt bzw. sinkt im Zeitverlauf. Die beschriebenen Modelle eignen sich zur Modellierung von linear anwachsenden Zeitreihendaten – für den Fall eines exponentiellen Wachstums liefert ein geometrisches Random Walk Modell exaktere Ergebnisse. Dieses wird überwiegend in zeitstetiger Form modelliert (Brownsche Bewegung).

Ist W_t ein Standard-Wiener-Prozess, so nennt man den stochastischen Prozess

$X_t = \mu_t + \sigma W_t$

Brownsche Bewegung mit Drift μ und Volatilität σ. Die geometrische Brownsche Bewegung ist Lösung der stochastischen Differentialgleichung

$dS_t = \mu\, S_t\, dt + \sigma\, S_t\, d\, \varepsilon_t$

Der Parameter μ beschreibt dabei die deterministische Tendenz des Prozesses (Drift). Das Random Walk Modell in der Form der geometrischen Brownschen Bewegung ist das am häufigsten verwendete Modell um finanzmathematische Prozesse in Theorie und Praxis abzubilden.

[56] In Fortführung des Betrunkenen-Beispiels von Murray (1994) auf der vorangehenden Seite, lässt sich die Trendkomponente (Drift) so erklären, dass der Betrunkene zwar einen absolut zufälligen Weg wählt und auch den einen oder anderen Umweg geht, jedoch dabei grob in die Richtung seiner Wohnung marschiert.

3.4.3 Mean Reversion – Modell und Messung

Als Mean Reversion bezeichnet man die empirische Beobachtung, dass Preise oder andere zeitreihenabhängige finanzstatistische Parameter wie z.B. Renditen, Volatilitäten oder Kurs-Gewinn-Verhältnisse als Reaktion auf vorangegangene Parameteränderungen eine ausgeprägte Tendenz aufweisen, zu ihren historischen Mittelwerten zurückzukehren[57]. Dieser Reversionsprozess kann sich mit unterschiedlicher Geschwindigkeit und unterschiedlicher Stärke entwickeln; der Preisprozess kann sich so beispielsweise nach einem Tag oder erst nach einem Jahr umkehren.

Eine allgemeingültige Definition für Mean Reversion fehlt – insbesondere unterscheidet sich die Definitionen von Beobachtungen der Praxis und der Ökometrie. Exley et al. (2004) diskutieren vier Ansätze Mean Reversion Prozesse näher einzugrenzen:

Definition 1: Mean Reversion liegt vor, wenn die Preise eines Anlageobjektes dazu tendieren zu fallen (steigen), nachdem sie ein Maximum (Minimum) erreicht haben.

Als breiteste Definition leuchtet dies intuitiv ein – ist jedoch als Truismus empirisch nicht verwendbar. Benötigt wird eine engere Definition, die schwieriger empirisch zu validieren ist, aber dafür besser zwischen Klassen verschiedener stochastischer Prozesse unterscheiden kann.

Definition 2: Mean Reversion liegt vor, wenn die Erträge eines Anlageobjektes negativ miteinander autokorreliert sind (Autokorrelation).

Unterdurchschnittliche Erträge in einer Periode werden voraussichtlich durch überdurchschnittliche Erträge in der Folgeperiode kompensiert. Bei dieser Definition von Mean Reversion ist die zugrunde liegende Wahl der Zeitperiode sehr kritisch.

---

[57] Vgl. hierzu u.a. DeBondt/Thaler (1985), Fama/French (1988), Porterba/Summers (1988) und Schwartz (1997). Balvers, Wu und Gilliland (2000) beschreiben Mean Reversion als die Tendenz von Preisen auf ihren Trendpfad zurückzukehren. Liegt die Tendenz zu Mean Reversion vor, besteht im Fall einer überdurchschnittlichen (unterdurchschnittlichen) Performance einer Anlageklasse die Erwartung, daß in der langen Frist zukünftige Erträge niedriger (höher) ausfallen werden, so daß der Trendpfad beibehalten wird. Campbell und Viceira (2002) beschreiben, daß unerwartet hohe heutige Erträge zu niedrigeren zukünftigen erwarteten Erträgen führen, so dass sich hohe gegenwärtige und niedrige zukünftige Erträge ausgleichen.

Definition 3: Mean Reversion liegt vor, wenn Zinssätze, Volatilitäten, Renditen oder Wachstumsraten stationär sind (Stationärität).

Ein stationärer Prozess besitzt identische Verteilungsparameter unabhängig von der zeitlichen Anordnung der Daten; wenn eine Beobachtung einer Realisation im Rand der Verteilung liegt, so ist es wahrscheinlich, dass die nächste Beobachtung näher am langfristigen Mittelwert liegt[58].

Definition 4: Über unterschiedliche Zeitintervalle korrelieren die disjunkten Störgrößen von Assetpreisen negativ miteinander.

Modelliert wird ein Zweiphasenprozess: der Preis eines Anlageobjekts wird in die Komponenten a) fundamentaler (‚innerer') Wert und b) eine positive oder negative Störgröße (kurzfristige Fluktuation) aufgeteilt. Mean Reversion liegt vor, wenn die Preisschocks oder Schocks der zugrunde liegenden Riskoprämien negativ miteinander korrelieren. Dieser Ansatz verbindet Stationärität mit einem Random Walk Prozess.

Im Rahmen dieser Arbeit interessiert besonders das Mean Reversion Verhalten der originären Preise, da analysiert werden soll, ob durch aktive Managementansätze im Rahmen der taktischen Asset Allokation signifikante Überrenditen erzielt werden können.

In der Literatur werden verschiedene Modelle diskutiert, die zur Abbildung von Mean Reversion Prozessen in der Lage sind. Das vorherrschende Modell ist u.a. beschrieben in Dixit und Pindyck (1994), Metcalf und Hasset (1995), sowie Pilipovic (1998, 2007). Angenommen der Preis (X_t) folgt einem geometrischen Mean Reversion Prozess in der Form:

$$dX_t = \theta\,(\mu - X_t)dt + \sigma\, d\,\varepsilon_t$$

---

[58] Exley et al. (2004) führen an, dass die Evidenz für Mean Reversion in den Volatilitäten von Aktienrenditen stark ist; jedoch wichtig zu beachten sei, dass Volatilitäten von Zinssätzen, Aktien- oder Rohstoffpreisen Mean Reversion in Form der Stationärität der Verteilung aufweisen könnnen, ohne dass die zugehörigen Preise der Anlageobjekte ebenfalls einem Mean Reversion Prozess unterliegen. Die Preise der Anlageobjekte können immer noch einem Random Walk Prozess folgen und die Markteffizienz ist nicht verletzt.

Ein solcher stochastischer Prozess X_t ist auch bekannt als Ornstein-Uhlenbeck-Prozess[59] mit

X_t: Preisentwicklung in Abhängigkeit der Zeitkomponente t

θ: Mean Reversion Geschwindigkeit (Steifigkeit)

μ: Mean Reversion Level (langfristiger Durchschnittspreis)

σ: Volatilität (Diffusion)

ε_t : Zufallskomponente des Preises

Die zentralen Parameter dieses Prozesses können folgendermaßen interpretiert werden: μ ist das Gleichgewichtsniveau des Prozesses (Mean Reversion Grad oder Level), und θ drückt die Geschwindigkeit des Anpassungsprozesses (Mean Reversion Geschwindigkeit) aus. Liegt X_t über diesem langfristigem Durchschnittspreis, so ist der Driftterm $\theta(\mu - X_t)$ negativ, und der Prozess wird tendenziell ‚von oben' in Richtung μ streben. Ist X_t kleiner als μ, so ist der Driftterm positiv, und der Prozess wird tendenziell ‚von unten' Richtung μ streben. Im Unterschied zum Random Walk Modell mit Drift ist der Drift Faktor also positiv (negativ) wenn der aktuelle Preis X_t niedriger (höher) ist als der langfristige Gleichgewichtspreis, so dass sich der aktuelle Preis in Richtung des langfristigen Durchschnittspreises bewegt. Je weiter der aktuelle Preis vom Durchschnittspreis entfernt ist, desto stärker ist die Tendenz des Preises zu μ zurückzukehren. Die Steifigkeit θ (Mean Reversion Geschwindigkeit) beschreibt, wie stark die Anziehungskraft von μ ist: für kleine Werte von θ verschwindet dieser Effekt, für große Werte wird sich X sehr steif um μ entwickeln.

Im Folgenden werden mehrere Methoden vorgestellt, um den Grad von Mean Reversion von Zeitreihen zu quantifizieren. Dies wird dann in Kapitel 4 auf die Analyse der Asset Klassen angewendet, um daraus im weiteren Verlauf des Kapitels Rückschlüsse auf die Anwendungsmöglichkeiten im Asset Management zu ziehen.

---

[59] Vgl. Wystup (2001), Metcalf/Hasset (1995) und Uhlenbeck/Ornstein (1930).

3.4.3.1 Mean Reversion Grad und Geschwindigkeit

Unter Verwendung der Gleichung aus Abschnitt 3.4.3 können durch lineare Regression die Mean Reversion Parameter Grad und Geschwindigkeit bestimmt werden[60], so dass sich aus

$x_t - x_{t-1} = a + b\, x_{t-1} + \varepsilon_t$

ableiten lassen:

1. Mean Reversion Grad (Level):

$\mu = -a/b$

2. Mean Reversion Geschwindigkeit:

$\theta = -\ln(1 + b)$

Autokorrelation und Variance Ratios stellen zwei Methoden dar, um Zeitreihendaten auf das Vorhandensein von Mean Reversion zu testen.

3.4.3.2 Empirische Autokorrelation

Unter einem zeitvarianten stochastischen Prozess

$X(T) = \{ X(t) \mid X(t) = \text{Zufallsvariable}, t \in N; t_0 < t_1 < t_2 < \ldots \}$

versteht man eine unendliche Menge von Zufallsvariablen X(t) mit zeitlicher Anordnung und einer gemeinsamen Verteilungsfunktion. Zu beobachten ist, dass die Realisationen x_i und x_{i-k} finanzstatistischer Zeitreihen oft voneinander abhängen. Die empirische Autokovarianz und Autokorrelation beschreiben den statistischen Zusammenhang zwischen den beobachteten Daten, die einen zeitlichen Abstand k (Lag) zueinander besitzen. Hierbei wird vorausgesetzt, dass die beobachtete Zeitreihe die Eigenschaft der schwachen Stationärität aufweist[61].

Für eine Zeitreihe ZR $\{ x_i \mid i = 1, \ldots n \}$ wird die empirische Autokovarianzfunktion c(k) berechnet nach:

---

[60] vgl. Dixit/Pindyck (1994), Schwartz (1997) sowie Blanco/Soronow (2001). Die Einheit in der verwendeten Gleichnung ist % pro Zeiteinheit. Bei der Verwendung monatlicher Zeitreihendaten ist für anualisierte Daten der Wert von θ mit 12 zu multiplizieren.

[61] Schwach stationäre Zeitreihen weisen Erwartungswerte, Varianzen und Kovarianzen unabhängig vom Zeitindex t auf. Finanzstatistische Zeitreihen unterliegen oft einem Trend, wodurch gegen die Mittelwertstationärität verstoßen wird. Als Ausweg bietet sich eine Differenzenbildung in der Form $x'_t = x_t - x_{t-1}$ an (vgl. Poddig et al. 2003, S96ff.). Für eine praxisorientierte Analyse ist jedoch die orginäre empirische Verteilung von Interesse, so dass die Annahme einer schwach stationären Zeitreihe getroffen wird.

$$c(k) = \frac{1}{n}\sum_{i=1}^{n-k}(x_i - \bar{x})\cdot(x_{i+k} - \bar{x})$$

Die Berechnung erfolgt für k = 0, 1, 2, ..., k_{max}, wobei $c(0) = \sigma^2$. Statt des Faktors 1/(n-k) wird 1/n verwendet, um bei größeren k und nicht sehr großem n eine Dämpfung der Schätzfehler zu erreichen. Die normierte Form der empirischen Autokovarianzfunktion c(k) stellt die empirische Autokorrelationsfunktion r(k) dar:

$$r(k) = \frac{\sum_{i=1}^{n-k}(x_i - \bar{x})\cdot(x_{i-k} - \bar{x})}{\sum_{i=1}^{n}(x_i - \bar{x})^2}$$

Für einen schwach stationären Prozess ist die Autokovarianz nur vom Zeitunterschied k zwischen i_1 und i_2 abhängig. Die Standardabweichung ist dann unabhängig vom Zeitpunkt, das Produkt der Standardabweichungen im Nenner entspricht dann der Varianz σ_Y^2 der Zufallsvariable y. Für eine Zeitdifferenz k = 0 ist dann die Autokovarianz identisch mit der Varianz, so das gilt:

$r(k) = c(k) / c(0)$ mit: $-1 \le r(k) \le +1$.

In dieser Form ist die Autokorrelationsfunktion auf den Bereich zwischen -1 und 1 normiert.

Die Autokorrelationsfunktion r(k) ist die bestmögliche Schätzung der theoretischen Autokorrelationsfunktion $\rho(k)$ des stochastischen Prozesses X(t). Die Autokorrelationsfunktion zeigt mit Vorzeichen und Betrag die Art (positives oder negatives Gedächtnis) und Stärke der Persistenz des Prozesses an:

- $r(k) > 0$: positive Autokorrelation, d.h. systematische Ähnlichkeit zeitlich benachbarter Werte (positives Momentum)
- $r(k) < 0$: negative Autokorrelation, d.h. systematische Unähnlichkeit zeitlich benachbarter Werte (negatives Momentum)

Wenn Renditen aus früheren Perioden nicht dazu benutzt werden können, um Erträge zukünftiger Perioden vorauszusagen (Effizienzmarkttheorie), suggeriert dies, dass die Erträge unkorreliert sein müssen. Positive Autokorrelation würde unterstellen, dass Informationen sich nur langsam in den Marktpreisen widerspiegeln, negative Autokorrelation würde implizieren dass Märkte auf neue Informationen überreagieren und dann korrigieren.

3.4.3.3 Variance Ratios

Eine in der Praxis verbreitete Methode um das Ausmaß von Mean Reversion zu messen sind Variance Ratios. Die erzielten monatlichen Renditen von Aktien, Anleihen und besicherten Rohstofftermingeschäften sind Zufallsvariablen. Bisher wurde angenommen, dass der Erwartungswert (μ) und die Varianz (σ^2) dieser Zufallsvariablen unabhängig von der Zeit seien. Dies schließt insbesondere aus, dass die erwarteten Renditen in der Zeit mit sich selber korrelieren (Autokorrelation). Ebenso werden Zeiten hoher und tiefer Volatilität ausgeschlossen (Heteroskedastizität). Unter der Annahme der Random Walk Hypothese von unkorrelierten täglichen Änderungen Δy_t nimmt die Varianz dieser Veränderungen linear im Zeitverlauf zu, so dass:

$$VAR\ (\Delta^\tau y_t) = \tau\ VAR\ (\Delta y_t)$$

mit:

τ: Länge der Zeitperiode der Varianzmessung

y_t: Zeitreihe

Δy_t: tägliche Veränderung $y_{t+1} - y_t$

$\Delta^\tau y_t$: längerfristige Veränderung $y_{t+\tau} - y_t$

Die Variance Ratio (VR) ist definiert als das Verhältnis der Varianz aus der längeren Periode (berechnet über die Periode τ) zu der Varianz aus der kürzeren Zeitperiode. Variance Ratios werden gebildet, indem die Varianz von Erträgen einer Anlage basierend auf längeren Intervallen (z.B. Monatsrenditen) geteilt wird durch die Varianz von Erträgen des gleichen Assets gebildet aus kürzeren Intervallen (wie z.B. Tagesrenditen), jedoch bezogen auf den gleichen Beobachtungszeitraum.

Allgemein gilt:

$$VR(\tau) = \frac{\sum_t (\Delta^\tau_{yt} - \overline{\Delta^\tau_y})^2}{\tau \sum_t (\Delta y_t - \overline{\Delta y})^2}$$

Unter der Nullhypothese des Random Walk muss VR (τ) = 1 sein. Eine Variance Ratio kleiner als 1 impliziert dabei eine Tendenz zum Mean Reversion, beziehungsweise eine negative serielle Korrelation. Hierbei besteht eine enge Beziehung zur Autokorrelation[62].

3.4.3.4 Integration Mean Reversion und Random Walk Modell

Analog zu Metcalf und Hasset (1995), S.1471ff. sowie Kloy (2005) können beide Modelle integriert werden zu:

$$dX_t = [\eta + (\theta (\mu - X_t))]dt + \sigma \, d \, \varepsilon_t$$

mit

X_t: Preisentwicklung in Abhängigkeit der Zeitkomponente t

η : Drift (wenn $\eta = 0 \rightarrow$ Ornstein-Uhlenbeck-Modell)

θ: Mean Reversion Geschwindigkeit (wenn $\theta = 0 \rightarrow$ geom. Brownsche Bewegung)

μ: Mean Reversion Level (langfristiger Durchschnittspreis)

σ: Volatilität (Diffusion)

ε_t : Zufallskomponente des Preises

Sowohl das Random Walk als auch das Mean Reversion Modell weist Defizite in der Modellierung von Preis- oder Volatilitätsdynamiken auf[63] – eine Erweiterung stellt die Einbeziehung von Sprungprozessen (‚Spikes') dar:

---

[62] Lo und MacKinlay (1988) zeigen, daß für VR (2) die Variance Ratio ausgedrückt werden kann als VR (2) = 1 + $\rho(1)$ mit $\rho(1)$ als Autokorrelationskoeffizient. Da die Autokorrelation im Falle eines Random Walks gleich 0 ist, wird VR (2) gleich 1.

[63] Kloy (2005) zeigt daß für die Modellierung von Volatilitäten ein Mean Reversion Modell einem GBM-Modell überlegen ist, jedoch ein Mean Reversion Modell mit Sprungprozessen noch exaktere Ergebnisse liefert. Die Volatilität der Volatilität weise keinen Drift auf und steige nicht linear mit der Zeit und könne deshalb nur unzureichend aus der Standardabweichung der Renditen geschätzt werden; als besserer Schätzer bietet sich der Standardfehler aus einer Regressionsanalyse an.

$$dX_t = [\eta + (\theta\,(\mu - X_t))]dt + \sigma\, d\, \varepsilon_t + dq$$

mit

q: Sprungprozess

Analog zu einer Poisson-Verteilung kann dq in der Gleichung entweder mit der Wahrscheinlichkeit 1-λ den Wert 0 (dq = 0, kein Sprungprozess) oder mit der Wahrscheinlichkeit λ den Wert ϕ (dq = ϕ, Sprungprozess) annehmen. Hierbei stellt λ also die Häufigkeit eines Sprungprozesses dar, und ϕ beschreibt das Ausmaß des Sprungprozesses.

Zwischenfazit

Das Konzept der Kapitalmarkteffizienz bildet die Grundlage für die beiden Kursverlaufshypothesen Random Walk und Mean Reversion. Im Mean Reversion Modell wurde ein Schwerpunkt auf die Messung durch Variance Ratios, Autokorrelation und Mean Reversion Grad und Geschwindigkeit gelegt, bevor die beiden Modelle integriert wurden. Unter der Annahme eines Mean Reversion Preisprozesses kann es gegenüber einem Random Walk Preispfades möglich sein durch dynamische Allokationsregeln risikoadjustierte Überrenditen zu erzielen.

3.5 Dynamische Asset Allokation

In diesem Abschnitt werden vier Ansätze vorgestellt, auf deren Grundlage in Kapitel 4 die statische Asset Allokation der Asset Klasse Rohstoffe durch eine regelbasierte dynamische Allokation ergänzt werden soll. Unter dem Überbegriff der dynamischen Asset Allokation werden hier zusammengefasst die Instrumente Rebalancing Effekte, Momentum und gleitende Durchschnitte sowie Standardwerte. Als aus diesen Instrumenten abgeleitete dynamische Allokationsregeln sollten diese Instrumente bei Vorliegen einer überdurchschnittlichen Mean Reversion Tendenz in der Lage sein, gegenüber einem statischen Ansatz signifikante Überrenditen bzw. eine signifikante risikoadjustierte Überperformance gegenüber einem statischen Ansatz zu generieren.

3.5.1 Portfolio Rebalancing Effekte

Rohstoff Indices und Baskets können nicht grundsätzlich als die Rohstoffmärkte abbilde Konzepte betrachtet werden, da es im Gegensatz zu Aktien und Anleihen keine Faktoren wie z. B. Marktkapitalisierung gibt, sondern sie können eher als Handelsstrategien interpretiert werden. Ein regelbasiertes Rebalancing bzw. Reallokation beschreibt die Anpassung der Gesamtportfolioallokation an die Vorgaben der strategischen Asset Allokation und stellt eine einfache Methode der dynamischen Asset Allokation dar. Häufig verwendet sind monatliche, viertel-, halb- und jährliche Readjustierungen der tatsächlichen Asset Allokation an die strategische bzw. neutrale Asset Allokation. Die Auswirkungen von Rebalancing auf die Parameter Rendite und Risiko bei gemischten Aktien-Anleihen-Portfolios wurden u.a. untersucht von Bengen (1996), Weiss (2001), und Smith/Desormeau (2006). Es wurde u.a. gezeigt, dass durch Rebalancing bei annähernd unveränderten Renditen das Risiko in Form der Volatilität deutlich reduziert werden kann. Leland (1998) und Horvitz (2002) beziehen in ihren Analysen Rebalancing-Kosten in Form von Transaktionskosten und Steuern mit ein.

3.5.2 Momentum

Der Momentum Indikator wird in der dynamischen Analyse statistischer Merkmalsausprägungen angewandt und ist ein gängiges Instrument der technischen Analyse in der Finanzmathematik um zu quantifizieren, in welchem Stadium sich ein Auf- bzw. ein Abwärtstrend einer Zeitreihe befindet[64]. Das Momentum beschreibt die Stärke und Richtung von Preisveränderungen, indem für einen konstanten Beobachtungszeitraum Preisdifferentiale in der Form

$$M_t = P_t - P_{t-i}$$

mit:

M_t = Momentum

P_t = aktueller Preis

P_{t-i} = Preis vor i Perioden

berechnet werden[65].

---

[64] Vgl. hierzu u.a. Murphy (1986), S.277ff. und Pring (1993), S.41ff..

[65] Alternativ kann das Momentum auch durch eine Division der aktuellen Merkmalsausprägung durch die Merkmalsausprägung vor n Perioden und Multiplikation des Quotienten mit dem Faktor 100

Da das Momentum die Geschwindigkeit von Anstiegen (Rückgängen) der zugrunde liegenden Zeitreihe misst, beträgt der Wert des Momentum-Indikators 0, wenn ein lokales Maximum/Minimum erreicht ist und signalisiert eine Trendumkehr der zugrunde liegenden Zeitreihe. Der Momentum-Indikator läuft dabei den Zeitreihendaten voraus, denn der Indikator beginnt bereits zu fallen (zu steigen), obwohl die zugrunde liegende Zeitreihendaten noch steigen (fallen). Das Momentum oszilliert um die Null-Linie, die als Signallinie dient. Wird die Signallinie durchschnitten, wird ein Kaufsignal (Durchbruch von unten nach oben) bzw. ein Verkaufsignal (Durchbruch von oben nach unten) generiert.

3.5.3 Gleitende Durchschnitte

Gleitende Durchschnitte (Moving Averages, MA) werden ebenfalls in der dynamischen Analyse statistischer Merkmalsausprägungen angewandt und sind ein gängiges Mittel der technischen Analyse in der Finanzmathematik (vgl. Murphy 1986, S.234ff.). Aufgrund der zeitlichen Verzögerung, mit der die Durchschnittslinie den Basisdaten folgt, werden gleitende Durchschnitte in den Bereich der Trendfolgeindikatoren eingeordnet.

Die einfachste Form der Durchschnittsberechnung ist das arithmetische Mittel, das in der technischen Analyse als einfacher gleitender Durchschnitt (Simple Moving Average, SMA) über N-Perioden Verwendung findet und zum Zeitpunkt t berechnet wird als:

$$SMA(N)_t = \frac{p_t + p_{t-1} + \dots + p_{t-N}}{N}$$

mit:

p: Preis

t: Zeitpunkt

N: Periodenlänge

berechnet werden ($M_t = (P_t - P_{t-i}) \times 100$). Das Momentum kann darüber hinaus auch als Differenz eines einfachen N-Perioden gleitenden Durchschnitts (SMA) interpretiert werden: $M_t / N = SMA_t - SMA_{t-1}$. Vgl. hierzu die Ausführungen in Kapitel 4.3.2. Der Rate of Change (ROC) Indikator ist analog zum Momentum definiert als $ROC_t = (P_t - P_{t-i}) / P_t$ und unterscheidet sich in der Aussagekraft nicht vom Momentum, so dass hier auf eine eingehendere Betrachtung verzichtet wird.

Die Summe der Merkmalsausprägungen des Berechnungszeitraums wird durch die Anzahl der Merkmalsausprägungen im Berechnungszeitraum geteilt, wodurch alle Ausprägungen in der Berechnungsperiode gleich gewichtet werden. Mit jeder neuen Merkmalsausprägung wird ein neuer Kurs in die Berechnung aufgenommen, und der letzte Kurs des Zeitraumes fällt aus der Berechnung heraus (gleitender Durchschnitt). Durch a) die gleiche Gewichtung aller Daten innerhalb des Berechnungszeitraumes sowie b) mit zunehmender Länge des gewählten Berechnungszeitraumes folgt die Durchschnittslinie dem Kurs mit einer zeitlichen Verzögerung (‚Lag'). Alle Abwandlungen der Berechnung eines gleitenden Durchschnitts mit anderen Berechnungsmethoden versuchen diese Trägheit in den Bewegungen zu reduzieren.
Der gewichtete gleitende Durchschnitt (Weighted Moving Average, WMA) zeichnet sich dadurch aus, dass die Merkmalsausprägungen mit unterschiedlichen Gewichtungsfaktoren in die Durchschnittsberechnung eingehen. Durch eine linear abnehmende Gewichtung erhalten die aktuellen Daten ein höheres Gewicht als weiter zurückliegende Datenpunkte.
Ein WMA über N-Perioden zum Zeitpunkt t berechnet sich als:

$$WMA(N)_t = \frac{Np_t + (N-1)p_{t-1} + ... + 2p_{t-N+2} + p_{t-N+1}}{N + (N-1) + ... + 2 + 1}$$

mit:

p: Preis

t: Zeitpunkt

N: Periodenlänge

Während bisher die Datensätze gleich oder nach einem linearen Prozess gewichtet wurden, erfolgt die Gewichtung beim exponentiell gewichteten Durchschnitt (Exponential Moving Average, EMA) nach einem anderem Prinzip. Die nähere Definition des EMA kann entweder anhand des verwendeten Prozentsatzes erfolgen (z.B. 10% EMA) oder anhand der Berechnungsperiode (z.B. 10 Tage EMA) festgelegt werden, wobei mit Hilfe der Periodenlänge der Gewichtungsfaktor bestimmt wird, und nicht wie intuitiv eingängig ausschließlich die jeweilige Periode in die Berechnung eingeht. Der Gewichtungsfaktor bestimmt sich durch:

$EW(t) = 2 / (n + 1) = \alpha$

mit: n = Berechnungsperiode

Ist der Gewichtungsfaktor bestimmt, wird der Exponential Moving Average (EMA) wie folgt bestimmt:

EMA(t) = [p(t) – EMA(t-1)] * EW(t) + EMA(t-1),

so dass:

$$EMA_t = \frac{p_t + (1-\alpha)p_{t-1} + (1-\alpha)^2 p_{t-2} + (1-\alpha)^3 p_{t-3} + \dots}{1 + (1-\alpha) + (1-\alpha)^2 + (1-\alpha)^3 + \dots}$$

Die Differenz aus aktueller Merkmalsausprägung und dem Wert des Durchschnittes der Vorperiode wird mit dem Gewichtungsfaktor multipliziert. Anschließend wird das Ergebnis zum Wert des Durchschnittes der Vorperiode addiert. Durch dieses Vorgehen fällt kein Kurs aus der Berechnung heraus, da zum Durchschnittswert der Vorperiode ein gewichteter Anteil des aktuellen Wertes addiert wird (fortlaufende Berechnung), so dass alle Daten der Datenreihe im aktuellen Durchschnittswert enthalten sind[66].

Die Modellierung durch Ansätze, die aktuelle Daten gegenüber Daten vorangegangener Perioden übergewichten, bietet Vorteile, wenn von einer Zeitvariabilität oder einer Autokorrelation der Varianzen und Kovarianzen ausgegangen wird. Durch die Übergewichtung aktueller Datensätze reagiert der Schätzer sensitiver auf Veränderungen dieser Werte im Zeitablauf. Neben diesen beschriebenen Varianten der gleitenden Durchschnittsbildung sowie anderen Gewichtungsfaktoren (z.B. Triangular, Sinus, ...) können in der Literatur (vgl. z.B. Kaufmann (1987, 1995, 2005) außerdem so genannte adaptive gleitende Durchschnitte gefunden werden, die sich automatisch variablen Zuständen (z.B. Volatilität) anpassen.

3.5.4 Standardwerte

Standardwerte oder auch Z-Werte bestimmen die relative Position einer Merkmalsausprägung in einer Verteilung und können durch Z-Transformation aus arithmetischem Mittel und Standardabweichung wie folgt berechnet werden (vgl. u.a. Salkind 2006):

---

[66] Neben einfach exponentiell gewichteten gleitenden Durchschnitten finden z.T. auch doppelt exponentiell gleitendende Durchschnitte (Double EMA, DEMA), dreifach exponentiell gleitende Durchschnitte (Triple EMA, TEMA), sowie n-fach exponentiell gleitende Durchschnitte Verwendung.

$$z = \frac{x - \mu}{\sigma}$$

mit:

x: Merkmalsausprägung

μ: Mittelwert

σ: Standardabweichung

Somit misst der Z-Wert das Ausmaß der Entfernung des aktuellen Wertes vom Mittelwert in Form eines Vielfachen der einfachen Standardabweichung (Multiple). Der Z-Wert ist also positiv, wenn die Merkmalsausprägung größer als der Mittelwert ist, und vice versa. Wird eine Normalverteilung unterstellt, liegen rd. 68% aller Merkmalsausprägungen zwischen +/- einer Standardabweichung um den Mittelwert verteilt, rd. 95% aller Beobachtungen zwischen +/-2 Standardabweichungen um den Mittelwert, usw. Ein Vorteil des Z-Wertes ist die einfache Vergleichbarkeit mit anderen Z-transformierten Werten. Vor dem Hintergrund eines Mean Reversion Prozesses ist der Z-Wert eine auch in der Praxis verwendete Methode, um die Ausprägung von Mean Reversion zu quantifizieren: ein hoher Z-Wert impliziert ein hohes Potential des zugrunde liegenden Datenmaterials (Preis, Ertrag, Volatilität, etc.) zum Mittelwert der Zeitreihe zurückzukehren. Anwendung finden dabei z.B. einfache Mittelwerte, exponentiell gewichtete Mittelwerte und 200-Tagelinien.

Zwischenfazit

In Kapitel 3.5 wurden mit Rebalancing, Momentum, gleitenden Durchschnitten und Standardwerten Instrumente einer dynamischen Asset Allokation eingeführt. Diese Instrumente bilden die Grundlage für dynamische Allokationsregeln, die in Kapitel 4.3 entworfen und getestet werden.

Fazit Kapitel 3

Asset Klassen können nach allgemeinen Kriterien wie Ertrag, Korrelation, Homogenität oder Liquidität abgegrenzt werden. Indices stellen eine effizienten Weg dar, um einzelne Asset Klassen abzubilden und zu beurteilen (Kapitel 3.1). Eingeführt wurden MSCI World, JPM Global Government Bond, S&P GSCI sowie dessen Subindices inkl. Rohöl und Gold. Asset Allokation umfasst den Prozess einer strukturierten, zielgerichteten Aufteilung von Anlagemitteln auf Vermögenswerte. Dieser Prozess wird in eine strategische und taktische Komponente zerlegt (Kapitel 3.2). Ergebnis der strategischen Asset Allokation ist ein neutrales Benchmark Portfolio. Auf Ebene der taktischen Asset Allokation findet dann eine weitere Aufgliederung und regelmäßige Anpassung statt, die z.B. in einer taktischen Über- bzw. Untergewichtung von Asset bzw. Sub-Asset Klassen gegenüber dem Neutralportfolio zum Ausdruck kommen kann. Die Herleitung des Minimum Varianz Portfolios sowie des Tangentialportfolios bildet den Schwerpunkt des Abschnittes 3.3. Ergänzt werden diese Ansätze durch Portfolio Modelle der Asset Management Praxis. Einen besonderen Stellenwert kommt der Risikomessung zu: hier werden allgemeine Risikomaße wie Varianz, Standardabweichung, Spannweite der Erträge, Drawdown sowie Sharpe Ratio und Downside Risikomaße wie Ausfallwahrscheinlichkeit, Semi-Varianz und Value at Risk vorgestellt. Das Konzept der Kapitalmarkteffizienz bildet die Grundlage für die beiden Kursverlaufshypothesen Random Walk und Mean Reversion (Kapitel 3.4). Im Mean Reversion Modell wird ein Schwerpunkt auf die Messung durch Variance Ratios, Autokorrelation und Mean Reversion Grad und Geschwindigkeit gelegt, bevor die beiden Modelle integriert werden. Mit Rebalancing Effekten, Momentum, gleitenden Durchschnitten und Standardwerten werden die Grundlagen für dynamische Allokationsregeln gelegt (Kapitel 3.5), auf deren Grundlage verschiedene Modelle aufgebaut und getestet werden. Die in Kapitel 4.3 zu testende Hypothese beinhaltet, das unter Annahme eines Mean Reversion Preisprozesses es gegenüber einem Random Walk Preispfades möglich sein sollte, durch dynamische Allokationsregeln systematisch risikoadjustierte Überrenditen zu erzielen.

4. Besicherte Rohstoffterminkontrakte im Asset Management

Besicherten Rohstoffterminkontrakten als Asset Klasse und Teil des Segments Alternative Investments werden in der Literatur mehrere Eigenschaften zugeschrieben, die sie für die Beimischung zu traditionellen Anlagekategorien wie Aktien und Anleihen attraktiv machen. Dabei wird von vollständig besicherten Terminkontrakten ausgegangen, die keinen Leverage aufweisen. Objekt der Untersuchungen in Kapitel 4 sind die monatlichen Renditerealisationen von Aktien und Anleihen (MSCI World und JPM Global Government Bonds) sowie Rohstoffen in der Form des S&P GSCI TR, Rohöl (S&P GSCI Rohöl TR) und Gold (S&P GSCI Gold TR) im Zeitraum 1987 bis 2007. Das Kapitel 4.1 umfasst die empirische Analyse der Asset Klassen. In den Kapiteln 4.2 und 4.3 werden vollständig besicherte Rohstoffterminkontrakte unter dem Gesichtspunkt der passiven und aktiven Asset Allokation untersucht. In allen Kapiteln werden darüber hinaus die eigenen Untersuchungsergebnisse mit bereits durchgeführten Analysen verglichen.

4.1 Empirische Analyse der Asset Klassen

Im Kapitel 4.1 werden vollständig besicherte Rohstoffterminkontrakte in Form des S&P GSCI, Rohöl und Gold zusammen mit Aktien und Anleihen im Zeitraum 1987 bis 2007 einer empirischen Analyse unterzogen. Diese umfasst Tests auf Normalverteilung, Rendite, Standardabweichung, Korrelationen sowie höhere Momente der Renditeverteilung, Komponenten des Rohstoffterminpreises, einer Untersuchung des Preisverhaltens, sowie abschließend eine vergleichende Betrachtung von besicherten Rohstoffterminkontrakten und Rohstoffaktien.

4.1.1 Test auf Normalverteilung

Die Überprüfung der Zeitreihendaten auf Normalverteilung für Aktien, Anleihen und Rohstoffe in Form des S&P GSCI, Rohöl und Gold wird in zwei Schritten vorgenommen. Der erste Schritt umfasst eine graphische Analyse durch Histogramme und

Quantil-Quantil-Plots. In einem zweiten Schritt wird auf den Jarque-Bera-Test zum Test auf Normalverteilung zurückgegriffen.

4.1.1.1 Histogramme und Quantil-Quantil-Plots

Histogramme als graphische Darstellung der zugrunde liegenden Häufigkeitsverteilung von Messwerten geben einen ersten Eindruck, ob die Messwerte normalverteilt sind. Für Aktien, Anleihen und Rohstoffe in der Form des S&P GSCI, Rohöl und Gold ergeben sich folgende Darstellungen (vgl. Abb. 16-18).

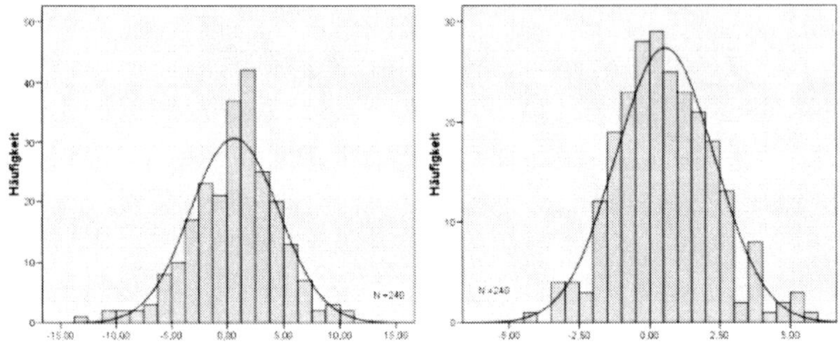

Abbildung 16: Histogramm MSCI World (links), JPM Global Gov. Bond (rechts)

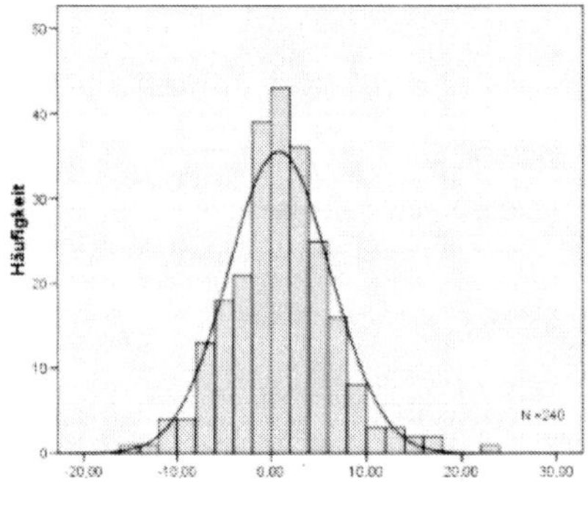

Abbildung 17: Histogramm S&P GSCI

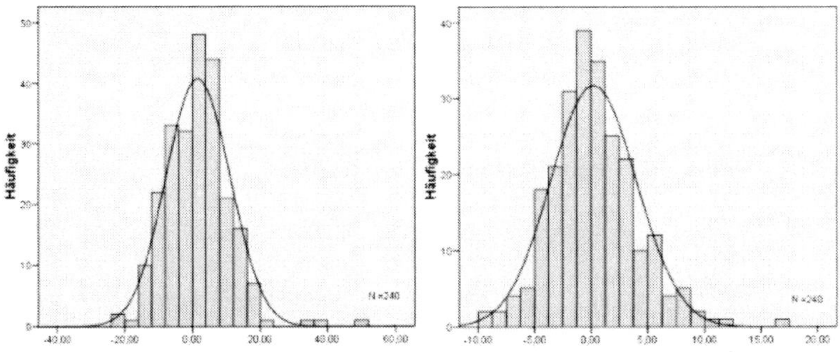

Abbildung 18: Histogramm Rohöl (links), Gold (rechts)

Im Vergleich fällt auf, dass alle Verteilungen spitzer als die Normalverteilung ausfallen (Leptokurtosis). Die relative Häufigkeitsverteilung von Aktien zeigt ebenfalls, dass negative Merkmalsausprägungen häufiger auftraten als große. Die Verteilung ist also rechtsschief bzw. linkssteil. Bei den anderen Verteilungen (Abb. 16-18) traten große, positive Merkmalsausprägungen häufiger auf als negative (linksschiefe bzw. rechtssteile Verteilung). Besonders fallen die positiven Ausreißer auf dem rechten Ast der Verteilung beim S&P GSCI, Rohöl und Gold (Abb.17-18) auf. Die Histogramme weisen eine leichte empirische Abweichungen zur Normalverteilung auf; Investoren würden bei sonst identischen Verteilungsparametern die ‚positiven' Ausreißer bei Rohstoffen gegenüber den ‚negativen' Ausreißern bei Aktien präferieren.

Ein weiteres Instrument für den Vergleich zweier Verteilungen ist der Quantil-Quantil-Plot (QQ-Plot) bzw. Probability Plot. Ein QQ-Plot erleichtert den Vergleich einer empirischen Verteilung mit einer theoretischen Verteilung. Er vergleicht geordnete Werte einer Variablen mit Quantilen einer bestimmten theoretischen Verteilung {V}, d.h. für eine vorgegebene Standardverteilung {V} wird die geordnete i-te Observation gegen das Quantil Q(V,z(i)) (i=1,2,...n) aufgetragen. Stammen die Daten aus dieser Verteilung {V}, so liegen die Punkte des QQ-Plots näherungsweise auf einer Geraden. Je mehr die Punkte von dieser Geraden abweichen, desto unwahrscheinlicher ist es, dass die empirische Verteilung den Gesetzen der Normalverteilung gehorcht. Auf diese Weise lässt sich ein erster Eindruck gewinnen, inwieweit die Annahme von normalverteilten Renditen als kritisch anzusehen ist.

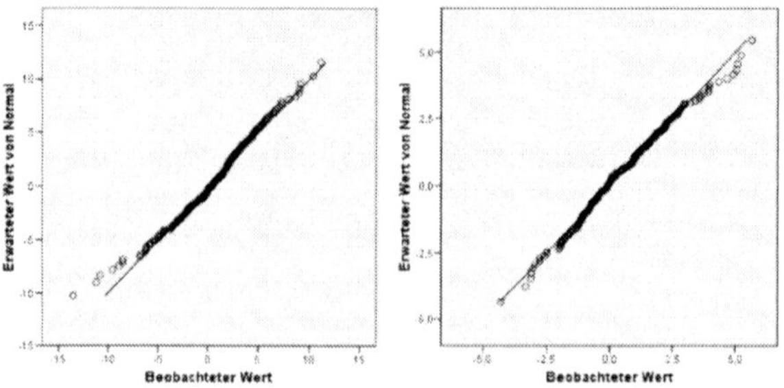

Abbildung 19: QQ-Plot, MSCI World (links), JPM Global Gov. Bond (rechts)

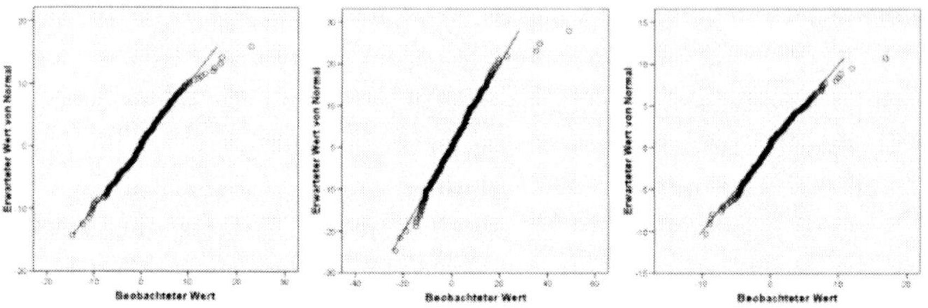

Abbildung 20: QQ-Plot, S&P GSCI (links), Rohöl (mitte), Gold (rechts)

Bei den in dieser Arbeit verwendeten Daten ist keine großen Abweichung von der Normalverteilung zu beobachten (vgl. Abb. 19 und 20). Analog der Histogramm-Betrachtung fallen kleinere Abweichungen bei hohen negativen Werterealisierungen (Aktien) sowie bei hohen positiven Werterealisierungen (S&P GSCI, Rohöl und Gold) auf.

4.1.1.2 Jarque Bera Test

Der Jarque Bera Hypothesentest auf Normalverteilung basiert auf den zwei Verteilungsmaßzahlen Schiefe und Wölbung (vgl. Kapitel 3.3.1). Für die Durchführung des Jarque-Bera-Tests wurden die beiden Hypothesen

H_0: Die Daten sind mit der Normalverteilung vereinbar

H_1: Die Daten sind nicht normalverteilt

formuliert (vgl. Podig et al. 2003, S.335ff.).

Die Teststatistik JB wird berechnet nach:

(1) $JB= n/6\,[\upsilon^2+1/4(\kappa-3)^2]$

mit:

υ: Schiefekoeffizient

κ: Kurtosis

n: Anzahl der Beobachtungspunkte

Die Teststatistik misst also die Abweichung der geschätzten Schiefe von null und der geschätzten Kurtosis von drei. Die Prüfgröße JB folgt unter der Nullhypothese der χ^2-Verteilung mit zwei Freiheitsgraden:

(2) $JB \sim \chi^2_2$

Aus der χ^2-Verteilung kann für eine Irrtumswahrscheinlichkeit α und zwei Freiheitsgraden ein kritischer Wert χ^2_{krit} ermittelt werden. Ist JB kleiner als der kritische Wert, kann die Nullhypothese nicht verworfen werden. Ist die berechnete Prüfgröße JB größer als der kritische Wert χ^2_{krit}, wird die Nullhypothese unter Annahme von H_1 abgelehnt. Demnach wären die Daten mit einer Irrtumswahrscheinlichkeit α nicht normalverteilt. Aus den verwendeten Daten ergibt sich, dass JB_{MSCI}, JB_{JPM}, JB_{GSCI}, $JB_{Rohöl}$, $JB_{Gold} < \chi^2_{krit}$, somit kann H_0 mit einer Irrtumswahrscheinlichkeit von 5% beibehalten werden[67].

4.1.2 Rendite, Standardabweichung und Korrelation der Asset Klassen

In der Literatur werden die Erträge, Volatilitäten und Korrelationen von besicherten Rohstofftermingeschäften mit unterschiedlichen Methoden, Bezugsobjekten und Untersuchungsperioden untersucht. Den Ergebnissen aus unterschiedlichen Untersuchungsperioden und Bezugsobjekten sind hier eigene Untersuchungsergebnisse

[67] Zur Methodik vergleiche Jarque/Bera (1980, 1987). Ebenfalls zum Test auf Normalverteilung wurden durchgeführt der Kolmogorov-Smirnov-Test und Shapiro-Wilks-Test. Nach Kolmogorov-Smirnov sind die verwendteten Daten mit der Normalverteilungshypothese vereinbar, wärend nach Shapiro-Wilks S&P GSCI, Rohöl und Gold nicht mit der Normalverteilung vereinbar sind (vgl. Anhang 4.1.1).

der Zeitperiode 1987 bis 2007 bezogen auf den S&P GSCI, Rohöl und Gold vorweggestellt.

ERTRÄGE

Bodie/Rosansky (1980) kommen für ein Portfolio von 23 gleichgewichteten und besicherten Rohstofftermingeschäften von 1949 bis 1976 zu signifikanten Überschussrenditen, die vergleichbar zum S&P 500 sind. Für den Zeitraum 1959 bis 2004 zeigen Gorton/Rouwenhorst (2005), dass der Ertrag von Rohstofftermingeschäften – abgebildet durch einen gleichgewichteten Index von 34 Terminkontrakten[68] – vergleichbar ist mit den Erträgen aus Aktien (S&P 500); beide Asset Klassen entwickelten sich besser als Anleihen (Ibbotsen Unternehmensanleihen Composite). Die durchschnittlichen monatlichen Erträge einer Aktienanlage lagen bei 0,93%, in etwa auf gleichem Niveau entwickelten sich Rohstoffe mit 0,89%, während sich Anleihen mit 0,64% pro Monat deutlich schlechter entwickelten (ebenda, S.11ff.). Du (2004) zeigt, dass diese Ergebnisse auch auf den S&P GSCI übertragbar sind: in der Datenperiode von 1970 bis November 2004 war der durchschnittliche jährliche Ertrag von Rohstoffen (13,25%) vergleichbar zu Aktien (11,72%) und höher als der von Anleihen (8,81%). Untersucht wurden S&P GSCI, S&P 500 sowie 10jährige US-Anleihen. Erb/Harvey (2006) zeigen für den Zeitraum 1969 bis 2006, dass der annualisierte jährliche Ertrag des S&P GSCI mit 12,2% ebenfalls höher als der Ertrag des S&P 500 mit 11,2% ist[69]. Georgiev (2001) findet hingegen für einen kürzeren aber aktuelleren Zeitraum von Januar 1990 bis Dezember 2001 anhand monatlicher anualisierter Daten, dass der S&P GSCI (3,4%) Aktien und Anleihen in Form des MSCI World (6,5%) und des Lehman Global Bond (6,9%) underperformed hat.

---

[68] Zum Konzept eines gleichgewichteten Rohstoff-Baskets vergleichen Erb/Harvey (2006), S.6, kritisch, daß die Erträge eines gleichgewichtetes Aktien-Portfolios nicht repräsentativ für den Aktienmarkt sind. Beispielsweise erlöste von 1970 bis 2004 der Wilshire 5000 p.a. 11,4% vs. einem gleichgewichteten reballanced Wilshire 5000 Portfolio mit 20,3% p.a. Die Autoren kommen zu dem Ergebnis, daß ein gleichgewichtetes, regelmäßig regewichtetes, Portfolio von Rohstoffterminkontrakten nur eingeschränkt in der Lage ist die Rohstoffmärkte zu repräsentieren.

[69] Die Autoren kommen jedoch auch zu dem Ergebnis, dass der durchschnittliche Überschußertrag der einzelnen Rohstoffterminkontrakte mit 0,03% nahe Null liegt, und das Reballancing einen wichtigen Einflußfaktor darstellt: die gleichen Rohstoffe monatlich reballanced weisen im Durchschnitt einen Ertrag von 4,5% p.a. auf.

Eigene Ergebnisse

Im Zeitraum 1987 bis 2007 wiesen Aktien mit durchschnittlich 7,8% p.a. eine höhere Wertentwicklung als Anleihen (6,7%) auf (vgl. Tabelle 2). Die Spannweite zwischen minimalen und maximalen monatlichen Erträgen bei Aktien ist mit 24,6% deutlich breiter als bei Anleihen (9,9%).

	Aktien	Anleihen	Rohstoffe		
	MSCI World	JPM GGB	S&P GSCI	Rohöl (WTI)	Gold
Rendite, p.a.	7,8%	6,7%	11,2%	21,4%	3,6%
Min. monatl. Ertrag	-13,5%	-4,3%	-14,4%	-23,3%	-9,5%
Max. monatl. Ertrag	11,1%	5,7%	22,9%	48,9%	16,9%
Spannweite	24,6%	9,9%	37,4%	72,2%	26,3%

Tabelle 2: Performance der Asset Klassen, 1987 bis 2007

Rohstoffe in Form des S&P GSCI entwickelten sich im Durchschnitt pro Jahr mit 11,2% besser als Aktien und Anleihen, wobei die Spannweite der Erträge mit 37,4% noch die von Aktien überstieg. Rohöl (WTI) gewann im Durchschnitt 21,4% p.a. an Wert; Gold hingegen verteuerte sich lediglich um 3,6% p.a. Abb.21 zeigt die Entwicklung der rollierenden Jahreserträge des S&P GSCI, Rohöl und Gold im Zeitverlauf von 1987 bis 2007. Im Unterschied zu den Erträgen eines Goldinvestments weisen die rollierenden Jahreserträge aus S&P GSCI und aus Rohöl eine ausgeprägte Zyklizität auf.

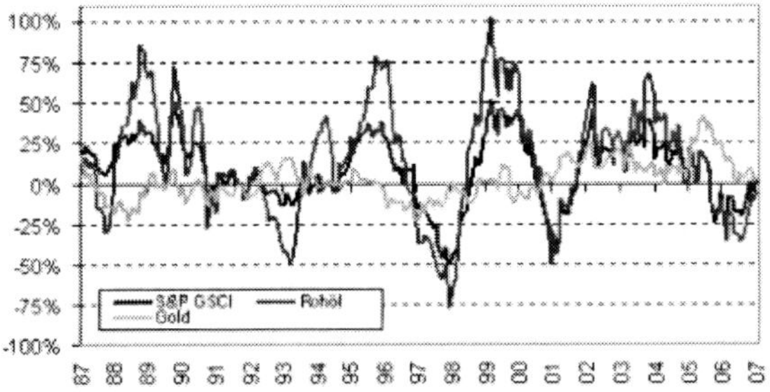

Abbildung 21: Rollierende Jahreserträge Rohstoffe, 1987-2007

Wird der Gesamtbeobachtungszeitraum (1987 bis 2007) in vier Subperioden zu je 5 Jahren zerlegt, so ergeben sich für die durchschnittlichen Jahresrenditen folgende Werte (vgl. Abb.22).

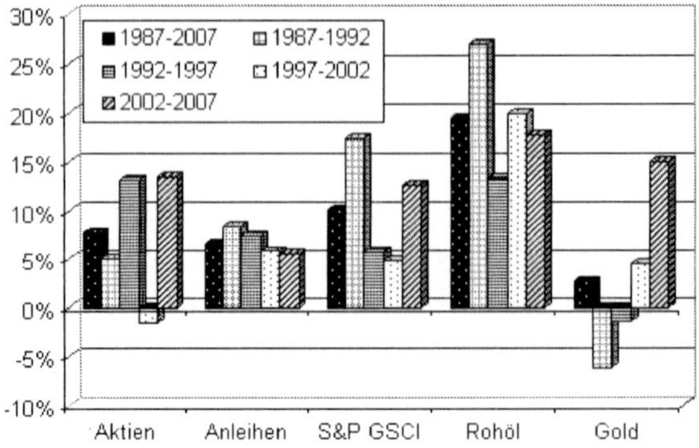

Abbildung 22: Erträge der Asset Klassen, Subperioden

Während bei Gold die durchschnittliche Preissteigerungen erst seit der Jahrtausendwende zu beobachten sind, weisen Rohstoffe in der Form des S&P GSCI und von Rohöl über alle Perioden signifikante Excess Renditen auf.

VOLATILITÄTEN

Die Volatilität von besicherten Rohstofftermingeschäften ist im Niveau mit der von Aktien zu vergleichen. Gorton/Rouwenhorst (2005) zeigen in ihren Analysen, dass im Zeitraum 1959 bis 2004 die durchschnittliche monatliche Standardabweichung von Aktien (S&P 500) mit 4,27% am höchsten ausfällt; besicherte Rohstofftermingeschäfte folgen mit 3,47%, am niedrigsten liegt die Standardabweichung von Anleihen (Ibbotsen Unternehmensanleihen Composite Index) mit 2,45% (ebenda, S.11ff.). Du (2004) errechnet für Rohstoffe in Form des S&P GSCI im Zeitraum 1970 bis November 2004 mit 18,4% eine höhere anualisierte Standardabweichung als für Aktien (S&P 500) mit 16,04% und Anleihen (10jährige US-Anleihen) mit 8,27%. Im Zeitraum von Januar 1990 bis Dezember 2001 zeigt Georgiev (2001), dass die durchschnittliche jährliche Standardabweichung des S&P GSCI (18,5%) über der von Aktien in Form des MSCI World (14,6%) und deutlich über Anleihen (Lehman Global Bond mit 4,9% liegt. Diese unterschiedlichen Ergebnisse erklären sich u.a. aus Unterschieden in der Anzahl, Gewichtung und den Rebalancing Methoden der verwendeten Rohstoffe. So errechnen Erb/Harvey (2006) für die einzelnen im S&P GSCI enthaltenen

Rohstoffterminkontrakte zwischen 1969 und 2006 eine durchschnittliche Standardabweichung von 30% per annum.

Eigene Ergebnisse

Die im Zeitraum 1987 bis 2007 aus monatlichen Daten annualisierte Standardabweichung ist erwartungsgemäß bei Anleihen am geringsten (6,1%), gefolgt von der Volatilität des Goldpreises (13,3%), Aktien (13,6%) und des S&P GSCI (19,0%). Die höchste Volatilität wies in diesem Zeitraum der Preis von Rohöl (32,9%) auf (vgl. Tabelle 3).

	Aktien	Anleihen	Rohstoffe		
	MSCI World	JPM GGB	S&P GSCI	Rohöl (WTI)	Gold
Std. Abw., p.a.	13,6%	6,1%	19,0%	32,9%	13,3%

Tabelle 3: Volatilität der Asset Klassen, 1987 bis 2007

Wichtig in diesem Zusammenhang ist auch die Entwicklung der Volatilität im Zeitverlauf, welche bei Rohstoffen deutlichen Schwankungen unterliegt. In Abb. 23 ist die rollierende Jahresvolatilität des S&P GSCI, von Rohöl und Gold dargestellt.

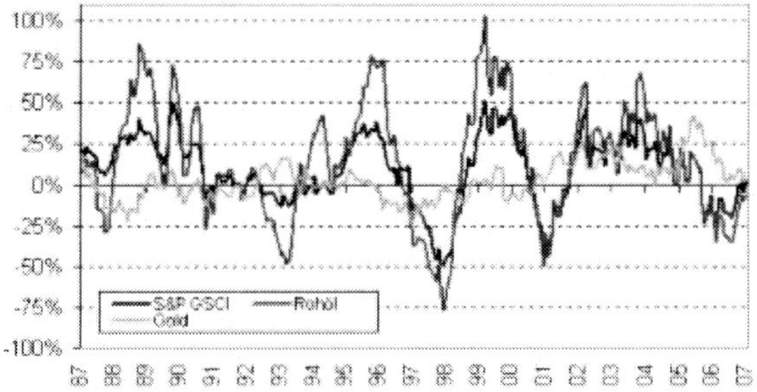

Abbildung 23: Rollierende Volatilität S&P GSCI, Rohöl und Gold

Nach Jahren eher niedriger Volatilität im Goldpreis ist diese seit 2004 deutlich angestiegen; dabei unterliegt die Volatilität bei Gold wesentlich geringeren Schwankungen als die Volatilität des S&P GSCI und von Rohöl. Bei Rohöl erkennt man sich klar abgrenzende Phasen hoher und vergleichsweise tiefer Volatilität.

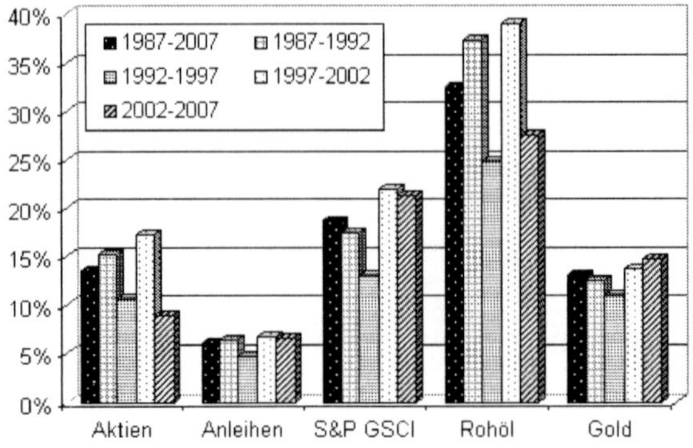

Abbildung 24: Volatilität der Asset Klassen, Subperioden

Die Zerlegung der Volatilität der Asset Klassen in vier Subperioden (vgl. Abb.24) zeigt eine relative Zeitstabilität der historischen Volatilität: die Schwankung der Erträge des S&P GSCI liegt in den fünf Perioden bei 17,3%, 13,0%, 22,0% und 22,3%. Die Periode 1992 bis 1997 weist über alle Asset Klassen gleichsam eine geringere Volatilität auf: so sinkt die Volatilität von Aktien gegenüber dem Gesamtzeitraum von 13,6% auf 10,7%, bei Anleihen von 6,1% auf 4,7% und vom S&P GSCI von 19,0% auf 13,0%.

KORRELATIONEN

Neben Ertrag und Volatilität einer Anlage kommt der Korrelation zwischen den Anlagen eine entscheidende Rolle bei der Strukturierung einer Asset Allokation zu (Diversifikation). Gorton/Rouwenhorst (2005) zeigen für ein gleichgewichtetes Portfolio von besicherten Rohstoffterminkontrakten für monatliche, quartalsweise, jährliche und fünfjährliche Daten eine geringe bis negative Korrelation mit Aktien und Anleihen; das Ausmaß der negativen Korrelation nimmt mit der Haltedauer zu, so dass der Diversifikationseffekt im Zeitverlauf ansteigt. Bei monatlichen Daten liegt die Korrelation im Untersuchungszeitraum bei 0,05 zu Aktien und -0,14 zu Anleihen – bei jährlichen Daten steigt diese auf -0,1 bei Aktien und -0,3 bei Anleihen. Diese Ergebnisse bestätigt Du (2004) ebenfalls für den S&P GSCI während verschiedener Zeitintervalle (monatliche, vierteljährliche, jährliche, 3jährliche Daten) im Zeitraum 1970 bis November 2004. Rohstoffe in Form des S&P GSCI weisen eine negative oder nichtsignifikante Korrelation mit Aktien und Anleihen auf. Auch hier nimmt die negative

Korrelation mit Aktien und Anleihen mit dem Zeithorizont zu. Im Zeitraum von Januar 1990 bis Dezember 2001 zeigt Georgiev (2001), dass die durchschnittliche jährliche Korrelation des S&P GSCI mit Aktien und Anleihen in Form des MSCI World (-0,13) und Lehman Global Bond (-0,03) negativ sind. Diese Ergebnisse sind ebenfalls für andere Rohstoffindices valide: De Chiara (2002) weist im Zeitraum 1991 bis Dezember 2001 eine Korrelation der Erträge des DJAIG mit dem S&P 500 und US-Staatsanleihen von -0,21 und -0,1 (Quartalszahlen) bzw. -0,12 und -0,18 auf Jahresbasis aus.

Eigene Ergebnisse

Eigene Analysen im Zeitraum 1987 bis Ende 2007 bestätigen, dass die Korrelation von Rohstoffen mit traditionellen Anlagekategorien wie Aktien und Anleihen sehr gering ausfällt (vgl. Tabelle 4).

	Aktien	**Anleihen**	**Rohstoffe**		
	MSCI World	JPM GGB	S&P GSCI	Rohöl (WTI)	Gold
Aktien	**1**	0,23	-0,02	-0,09	0,04
Anleihen	0,23	**1**	0,10	0,05	0,24
GSCI	-0,02	0,10	**1**	0,88	0,24
Rohöl (WTI)	-0,09	0,05	0,88	**1**	0,21
Gold	0,04	0,24	0,24	0,21	**1**

Tabelle 4: Korrelation der Asset Klassen, 1987 bis 2007

Während sich die durchschnittliche Korrelation zwischen Aktien und Anleihen bei rd. 0,23 bewegt, liegt die Korrelation von S&P GSCI und Rohöl mit Anleihen niedriger als 0,1. Die Wertentwicklung von Gold korreliert dagegen zu 0,24 mit Anleihen. Mit Ausnahme von Gold (0,04) ist die Korrelation von S&P GSCI und Rohöl mit Aktien sogar negativ (-0,02 bzw. -0,09). Die ausgewiesene Korrelation von Rohstoffen mit Aktien und Anleihen unterliegt im Zeitverlauf mitunter erheblichen Schwankungen. In den Abb.25 und 26 ist die Korrelation des S&P GSCI, Rohöl und Gold mit Aktien (dunkelgrau) und Anleihen (hellgrau) als Flächendiagramm dargestellt. Hierfür sind die Jahreserträge von S&P GSCI, Rohöl und Gold über einen rollierenden 5 Jahreshorizont (N=60) in Relation zu den Erträgen aus Aktien und Anleihen gestellt.

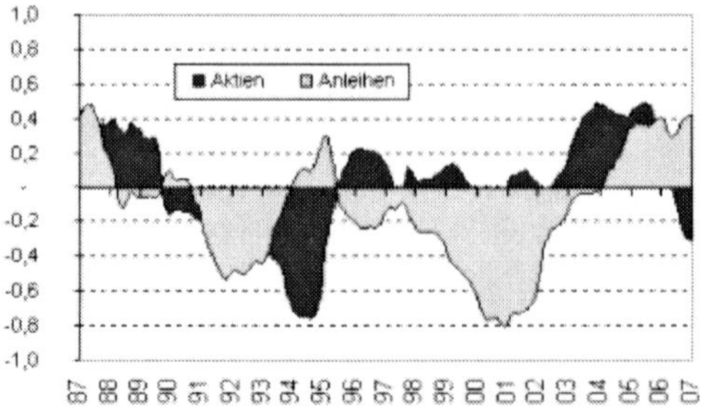

Abbildung 25: Korrelationen S&P GSCI

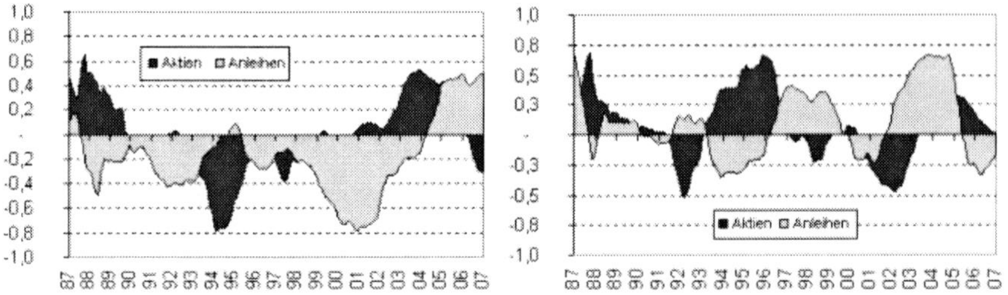

Abbildung 26: Korrelationen Rohöl (links), Gold (rechts)

Auffällig ist, dass sich jahrelange Phasen von positiver und negativer Korrelation abwechseln, und diese bei Aktien und Anleihen zu Rohstoffen relativ gleichzeitig auftreten – mit Ausnahme der Jahre seit 2000, in denen eine zum Teil positive Korrelation mit Aktien und eine überwiegend negative Korrelation mit Anleihen zu beobachten ist. Ebenfalls auffällig ist die zeitweise hohe Korrelation der Erträge eines Goldinvestments mit den Aktien- und Anleihemärkten.

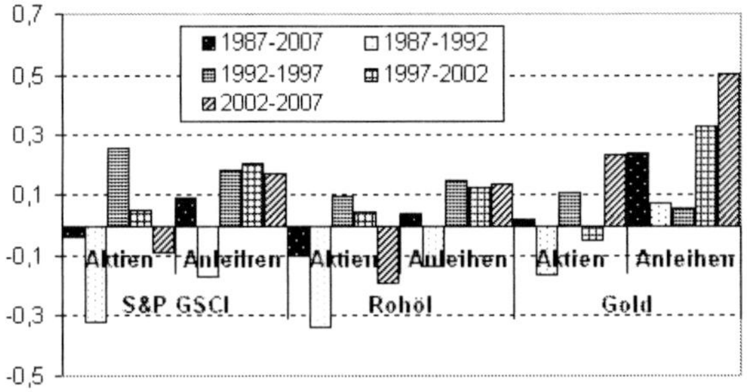

Abbildung 27: Korrelation der Asset Klassen, Subperioden

Die Zerlegung des Gesamtzeitraums in Subperioden zu je 5 Jahren zeigt (vgl. Abb.27), dass die Korrelation von Rohstoffen – mit Ausnahme von Gold – zu Aktien und zu Anleihen sich auf geringem Niveau befindet. Lediglich zu Anleihen weisen S&P GSCI und Rohöl phasenweise einen Gleichlauf von über 0,1 auf. Die Korrelation des Goldpreises zu Aktien ist vergleichsweise niedrig, während zu Anleihen in den Perioden 1997 bis 2002 und 2002 bis 2007 ein Gleichlauf der Erträge von 0,33 bzw. 0,51 zu beobachten ist.

Renditen und Volatilitäten von besicherten Rohstoffterminkontrakten sind mit denen von Aktien vergleichbar. Im Zeitraum von 1987 bis 2007 liegt die Rendite des S&P GSCI über der von Aktien und Anleihen – Rohöl wies die höchste und Gold die niedrigste durchschnittliche Preissteigerung auf. Die durchschnittliche jährliche Standardabweichung des S&P GSCI liegt über dem Niveau von Aktien und Anleihen – Rohöl wies die höchste und Gold eine aktienähnliche Volatilität auf. Rohstoffe sind aber nicht allein aufgrund ihrer Rendite-/Volatilitätskombination ein attraktives Investment – sondern sollten im Portfolio-Kontext gesehen werden. Denn während Aktien und Anleihen eine eindeutig positive Korrelation zeigen, sind S&P GSCI und Gold nur geringfügig mit Aktien und Anleihen korreliert. Die Korrelation von Rohöl zu Aktien ist sogar negativ. Durch diese Korrelationseigenschaften können Rohstoffe dazu beitragen, das systematische, ansonsten nicht diversifizierbare Risiko zu verringern. Ein zusätzlicher Einflussfaktor ist der Investmenthorizont: die geringe bis negative Korrelation von besicherten Rohstoffterminkontrakten zu Aktien und Anleihen nimmt mit dem Investmenthorizont zu. Je länger der Betrachtungszeitraum, desto größer werden die Diversifikationsgewinne, die mit Rohstoffen in traditionellen Portfolios erzielt werden können. Da Rendite und Standardabweichung nicht vollständig die Entwicklung von Finanzmarktdaten beschreiben, soll im Folgenden ebenfalls der Einfluss der höheren Verteilungsmomente untersucht werden.

4.1.3 Höhere Momente der Renditeverteilung

Da Finanzmarktdaten nicht vollständig normalverteilt sind ist es sinnvoll, neben Rendite und Standardabweichung auch die höheren Momente der Verteilung zu analysieren. Basierend auf monatlichen Daten zeigen Gorton/Rouwenhorst (2005) für ein gleichgewichtetes Portfolio von besicherten Rohstoffterminkontrakten im Zeitraum 1959 bis 2004, dass die Renditeverteilungsfunktion mit 0,71 eine positive Schiefe aufweist. Im Vergleich liegt der Schiefekoeffizient von Anleihen bei 0,37 und von Aktien (S&P 500) bei -0,37. Die Renditerealisationen bei Aktien weisen also ein höheres Gewicht auf dem linken Ast der Verteilungsfunktion auf, was bei sonst gleichem Erwartungswert und Varianz ein höheres Risiko für den Investor bedeutet. Rohstoffe zeigen in ihrer Renditeverteilung mit 4,53 die höchste Wölbung, vor Anleihen (3,56) und Aktien (1,81). Demzufolge sollten Investoren mit im Vergleich zur Normalverteilung mehr Renditerealisierungen in den Enden der Verteilung rechnen (Fat Tails). Du (2004) kann diese Ergebnisse für den Zeitraum 1970 bis 2004 bestätigen: Rohstoffe (S&P GSCI) und Anleihen (10jährige US-Anleihen) zeigen eine positive Schiefe von 0,17 und 0,28, Aktien hingegen eine negative Schiefe von -0,49. Alle drei Asset Klassen weisen eine positive Wölbung auf, sind also im Vergleich zur Normalverteilung ‚spitzer' im Schwerpunkt und ‚dicker' in den Verteilungsenden (ebenda).

Eigene Ergebnisse

Im Zeitraum 1987 bis Ende 2007 wurden 240 monatliche Datensätze für die Asset Klassen Aktien, Anleihen und Rohstoffe sowie Rohöl und Gold untersucht. Aktien (MSCI World) wiesen mit -0,43 die höchste negative Schiefe auf. Rohstoffe in Form des S&P GSCI (0,37), Rohöl (0,73) und Gold (0,58) wiesen eine deutlich höhere positive Schiefe als Anleihen (0,25) auf (vgl. Tabelle 5).

	Aktien	Anleihen	Rohstoffe		
	MSCI World	JPM GGB	S&P GSCI	Rohöl (WTI)	Gold
Schiefe	-0,43	0,25	0,37	0,73	0,58
Wölbung	0,75	0,14	1,17	2,68	1,35

Tabelle 5: Schiefe und Wölbung, 1987 bis 2007

Die negative Schiefe von Aktien, also das Vorliegen einer linksschiefen Renditeverteilung bedeutet damit ein im Unterschied zur Normalverteilung höheres Verlustrisiko im Sinne von überproportional vielen Realisationen von unterdurchschnittlichen Erträgen. Vergleichbar zu Anleihen zeigten Rohstoffterminkontrakte eine rechtsschiefe Verteilung; d.h. signifikant mehr Renditerealisationen befanden sich auf dem rechten Ast der Verteilung. Alle untersuchten Asset Klassen zeigten eine leptokurtische Verteilung, jedoch in aufsteigender Rangfolge Anleihen, Aktien und Rohstoffe: Die Renditeverteilung von Anleihen wich kaum von der Normalverteilung ab (0,14). Die Abweichung bei Aktien (0,75) fiel bereits größer aus. Der S&P GSCI und physisches Gold wiesen in ihren Renditeverteilungen eine vergleichbare Wölbung auf (1,17 und 1,35), während Rohöl (2,68) mit Abstand die 'spitzeste' Wölbung zeigte. Wird der Gesamtzeitraum 1987 bis 2007 in vier Subperioden zerlegt (1987-1992, 1992-1997, 1997-2002, 2002-2007), bewegt sich der Schiefekoeffizient bei Aktien durchschnittlich zwischen den Extremwerten von -0,54 bis 0,09, bei Anleihen zwischen 0,14 bis 0,44. Bei Rohstoffen ist die Range etwas breiter, wobei die Ausprägungen im Vergleich zu Aktien und Anleihen höher liegen: -0,32 bis 1,57 (S&P GSCI), -0,05 bis 1,59 (Rohöl) und -0,02 bis 1,51 (Gold). Ein vergleichbares Bild zeichnet sich beim Wölbungskoeffizienten ab: dieser liegt in den Extremwertausprägungen der Subperioden zwischen -0,21 bis 0,49 (Aktien) und -0,44 bis 1,08 (Anleihen). Die Kurtosis bei Rohstoffen dagegen liegt zwischen -0,32 bis 5,84 (S&P GSCI), -0,86 bis 6 (Rohöl) und zwischen -0,23 bis 4,07 (Gold). Zusammenfassend ist also die Realisierung von negativen Extremwerten (Ausreißern) bei Aktien wahrscheinlicher als bei Anleihen und Rohstoffen in Form des S&P GSCI, Rohöl oder Gold, so dass bei vergleichbarer Rendite und Standardabweichung aufgrund der höheren Verteilungsmomente (Schiefe und Kurtosis) Aktien ein höheres Verlustrisiko beinhalten als Aktien und Anleihen.

4.1.4 Komponenten des Rohstoffterminpreises

Der Ertrag eines Investments in besicherte Rohstoffterminkontrakte geht über die reine Preisentwicklung von Rohstoffen hinaus – weitere wichtige Faktoren sind Erträge aus der Aufrechterhaltung und Besicherung (Roll Yield und Collateral Yield) der Investments (vgl. Kapitel 2.2.3). Wie bedeutend langfristig Erträge aus dem Rollen von Terminkontrakten, in das der Convenience Yield von Rohstofftermingeschäften einfließt, und der Verzinsung der Besicherung sind, zeigt Goldman Sachs (2007) anhand der Preisentwicklung des GSCI. Im Zeitraum 1970 bis 2006 wies der S&P GSCI (Total Return) eine durchschnittliche Performance von 12,2% p.a. auf. Im Vergleich dazu legte der korrespondierende Spotpreis Index, der die reine Preisniveauveränderung der im S&P GSCI enthaltenden Rohstoffe abbildet, um gerade einmal 3,6% p.a. zu[70]. Gorton/Rouwenhorst (2005) legen in ihrer Analyse einen eigenen konstruierten Index besicherter Rohstoffterminkontrakte zugrunde. Bei hoher Korrelation von Spot und Future Indices, wurden signifikante Unterschiede zwischen Spot Preis Performance und dem Ertrag besicherter Rohstofftermingeschäfte festgestellt. In den vergangenen 45 Jahren betrug der durchschnittliche jährliche Ertrag des besicherten Rohstoff Future Index 11,5% versus 4,6% aus der reinen Spot Preis Performance (ebenda, S.9f.). Zu vergleichbaren Ergebnissen kommt Erb (2006).

Eigene Analyse

Abbildung 28 zeigt, wie sich die Preisentwicklung von Rohstoffen und die Erträge von besicherten Rohstofftermingeschäften langfristig auseinander entwickeln. Während die Preise der im S&P GSCI enthalten Rohstoffe in 20 Jahren um 8,1% p.a. anstiegen, legte der Gesamtertrag des S&P GSCI, der sich aus der Preisentwicklung sowie Roll und Collateral Yield zusammensetzt um 11,2% p.a. zu.

[70] Vgl. Goldman Sachs Commodity Research (2007) und Eibl (2005); ein weiterer Faktor, der deutlich zur Gesamtperformance eines Rohstoff Index Investment beitragen kann ist die Reballancing Systematik.

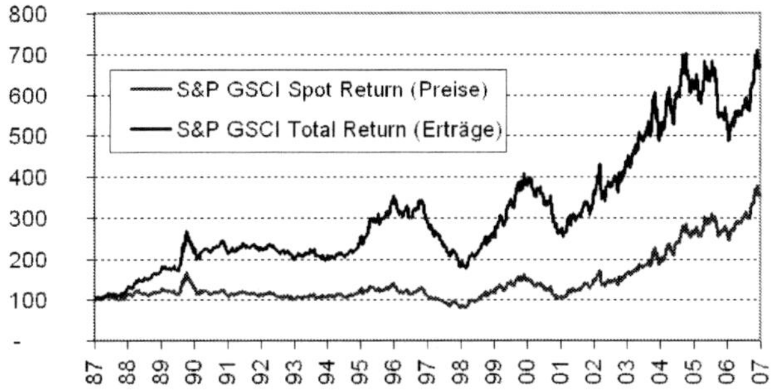

Abbildung 28: S&P GSCI – Rohstoffpreise und Erträge

Im Gesamtzeitraum 1987 bis 2007 setzten sich die Erträge einer Anlage in S&P GSCI, Rohöl und Gold wie folgt zusammen (Tab.6):

	Total Return	Spot Return	Roll Yield	Colateral Yield
S&P GSCI	11,2%	8,0%	-1,3%	4,5%
Rohöl	21,4%	13,5%	3,4%	4,5%
Gold	3,6%	3,3%	-4,3%	4,5%

Tabelle 6: Ertragskomponenten S&P GSCI, Rohöl und Gold, 1987 bis 2007

Wie anhand der Tabelle 7 zu erkennen ist, unterliegen die Ertragskomponenten eines Investments in besicherte Rohstoffterminkontrakte erheblichen Schwankungen. Aus Wochendaten (1020 Datensätze) wurde der Gesamtzeitraum 1987 bis 2007 in vier Perioden á fünf Jahre zerlegt. Die Komponenten Roll und Collateral Yield können aus S&P GSCI Total Return, Excess Return und Spot Return extrahiert werden (vgl. Kapitel 2.2.2). In der ersten Periode von 1987 bis 1997 war der Roll Yield die dominierende Ertragskomponente; in den zwei Perioden zwischen 1997 und 2007 war der Roll Yield dagegen negativ. Auffällig an der Periode 2002 bis 2007 ist der außerordentliche Anstieg der Spot Preise mit 20,7% p.a.

	20 Jahre	5 Jahre (1)	5 Jahre (2)	5 Jahre (3)	5 Jahre (4)
Total Return	11,2%	17,9%	6,0%	5,9%	15,5%
Spot Yield	8,0%	3,7%	0,6%	7,7%	20,7%
Roll Yield	-1,3%	7,8%	0,8%	-5,9%	-8,5%
Collateral Yield	4,5%	6,4%	4,6%	4,2%	3,3%
	1987 bis 2007, p.a.	1987 bis 1992, p.a.	1992 bis 1997, p.a.	1997 bis 2002, p.a.	2002 bis 2007, p.a.

Tabelle 7: S&P GSCI – Ertragskomponenten, 1987 bis 2007

Der Unterschied zwischen Gold und Rohöl (vgl. Tabellen 8 und 9) bezogen auf die Terminstruktur liegt in der unterschiedlichen Ausprägung des Roll Yields: In den vergangenen 20 Jahren wies Gold analog zu Finanztermingeschäften einen negativen Roll Yield auf (-4,3%), während Rohöl einen positiven Roll Yield von 3,4% aufwies[71].

	20 Jahre	5 Jahre (1)	5 Jahre (2)	5 Jahre (3)	5 Jahre (4)
Total Return	21,4%	27,5%	14,5%	21,1%	24,2%
Spot Yield	13,5%	9,7%	1,6%	17,6%	26,5%
Roll Yield	3,4%	11,3%	8,2%	-0,6%	-5,2%
Collateral Yield	4,5%	6,4%	4,7%	4,2%	2,9%
	1987 bis 2007, p.a.	1987 bis 1992, p.a.	1992 bis 1997, p.a.	1997 bis 2002, p.a.	2002 bis 2007, p.a.

Tabelle 8: Rohöl – Ertragskomponenten, 1987 bis 2007

	20 Jahre	5 Jahre (1)	5 Jahre (2)	5 Jahre (3)	5 Jahre (4)
Total Return	3,6%	-6,2%	-1,2%	5,4%	17,9%
Spot Yield	3,3%	-6,8%	-2,1%	4,8%	18,7%
Roll Yield	-4,3%	-5,8%	-3,8%	-3,6%	-3,8%
Collateral Yield	4,5%	6,3%	4,6%	4,2%	2,9%
	1987 bis 2007, p.a.	1987 bis 1992, p.a.	1992 bis 1997, p.a.	1997 bis 2002, p.a.	2002 bis 2007, p.a.

Tabelle 9: Gold – Ertragskomponenten, 1987 bis 2007

Wie an der Aufgliederung in Subperioden ersichtlich, können die Ertragskomponenten im Zeitverlauf deutlich variieren. So liegen die Roll Erträge bei Rohöl zwischen -5,2% p.a. (2002 bis 2007) und +11,3% p.a. (1987 bis 1992). Aufgrund der

[71] Für den Zeitraum von Dezember 1982 bis Mai 2004 zeigt Erb (2006), S.22f., daß sich Rohöl-Futures in 66% aller Fälle in Backwardation befanden, Gold dagegen immer in Contango handelte. Der durchschnittliche Roll-Ertrag betrug hier bei Rohöl +11,7% p.a.; bei Gold -1,4% p.a.

Terminstruktur von Gold war hier der Roll Yield im gesamten Beobachtungszeitraum immer negativ.

Der Ertrag eines Investments in besicherte Rohstofftermingeschäfte geht über die reine Preisentwicklung von Rohstoffen hinaus – die Faktoren Roll-Yield und Collateral Yield tragen bedeutsam zum Gesamtertrag bei, unterliegen jedoch Schwankungen im Zeitverlauf.

4.1.5 Untersuchung des Preisverhaltens

Inwieweit die Aktienmarktentwicklung einem Random Walk oder phasenweise einem Mean Reversion Preisprozess unterliegt, ist bis heute Gegenstand der wissenschaftlichen Diskussion (u.a. Fama und French (1988), De Bondt und Thaler (1989), Poterba und Summers (1989), Cecchetti et al (1990), Kim et al (1991), Campell et al (2000) und Albrecht et al (2003, 2004)) [72]. Mehrheitlich ist das vorherrschende Ergebnis, dass die internationalen Aktienmärkte in Übereinstimmung mit der Theorie effizienter Finanzmärkte lediglich einen geringen Grad an Mean Reversion aufweisen, der signifikant auch nur in längeren Zeiträumen sowie in bestimmten historischen Perioden eine signifikante Rolle spielt.

Untersuchungen wie u.a. durch Pilipovic (1998), Bec et al (2004) sowie Weiser (2005) zufolge ist die Evidenz für Mean Reversion bei Währungen und Rohstoffpreisen deutlich stärker ausgeprägt. Laughton und Jacoby (1995) argumentieren im Rahmen der Mikroökonomik, dass Rohstoffpreise sich an die langfristigen Grenzkosten der Produktion annähern. Evidenz für eine signifikante Tendenz zu Mean Reversion bei Rohöl zeigen Pilipovic (1998) sowie Pindyck und Rubinfeld (2000) unter

[72] Fama und French (1988) zeigen in der Periode von 1926 bis 1985 signifikante Hinweise auf Mean Reversion, zunehmend von einem Zeithorizont von 18 Monaten bis 5 Jahren. Poterba und Summers (1989) untersuchen die US Märkte zwischen 1871 und 1986 sowie internationale Aktienmärkte zwischen 1957 und 1985 und weisen negative Autokorrelation über längere Zeiträume nach. Dies wird auch von De Bondt und Thaler (1989) bestätigt, die über einen Zeithorizont von 3-7 Jahre ein signifikantes Ausmaß an negativer serieller Korrelation für Aktienmärkte nachweisen. Ceccetti et al (1990) zeigen, daß die über die lange Frist negative serielle Korrelation in Aktienerträgen konsistent mit Kapitalmarkt-Gleichgewichtsmodellen ist. Kim und Nelson (1991) untersuchen die US Märkte in den drei Perioden von vor 1926, 1926-1946 und nach 1946 durch Tests auf Autokorrelationen und Varianztests mit dem Ergebnis signifikanter Mean Reversion Tendenz in der Periode 1926-46 und nur noch schwacher Mean Reversion Evidenz in den beiden folgenden Perioden. Kritik an den verwendeten statistischen Methoden von Fama und French sowie Poterba und Summers üben Kim, Nelson und Startz (1991) sowie Richardson (1989). Ähnliche Arbeiten zum Nachweis von Mean Reversion liegen vor von Lo und MacKinlay (1988), Balvers, Wu und Gilliland (2000) und Campell et al (2000), sowie Untersuchungen speziell zum deutschen Markt z.B. von Albrecht et al (2003,2004).

Verwendung eines Dickey-Fuller Unit Root Test, bei dem die Random Walk Hypothese für lange Zeiträume ablehnt wird. Eine weitere Evidenz für Mean Reversion bei Rohstoffen ist auf den Terminmärkten zu finden. Baker et al (1998) argumentieren hier anhand der Terminstrukturkurve, die einen fallenden Verlauf (Backwardation) in Richtung des langfristigen Durchschnittspreises zeigt, wenn der Kassapreis (Spot) hoch ist und einen steigenden Verlauf (Contango) in Richtung des langfristigen Durchschnittspreises, wenn der Kassapreis (Spot) niedrig ist. Anhand der Terminkurve weisen Bessembinder et al (1995) ein signifikantes Ausmaß an Mean Reversion für Rohöl- und Agrar-Terminkontrakten, sowie schwache Mean Reversion Tendenzen bei Edelmetall-Terminkontrakten nach. Weiser (2005) unterscheidet zwischen dem Verhalten von Rohstoffpreisen und den Erträgen eines Rohstoffinvestments in Form von besicherten Rohstoffterminkontrakten: „Rohstoffpreise folgen einem Mean Reversion Trend; die Erträge eines Rohstoff Investments sind dagegen Momentum getrieben." Miffre und Rallis (2007) zeigen, dass die Erträge aus Rohstoffterminkontrakten kurzfristig von Momentum Effekten dominiert werden, während langfristig die Tendenz zu Mean Reversion überwiegt.
Vor diesem Hintergrund wurde in dieser Arbeit die Hypothese überprüft, ob Rohstoffe in Form besicherter Rohstoffterminkontrakte einem Mean Reversion Prozess folgen. In die Analyse wurden zu Vergleichszwecken Aktien (MSCI World) und Anleihen (JPM Global Government Bonds) einbezogen. Hierzu wurde anhand eines linearen Regressionsmodells (vgl. hierzu Kapitel 3.4.3) komparativ die Geschwindigkeit des unterstellten Mean Reversion Prozesses bestimmt und vergleichende Variance Ratio Tests sowie Autokorrelationsberechnungen durchgeführt.

Mean Reversion Grad und Geschwindigkeit

Der Parameter Mean Reversion (MR) Grad oder Level (μ) kann durch eine langfristige Durchschnittsbildung oder durch eine Methode gleitender Durchschnitte bestimmt werden, um einen im Zeitverlauf variablen Verlauf darzustellen und damit einen Anhaltspunkt für den Verlauf eines langfristigen Gleichgewichtsniveaus zu bieten (vgl. Abb. 29 bis 31) [73].

---

[73] Vgl. Blanco/Soronow (2001), S.68ff. Der langfristige Durchschnittspreis (Mean Reversion Level) kann ebenfalls aus der Regressionsanalyse hergeleitet werden und ergibt sich aus dem Achsenabschnitt im Verhältnis zum Steigungsparamter multipliziert mit (-1). An dieser Stelle sollen jedoch langfristige Durchschnittspreise bzw. gleitende Durchschnitte verwendet werden.

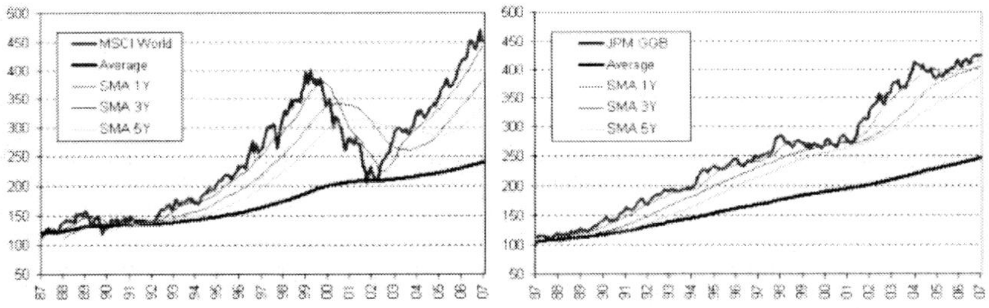

Abbildung 29: MR Level, Aktien (links), Anleihen (rechts)

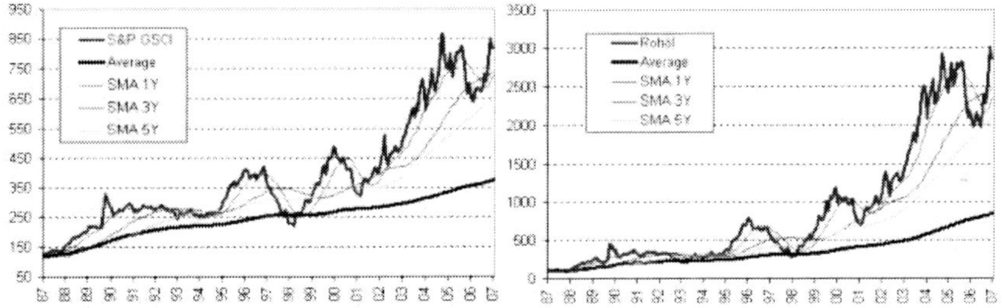

Abbildung 30: MR Level, S&P GSCI (links), Rohöl (rechts)

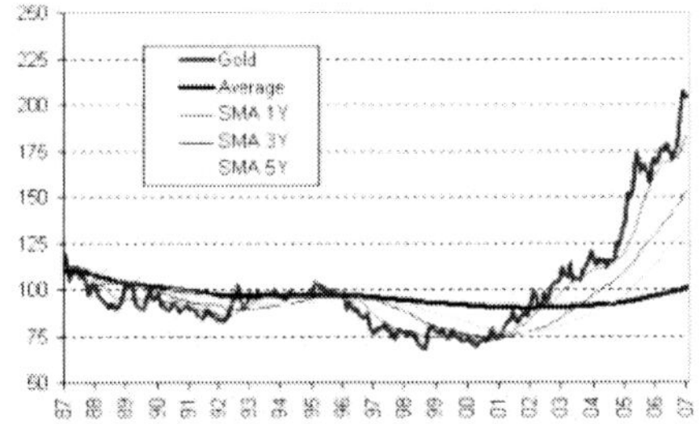

Abbildung 31: MR Level, Gold

Der Parameter Mean Reversion (MR) Geschwindigkeit (θ) wurde anhand eines linearen Regressionsmodells analog den Ausführungen von Blanco und Soronow (2001) berechnet. Den Berechnungen zugrunde lag das in Kapitel 3.4.3 vorgestellte Mean Reversion Modell analog zu Dixit und Pindyck. Hierzu wurden Preisänderungen (Y-Werte) und die Werte der Preise in der Vorperiode (X-Werte) auf monatlicher Basis untersucht, und die Parameter Steigung, Achsenabschnitt und Standardfehler der Regressionsanalyse herangezogen. Die Geschwindigkeit des Mean Reversion Prozesses wurde durch den Steigungsparameter multipliziert mit (-1) ausgedrückt. Der Parameter ‚Mean Reversion Geschwindigkeit' wurde mit einem Lag von einem, drei und zwölf Monaten berechnet; das Ergebnis ist variabel im Zeitverlauf graphisch in den Abb. 32 bis 34 für Aktien, Anleihen und Rohstoffe analog zu Kloy (2005) dargestellt.

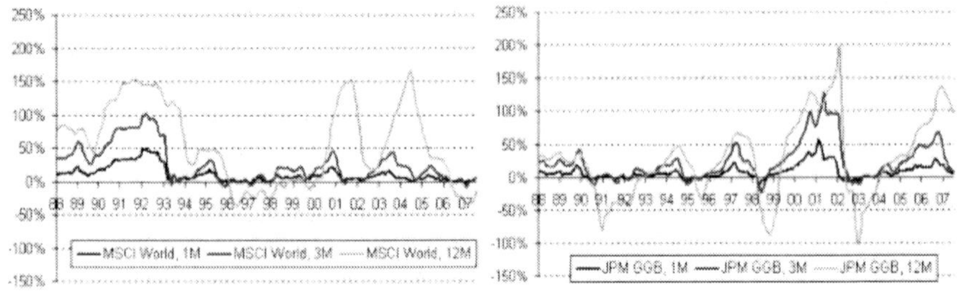

Abbildung 32: MR Geschwindigkeit, Aktien (links), Anleihen (rechts)

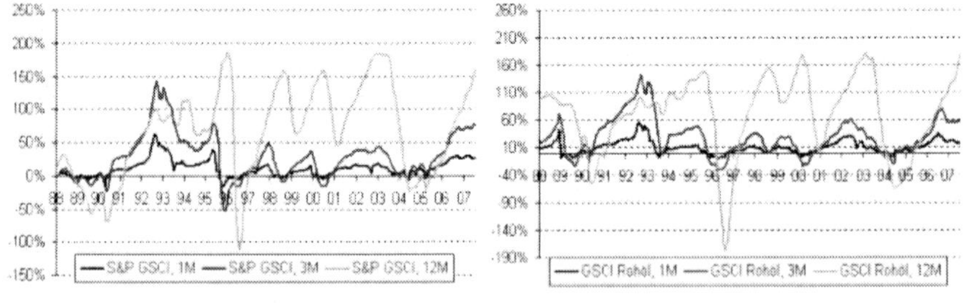

Abbildung 33: MR Geschwindigkeit, S&P GSCI (links), Rohöl (rechts)

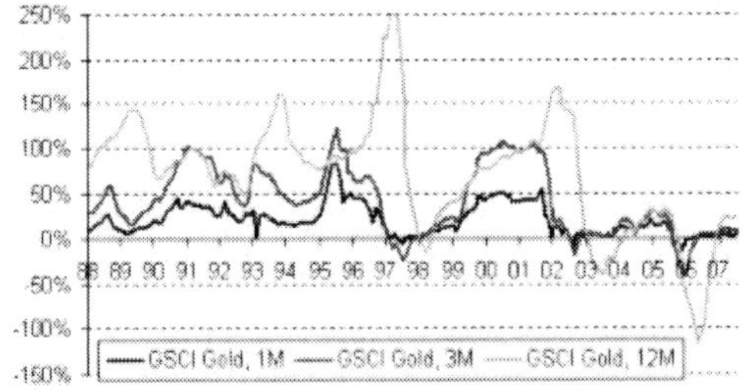

Abbildung 34: MR Geschwindigkeit, Gold

Wie an der graphischen Auswertung für Aktien (MSCI World), Anleihen (JPM Global Government Bonds), Rohstoffen in Form des S&P GSCI (TR), sowie Rohöl und Gold anhand der jeweiligen S&P GSCI Subindices erkennbar, nahm das Ausmaß des Mean Reversion Prozesses über den Zeitraum von einem bis zwölf Monaten zu. Sowohl Aktien als auch Anleihen wiesen Perioden von signifikanten Mean Reversion Tendenzen auf. Exemplarisch hervorzuheben ist im Aktienbereich die Periode 2000 bis 2004, die nach einem dynamischen Anstieg der internationalen Aktienpreise geprägt war von einem kontinuierlichem Kursrückgang und einer anschließenden Erholungsbewegung. Wie an den Parameterverläufen bei S&P GSCI und den Einzelrohstoffen Rohöl und Gold abzulesen ist, war hier die Tendenz zu einem Mean Reversion Prozess stärker ausgeprägt und von höherer Persistenz als bei Aktien und Anleihen.

Empirische Autokorrelation

In Kapitel 3.4.3 wurde das Konzept der Autokorrelationsanalyse sowie deren Verbindung zur Variance Ratio Analyse erläutert. Die empirische Evidenz von Autokorrelation ist gemischt und ist von der Wahl der Periode abhängig, über die die Renditen gemessen werden. Exley et al (1996) weisen über tägliche und wöchentliche Frequenz positive Autokorrelation (Momentum Effekte) nach. Bei jährlicher und noch längerer Frequenz tritt dagegen negative Autokorrelation auf.

Hier wurden die Autokorrelationen der verschiedenen Asset Klassen sowie von Rohöl und Gold untersucht. Auf Basis von Monats-, Wochen- und Tagesdaten wurden 240, 1060 bzw. 5220 Datensätze auf deren empirischen Autokorrelationskoeffizienten zum Lag 1 untersucht (vgl. Tab. 10)[74].

	Tages-daten	Wochen-daten	Monats-daten
Aktien	0,165	-0,013	-0,019
Anleihen	0,052	-0,003	0,172
S&P GSCI	0,002	-0,020	0,111
Rohöl	0,008	-0,030	0,155
Gold	-0,022	-0,001	-0,091

Tabelle 10: Autokorrelation

Auf Basis von Tagesrenditen war bei Aktien und Anleihen ein schwach positiver Zusammenhang zur Rendite des Vortages erkennbar – bei Rohstoffen war dieser Zusammenhang nicht derart ausgeprägt. Bei Wochendaten bestand bei S&P GSCI und Rohöl ein deutlich stärker ausgeprägter negativer Zusammenhang als bei Aktien und Anleihen (Mean Reversion). Beim Vergleich mit Monatsdaten wiesen Aktien und Gold einen leicht negativen Zusammenhang auf; Anleihen, S&P GSCI und Rohöl zeigten dagegen einen positiven Zusammenhang (Momentum).

Variance Ratio Test

Im Kapitel 3.4.3 wurde das Konzept der Variance Ratios zur Beschreibung von Mean Reversion Preiseigenschaften erläutert. Verwiesen sei an dieser Stelle auch auf die empirischen Ergebnisse im Aktienbereich von Fama und French (1988) und Poterba und Summers (1989)[75]. Anhand der Tages- und Monatsdaten zwischen 12/1987 und 12/2007 für Aktien, Anleihen und Rohstoffe in Form des S&P GSCI (Total Return und Spot Index), Rohöl und Gold, wurden hier die empirischen Varianzverhältnisse bestimmt. Zugrunde liegt die Hypothese, dass Rohstoffpreise und die Erträge eines Rohstoffinvestments einem Random Walk Preisprozess folgen. Es wurden die

[74] Zu Ergebnissen für Lags zwischen 1 und 3 für Tages-, Wochen- und Monatsdaten vergleiche mit Anhang 4.1.5.

[75] Fama/French (1988) und Poterba/Summers (1989) weisen eine Evidenz für Mean Reversion in Aktienpreisen anhand von Variance Ratio Tests über lange Frist aus, während unterjährige Renditen eine positive serielle Korrelation aufweisen.

durchschnittlichen Varianzen der Monatsrenditen durch die durchschnittlichen Varianzen der Tagesrenditen geteilt und auf das empirische Datenmaterial normiert - das Ergebnis ist graphisch in Abb.35 dargestellt:

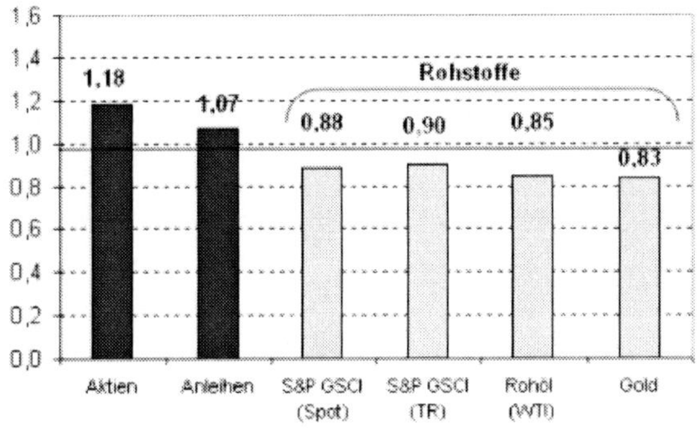

Abbildung 35: Variance Ratios

Für alle untersuchten Zeitreihendaten musste die Nullhypothese VR (τ) = 1, es bestehe ein Random Walk Prozess, abgelehnt werden. Aktien und Anleihen wiesen mit 1,18 und 1,07 Variance Ratios größer 1 auf (Trending) – für alle untersuchten Rohstoff-Zeitreihendaten waren die Variance Ratios kleiner als 1, was eine Tendenz zum Mean Reversion nahe legt. S&P GSCI (TR), Rohöl und Rohstoffpreise (GSCI Spot) lagen bei 0,9, 0,85 und 0,88. Die stärkste Mean Reversion Eigenschaft wies mit einer Variance Ratio von 0,83 der Goldpreis auf.

Die Ergebnisse aus Variance Ratio Analyse, Autokorrelationsanalyse sowie aus dem empirischen Test des Mean Reversion Preismodells legen nahe, dass sowohl Rohstoffpreise als auch die Erträge aus besicherten Rohstoffterminkontrakten in Form von S&P GSCI Spot und S&P GSCI TR sowie Gold und Rohöl in der Vergangenheit im Vergleich zu Aktien und Anleihen einen deutlich höheren Mean Reversion Charakter aufwiesen. Diese Eigenschaft liefert ein Indiz dafür, dass im Zeitverlauf ein aktives Management der Asset Klasse Rohstoffe im Vergleich zum passiven Management sinnvoll wäre, da zukünftige Preisentwicklungen zu einem höheren Grad als bei Aktien und Anleihen prognostizierbar sein müssten. Diese Schlussfolgerung soll in Kapitel 4.3 getestet werden.

4.1.6 Rohstoffaktien und besicherte Rohstoffterminkontrakte

Aktien von Unternehmen, die Rohstoffe produzieren oder handeln, bieten dem Investor einen zweifachen Zugang zu steigenden Rohstoffpreisen. Erstens werden die vom Unternehmen nachgewiesenen Reserven und somit auch das Unternehmen durch einen Preisanstieg(verfall) mehr (weniger) Wert; zweitens hängt der Cash Flow des Unternehmens direkt vom Rohstoffpreisniveau ab. Bhutani (2005) argumentiert, dass sich Rohstoffaktien langfristig besser entwickeln als Rohstoffpreise, da durch technischen Fortschritt sowie die Entdeckung und Ausbeutung neuer Ressourcen Unternehmen im Wert zunehmen. Exemplarisch vergleicht Bhutani die Entwicklung des Ölpreises von 1974 bis 2005 mit der Aktienkursentwicklung der größten börsennotierten Ölgesellschaft Exxon Mobil (4,8% p.a. vs. 9,3% p.a. ohne Dividenden). Desweiteren wird die Entwicklung des JP Morgan Industriemetall-Preisindex mit der Aktienkursentwicklung des größtes integrierten Minenunternehmens Rio Tinto im Zeitraum 1994 bis 2005 verglichen (5,3% p.a. vs. 6,6% p.a. ohne Dividenden)[76]. Verbunden mit dieser höheren Performance sei jedoch eine höhere Korrelation zum Aktienmarkt als zu Rohstoffpreisen festzustellen. Auch Gorden/Rouwenhorst (2005) wiesen auf die höhere Korrelation von Rohstoffaktien zum Aktienmarkt statt zu Rohstoffpreisen hin und begründeten dies mit unternehmensspezifischen Risiken sowie Absicherungsgeschäften der Unternehmen[77]. So lag die Korrelation von Rohstoffaktien mit dem S&P 500 im Zeitraum von 1963 bis 2003 bei 0,57; die Korrelation mit Rohstoff Termingeschäften jedoch nur bei 0,4. Darüber hinaus überstieg die kumulierte Performance von besicherten Rohstofftermingeschäften die der korrespondierenden Aktien. Auch nach Analysen von Georgiev (2001) sowie Schneeweis/Spurgin (1997) stehen die Erträge von Investitionen in Rohstoffaktien und -anleihen kaum in Zusammenhang mit Erträgen eines direkten Investments in Rohstoffe, da sich Firmen gegen Rohstoffpreisbewegungen absichern. Anhand von Renditepaaren von S&P GSCI Subindices und S&P (Aktien-)Subindices der Bereiche Landwirtschaft, Energie, Grundstoffe sowie Edelmetalle zeigt Georgiev (2001) im Zeitraum 1990 bis

[76] Bhutani (2005) verwendet für die Analysen des Rohstoffsektors jedoch Preisindices, die nur eingeschränkt den Ertrag von besicherten Rohstoffterminkontrakten widerspiegeln.

[77] Unternehmensspezifische Risiken betreffen beispielsweise das Management, Kostenstruktur, geographische Lage oder die Währungsentwicklung. Hedging als zweiter Faktor umschreibt, daß Unternehmen ihr Rohstoffexposure durch Terminkontrake absichern und somit nicht in vollem Ausmaß an Preisanstiegen partizipieren. Dazu kommt, daß die großen Minenkonzeren wie beispielsweise BHP Billiton oder Rio Tinto in einer Vielzahl von Aktivitäten engagiert sind. Dies umfasst z.B. Kohle, Erdöl, Industrie- und Edelmetalle sowie Randaktivitäten.

2001, dass besicherte Rohstofftermingeschäfte auf Sektorebene häufig einen positiven Ertrag liefern können, während sich die korrespondierenden Aktiensektoren negativ entwickeln. Schneeweis/Spurgin (1997b) konzentrieren ihre Analysen auf den Energiesektor und untersuchen die Korrelation von Energie-Terminkontrakten mit den Aktien von Öl- und Gasunternehmen, sowie mit dem breitem Aktienmarkt, Anleihen, Immobilien und der Inflationsrate. Außer in Perioden extremer Preisbewegungen bieten Investments wie Öl- und Gasunternehmen oder auf diese Unternehmen spezialisierte Fonds keine signifikante Korrelation mit Energiepreisbewegungen.

Eigene Ergebnisse

Untersucht wurde die Ertragsentwicklung und die Korrelation von Rohstoffen und den ihnen zugeordneten Aktiensektoren im Zeitraum 1990 bis 2007[78]; alle Indices wurden zum 31.12.1989 auf 100 Basispunkte normiert. Die Analyse bezieht sich auf drei Gruppen: Industriemetalle, Energien und Edelmetalle. Für die Korrelationsanalyse wurde als Kontrollgröße die reine Preisentwicklung von Rohstoffen anhand des S&P GSCI Spotpreis Index verwendet.

Im ersten Teil der Analyse wurde die Entwicklung des S&P 500 Materials Aktiensubindex mit dem S&P GSCI Industriemetallsubindex (TR) verglichen (vgl. Abb.36). Wie aus dem Kurvenverlauf deutlich wird entwickelten sich die Metallpreise zunächst gleichläufig mit dem Subindex des S&P 500 für Grundstoffe. Seit Anfang 2005 ging die Entwicklung jedoch deutlich auseinander; die besicherten Terminkontrakte auf Industriemetalle konnten sich seitdem deutlich positiver entwickeln.

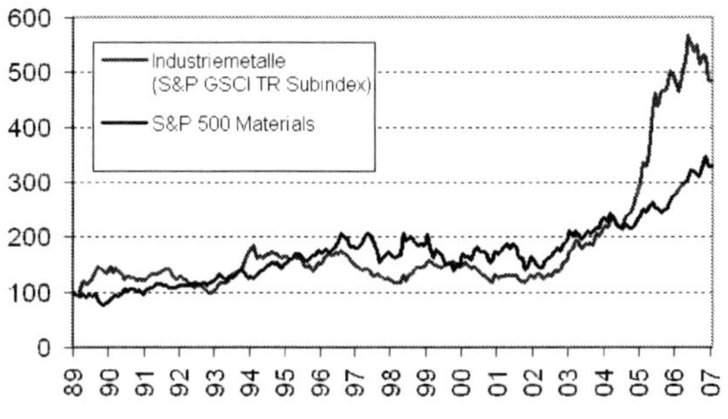

Abbildung 36: Industriemetalle und S&P 500 Materials

[78] Daten für die S&P Subsektoren sind erst ab 1989 verfügbar.

Im Zeitraum 1990 bis 2007 entwickelte sich der S&P GSCI Subindex für Industriemetalle im Durchschnitt mit 8,7% p.a. während der korrespondierende Aktiensektor (S&P 500 Materials) sich mit 6,6% p.a. deutlich schlechter entwickelte (vgl. Tabelle 11).

Performance p.a., 1990 bis 2007	
Industriemetalle (S&P GSCI TR Subindex)	8,7%
S&P 500 Materials	6,6%
Korrelation S&P 500 Materials mit	
Aktien (MSCI World)	0,66
Industriemetalle (S&P GSCI TR Subindex)	0,31
Rohstoffpreise (S&P GSCI Spot)	-0,00

Tabelle 11: Industriemetalle – Performance und Korrelation

Wie aus der Korrelationsberechnung deutlich wird, war die Entwicklung des S&P 500 Materials Subindex deutlich stärker (0,66) an die internationalen Aktienmärkte (MSCI World) gebunden als an die Wertentwicklung von besicherten Industriemetall-Terminkontrakten (0,31). Die Korrelation mit Rohstoffpreisen (S&P GSCI Spot) war nicht vorhanden (0,00).

Der zweite Teil der Analyse vergleicht die Entwicklung des S&P 500 Energie Aktiensubindex mit der Wertentwicklung von Rohöl in Form des S&P GSCI WTI (TR) Subindex. Die Wertentwicklung von Rohöl war seit Mitte der 90er Jahre deutlich volatiler als der korrespondierende Aktiensubsektor, und es fand eine deutliche Abkoppelung der Preise statt (vgl. Abb. 37).

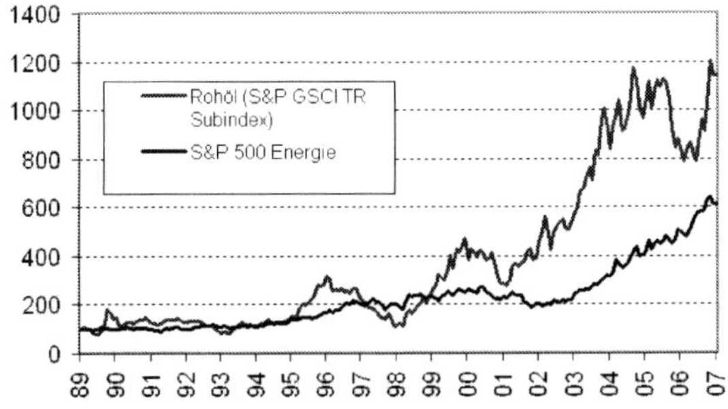

Abbildung 37: Rohöl und S&P 500 Energie

Der S&P 500 Subindex entwickelte sich im Untersuchungszeitraum mit 10,0% p.a. ebenfalls schwächer als die besicherte Rohöl-Terminkontrakte (13,5% p.a.). Die Korrelation des S&P 500 Energie-Subindex mit den internationalen Aktienmärkten (MSCI World) ist mit 0,55 ebenfalls deutlich höher als die mit der Wertentwicklung von Rohöl in Form des GSCI (TR) Subindexes (0,30) oder die mit Rohstoffpreisen in der Form des GSCI Spotpreis Index mit 0,42 (vgl. Tabelle 12).

Performance p.a., 1990 bis 2007	
Rohöl (S&P GSCI TR)	13,5%
S&P 500 Energie	10,0%
Korrelation S&P 500 Energie mit	
Aktien (MSCI World)	0,55
Rohöl (S&P GSCI TR)	0,30
Rohstoffpreise (S&P GSCI Spot)	0,42

Tabelle 12: Energie – Performance und Korrelation

Der dritte Teil der Analyse vergleicht die Performance von Gold- und Silberminen mit der Wertentwicklung des Goldpreises. Aufgrund der Datenlage[79] wird für die Aktienseite der Philadelphia Gold und Silber Aktienindex verwendet. Wie an Abb. 38 erkennbar, entwickelten sich Goldpreis und Goldminenaktien im Untersuchungszeitraum recht ähnlich.

[79] Der Amex Gold Bugs Index (HUI) wurde erst im März 1996 eingeführt und eignet sich deshalb nicht für eine längerfristige Analyse.

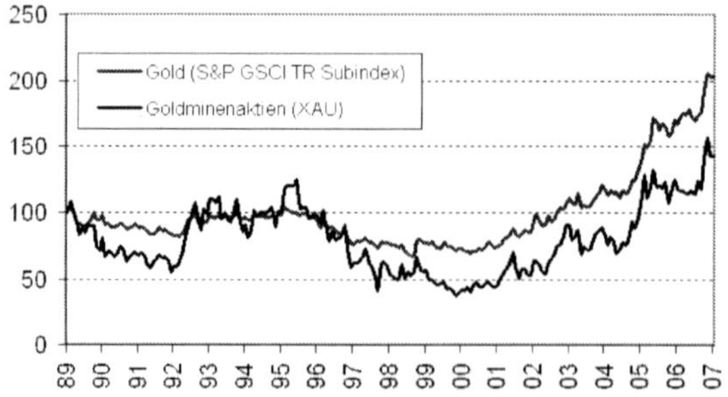

Abbildung 38: Gold und Goldminenaktien

Der Goldpreis stieg zwischen 1990 und 2007 im Durchschnitt um 3,9% p.a., während Goldminenaktien sich um rd. 2,0% p.a. verteuerten (vgl. Tabelle 13). Im Unterschied zu den beiden vorangehenden Analysen korrelierten Goldminenaktien deutlich stärker mit dem Goldpreis (0,73) als mit Rohstoffpreisen (0,33) und den internationalen Aktienmärkten (0,23). Vor diesem Hintergrund scheinen Goldminen ein Investmentvehikel zu sein, mit dem Investoren deutlich besser an der Entwicklung eines steigenden Goldpreises partizipieren können als dies in anderen Rohstoffbereichen möglich ist.

Performance p.a., 1990 bis 2007	
Gold (S&P GSCI TR Subindex)	3,9%
Goldminenaktien (XAU)	2,0%
Korrelation Goldminenaktien mit	
Aktien (MSCI World)	0,23
Gold (S&P GSCI TR Subindex)	0,73
Rohstoffpreise (S&P GSCI Spot)	0,33

Tabelle 13: Gold – Performance und Korrelation

Rohstoffaktien (S&P 500 Materials und S&P 500 Energie) korrelieren stärker mit den internationalen Aktienmärkten (MSCI World) als mit den zugrunde liegenden Rohstoffpreisen. Goldminenaktien bilden hiervon eine Ausnahme; deren Korrelation zum Goldpreis ist höher als die zu den Aktienmärkten. Für alle untersuchten Bereiche gilt: werden nicht die Rohstoffpreise sondern die besicherten Rohstoffterminkontrakte als Total Return (TR) Version analysiert, entwickelten sich Rohstoffe und Rohöl (WTI) in den vergangenen 17 Jahren besser als ihre korrespondierenden Aktiensubsektoren – auch der Goldpreis konnte sich leicht besser entwickeln als der Philadelphia Gold and Silver Aktienindex. Im direkten Vergleich zu Aktien ist es daher wichtig, nicht den Vergleich zu Rohstoffen oder Rohstoffpreisindices sondern zu besicherten Rohstoffterminkontrakten zu suchen. Aktien und Aktienfonds im Rohstoffsektor – mit Ausnahme von Goldminen – bieten somit also kein direktes Exposure zu steigenden Rohstoffpreisen.

Zwischenfazit

Die Analyse der Histogramme und Quantil-Quantil-Plots der Asset Klassen und von Rohöl und Gold zeigen leichte Abweichungen von der Normalverteilung bei Aktien und Rohstoffen. Auf Grundlage des Jaque Bera Hypothesentests sind unter der Irrtumswahrscheinlichkeit von 5% alle realisierten Renditen aus Investments in Aktien, Anleihen und Rohstoffen in der Form des S&P GSCI, Rohöl und Gold mit der Normalverteilungs-Hypothese vereinbar (Kapitel 4.1.1). Renditen und Volatilitäten von Rohstoffen (S&P GSCI) sind mit Aktien (MSCI World) vergleichbar – der Preis für Rohöl zeigte gegenüber Aktien eine deutlich höhere Volatilität. Die Korrelation der drei Rohstoffkomponenten S&P GSCI, Rohöl und Gold mit Anleihen lag unter 0,1, zu Aktien war die Korrelation zum Teil sogar negativ (Kapitel 4.1.2). Rohstoffe und Anleihen wiesen eine positiven Schiefekoeffizienten auf; die Erträge unterlagen einer für den Investor günstigen rechtsschiefen Verteilung. Aktien dagegen wiesen eine negative Schiefe auf, so dass bei gleichem Mittelwert und Varianz ein höheres Downside-Risiko bestand. Alle analysierten Zeitreihen wiesen eine leptokurtische Renditeverteilung in aufsteigender Rangfolge Anleihen, Aktien und Rohstoffe auf (Kapitel 4.1.3). Der Ertrag eines Investments in besicherte Rohstofftermingeschäfte ging über die reine Preisentwicklung von Rohstoffen hinaus – neben der Preiskomponente nahmen im Zeitverlauf die Komponenten Roll Erträge und Besicherungszinsen an Bedeutung zu. So stieg im Beobachtungszeitraum 1987 bis 2007 der S&P GSCI durchschnittlich um 11,2% p.a. während Rohstoffpreise im gleichen Zeitraum lediglich 8,0% p.a. stiegen (Kapitel 4.1.4). Die Ergebnisse aus Variance Ratio Analyse, Autokorrelationsanalyse sowie der Ergebnisse des Mean Reversion Preismodells induzieren, dass die Erträge eines Rohstoffinvestments in Form des S&P GSCI, Rohöl und Gold sowie Rohstoffpreisen einer größeren Tendenz zu Mean Reversion unterlagen als Aktien und Anleihen. Ein höherer Grad an Mean Reversion unterstellt, dass es gegenüber einer passiven Rohstoffallokation möglich sein sollte durch dynamische Allokationsregeln systematisch risikoadjustierte Überrenditen zu erzielen (Kapitel 4.1.5). Im Beobachtungszeitraum 1990 bis 2007 zeigten besicherte Rohstoffterminkontrakte in der Form des S&P GSCI Industriemetalle (TR), Energie (TR) und Gold (TR) einen höheren durchschnittlichen Ertrag als die korrespondierenden S&P Aktiensubsektoren Materials, Energie sowie Goldminenaktien. Ebenfalls war eine höhere Korrelation der Aktiensubsektoren mit den globalen Aktienmärkten (MSCI World) als mit den Rohstoffpreisen (S&P GSCI Spot) festzustellen. Eine Ausnahme bildeten Goldminen (Kapitel 4.1.6).

4.2 Rohstoffe als passiver Bestandteil der Asset Allokation

Im folgenden Kapitel 4.2 wurden die empirischen Eigenschaften von Rohstoffen in Form des S&P GSCI, Rohöl und Gold im Portfolio Modell genutzt und gezeigt, wie sich die Portfolio Eigenschaften durch die Aufnahme der Asset Klasse Rohstoffe verändern.

4.2.1 Historisches Minimum Varianz Portfolio und Tangentialportfolio

In diesem Kapitel wurde die Allokation zu Rohstoffen in der Form des S&P GSCI, Rohöl und Gold als strategischer (passiver) Teil der Asset Allokation analysiert. Hierfür wurden im Abschnitt 4.2.1.1 das varianzminimale Portfolio und das Tangentialportfolio in Bezug auf die traditionellen Asset Klassen Aktien und Anleihen hergeleitet und in Abschnitt 4.2.1.2 um die Asset Klasse Rohstoffe als dritte Anlagekategorie erweitert. Daraufhin wurde die Allokation zur Asset Klasse Rohstoffe in Bezug auf den Verlauf der Effizienzkurve im μ-σ-Raum untersucht (Abschnitt 4.2.1.3), und eine Sensitivitätsanalyse in Bezug auf die Kernparameter angestellt (Abschnitt 4.2.1.4).

4.2.1.1 Aktien und Anleihen

Im Rückgriff auf Kapitel 3.3.3 wurde analytisch anhand von 240 monatlichen Datensätzen das varianzminimale Portfolio sowie das Tangentialportfolio bestimmt (vgl. Tab.14). Aktien wiesen im Betrachtungszeitraum 12/1987 bis 12/2007 eine durchschnittliche Rendite von 7,8% p.a. bei einer durchschnittlichen Standardabweichung von 13,6% p.a. auf. Anleihen lagen in der gleichen Zeit bei einem durchschnittlichen Ertrag von 6,7% p.a. mit einer Standardabweichung von 6,1% p.a. Die durchschnittliche Korrelation dieser beiden Asset Klassen lag bei 0,23.

Minimum Varianz Portfolio (MVP)			Tangentialportfolio (T)		
Rendite (μ)	6,8%		Rendite (μ)	6,9%	
Std.Abw.(σ)	6,0%		Std.Abw.(σ)	6,1%	
Gewichtungen			Gewichtungen		
Aktien	10%		Aktien	19%	
Anleihen	90%	100%	Anleihen	81%	100%

Tabelle 14: Portfolio Optimierung – Aktien und Anleihen

Das Portfolio mit der kleinsten Varianz (MVP) bestand zu 90% aus globalen Anleihen und zu 10% aus globalen Aktienanlagen – es wurde eine durchschnittliche jährliche Rendite von 6,8% mit einer Standardabweichung von 6,0% realisiert. Die Rendite-Risiko-Struktur des Tangentialportfolios wich nur minimal vom varianzminimalen Portfolio ab. Der Aktienanteil stieg von 10% auf 19% während der korrespondierende Anteil globaler Anleihen von 90% auf 81% sank.

Analog zu den Ausführungen zu Rendite, Standardabweichung und Korrelation in Kapitel 4.1.2 wird nun der Beobachtungszeitraum 1987 bis 2007 in vier Subperioden (1987-1992, 1992-1997, 1997-2002, 2002-2007) zerlegt, um auf Basis der historischen Daten Sensitivitäten bzgl. des optimalen Aktien- und Anleihenanteils aufzuzeigen. Wird zuerst das Minimum Varianz Portfolio betrachtet und werden Leerverkäufe ausgeschlossen, so lag die optimale Aktienquote zwischen 0% und 34%. Die Spannweite der Rendite lag zwischen 4,6% und 9,3% per annum, die Spannweite der Varianz zwischen 4,7% und 6,3%. Wird das Tangentialportfolio betrachtet, so lag unter Ausschluss von Leerverkäufen die optimale Aktienquote zwischen 0% und 75%. Die Spannweite der durchschnittlich in den Subperioden realisierten Renditen und Standardabweichungen lag zwischen 6,2% und 24,9% p.a. (Rendite) bzw. zwischen 10,0% und 13,9% (Standardabweichung).

Beide Portfoliomodelle – Minimum Varianz Portfolio und Tangentialportfolio – werden im Folgenden um eine dritte Asset Klasse, Rohstoffe, erweitert.

4.2.1.2 Aktien, Anleihen und Rohstoffe

Die Einbeziehung von Rohstoffen in Form des S&P GSCI, Rohöl und Gold erweitert das lineare Optimierungsproblem von zwei auf drei Asset Klassen. Die im Folgenden durchgeführte Optimierung greift zurück auf die in Kapitel 3.3.3 eingeführte Matrixrechnung sowie die Optimierungsansätze zur Bestimmung des varianzminimalen Portfolios sowie des Tangentialportfolios. Die Ergebnisse der Optimierung sind in den Tab. 15 bis 17 dargestellt.

Minimum Varianz Portfolio (MVP)			Tangentialportfolio (T)		
Rendite (μ)	7,1%		Rendite (μ)	7,9%	
Std.Abw.(σ)	5,8%		Std.Abw.(σ)	6,6%	
Gewichtungen			**Gewichtungen**		
Aktien	10%		Aktien	18%	
Anleihen	82%		Anleihen	59%	
Rohstoffe (GSCI)	8%	100%	Rohstoffe (GSCI)	23%	100%

Tabelle 15: Portfolio Optimierung – Aktien, Anleihen und Rohstoffe (S&P GSCI)

In der ersten Fallstudie wurden die Auswirkung der Beimischung des S&P Goldman Sachs Commodity Index (S&P GSCI) zu globalen Aktien und Anleihen untersucht (vgl. Tab.15). Trotz der vergleichbar hohen Volatilität des S&P GSCI (19,0%) konnte durch eine strategische Allokation von 8% des S&P GSCI die Standardabweichung des Gesamtportfolios um 0,2% auf 5,8% gesenkt werden (Minimum Varianz Portfolio inkl. S&P GSCI). Die Allokation zu Aktien betrug 10%, der überwiegende Anteil (82%) war in Anleihen investiert. Im Tangentialportfolio stieg unter risikoadjustierten Renditegesichtspunkten im Vergleich zum MVP der Aktienanteil von 10% auf 18%, der Rohstoffanteil von 8% auf 23%. Hierdurch stieg die durchschnittliche jährliche Rendite auf 7,9%.

Analog zu Kapitel 4.1.2 wird der Beobachtungszeitraum 1987 bis 2007 in vier Subperioden (1987-1992, 1992-1997, 1997-2002, 2002-2007) zerlegt, um auf Basis der historischen Daten Sensitivitäten bzgl. des optimalen Aktien-, Anleihen- und Rohstoffanteils aufzuzeigen. Wird zuerst das Minimum Varianz Portfolio betrachtet und werden Leerverkäufe ausgeschlossen, so lag die optimale Aktienquote zwischen 0% und 33%; die optimale Rohstoffquote zwischen 2% und 16%. Die Spannweite der Rendite lag zwischen 4,6% und 10,3% per annum, die Spannweite der Standardabweichungen zwischen 4,6% und 6,0%. Wird nun das Tangential Portfolio betrachtet, so lag unter Ausschluss von Leerverkäufen die optimale Aktienquote zwischen 0% und 73%; die optimale Rohstoffquote zwischen 0% und 30%. Die Spannweite der durchschnittlich in den Subperioden realisierten Renditen und Standardabweichungen lag zwischen 10,4% und 13,9% p.a. (Rendite) bzw. zwischen 6,4% und 24,8% (Standardabweichung).

Die zweite Fallstudie analysiert die Beimischung von Energie in Form des S&P GSCI Rohöl TR Subindex (vgl. Tab.16). Das varianzminimale Portfolio bestand zu 11% aus weltweiten Aktien, zu 86% aus globalen Anleihen und zu 3% aus Rohöl. Im Tangentialportfolio stieg der Aktien- und Rohölanteil auf 21% bzw. 20% zulasten der Anleihenposition. Hierdurch konnte die durchschnittliche jährliche Rendite von 7,3% auf 9,9% gesteigert werden.

Minimum Varianz Portfolio (MVP)			**Tangentialportfolio (T)**		
Rendite (μ)	7,3%		Rendite (μ)	9,9%	
Std.Abw.(σ)	5,9%		Std.Abw.(σ)	8,2%	
Gewichtungen			**Gewichtungen**		
Aktien	11%		Aktien	21%	
Anleihen	86%		Anleihen	59%	
Rohöl	3%	100%	Rohöl	20%	100%

Tabelle 16: Portfolio Optimierung – Aktien, Anleihen und Rohstoffe (Rohöl)

Die Sensitivität dieser Ergebnisse wird analog zum vorigen Abschnitt anhand der Zerlegung des Gesamtzeitraums in vier Subperioden überprüft. Wird zuerst das Minimum Varianz Portfolio betrachtet und werden Leerverkäufe ausgeschlossen, so lag die optimale Aktienquote zwischen 0% und 34%; die optimale Beimischung von Rohöl zwischen 0% und 5%. Die Spannweite der Rendite lag zwischen 4,7% und 9,9% per annum, die Spannweite der Standardabweichungen zwischen 4,7% und 6,1%. Wird nun das Tangential Portfolio betrachtet, so lag unter Ausschluss von Leerverkäufen die optimale Aktienquote zwischen 0% und 73%; die optimale Beimischung von Rohöl zwischen 7% und 60%. Die Spannweite der durchschnittlich in den Subperioden realisierten Renditen und Standardabweichungen lag zwischen 10,3% und 22,3% p.a. (Rendite) bzw. zwischen 6,3% und 32,6% (Standardabweichung).

Die dritte Fallstudie bezieht sich auf eine strategische Allokation zu Gold in Form des GSCI Gold TR Subindex (vgl. Tab.17). Zur Minimierung der Varianz (MVP) bestand die Asset Klassen Allokation zu 10% aus Aktien, zu 80% aus Anleihen und zu 10% aus Gold. Dadurch wurde eine durchschnittliche Rendite von 6,5% p.a. bei einer jährlichen Standardabweichung von 5,8% erzielt. Im Tangentialportfolio würde ein Goldanteil von 22% leer verkauft, um zu 20% in globale Aktien und zu 102% in weltweite Anleihen zu investieren, was jedoch in dieser Analyse nicht berücksichtigt wurde (keine Leerverkäufe). Dieses Allokationsergebnis des Tangentialportfolios zeigt jedoch, dass Gold unter Rendite- sowie unter risikoadjustierten Rendite-Kriterien (Sharpe Ratio) nicht als strategisches Investment geeignet scheint, jedoch dazu beitragen kann, die Wertschwankungen eines Portfolios zu reduzieren (MVP).

Minimum Varianz Portfolio (MVP)			**Tangentialportfolio (T)**		
Rendite (μ)	6,5%		Rendite (μ)	6,9%	
Std.Abw.(σ)	5,8%		Std.Abw.(σ)	6,1%	
Gewichtungen			**Gewichtungen**		
Aktien	10%		Aktien	19%	
Anleihen	80%		Anleihen	81%	
Gold	10%	100%	Gold	0%	100%

Tabelle 17: Portfolio Optimierung – Aktien, Anleihen und Rohstoffe (Gold)

Werden die vier gleichlangen Subperioden des Gesamtbeobachtungszeitraums betrachtet, so lag die optimale Aktienquote des Minimum Varianz Portfolio (ohne Leerverkäufe) zwischen 0% und 34%; die optimale Beimischung von Gold zwischen 0% und 18%. Die Spannweite der Portfoliorendite lag zwischen 4,6% und 7,6% per annum, die Spannweite der Standardabweichung zwischen 4,4% und 6,0%. Wird nun das Tangentialportfolio betrachtet, so lag unter Ausschluss von Leerverkäufen die optimale Aktienquote zwischen 0% und 77%; die optimale Beimischung von Gold zwischen 0% und 26%. Die Spannweite der durchschnittlich in den Subperioden realisierten Renditen und Standardabweichungen lag zwischen 7,2% und 14,1% p.a. (Rendite) bzw. zwischen 6,2% und 8,5% (Standardabweichung).

Die realisierten monatlichen Renditen der strategischen Allokationen zu S&P GSCI, Rohöl und Gold im Rahmen des Minimum Varianz Portfolios und des Tangentialportfolios wurden mittels einfaktorieller ANOVA auf statistische Signifikanz getestet. Auf Basis aller Renditerealisierungen war $F_{krit} = 2{,}61 > F = 0{,}07$ und P-Wert = 0,9747 [MVP] und $F_{krit} = 2{,}61 > F = 0{,}77$ und P-Wert = 0,5090 [TP], somit war der Unterschied der erzielten Mittelwerte nicht signifikant. In einem zweiten Schritt wurden für das Minimum Varianz Portfolio und für das Tangentialportfolio Phasen positiver und negativer Renditerealisationen unterschieden. Auch für diese Phasen war kein signifikant über- oder unterdurchschnittlicher Anlageerfolg festzustellen.

Zusammenfassend kann bezogen auf den Gesamtbeobachtungszeitraum 1987 bis 2007 argumentiert werden, dass Rohstoffe in der Form von S&P GSCI und Rohöl die risikoadjustierte Performance von Portfolios verbesserten und in der strategischen Asset Allokation sowohl eine deutliche Allokation in einem varianzminimalen Portfolio sowie im Tangentialportfolio einnahmen. Gold hingegen war vor dem Hintergrund der historischen Daten des Betrachtungszeitraums nur dann ein effizienter Baustein der strategischen Asset Allokation, wenn es das Ziel war die Varianz des Portfolios zu minimieren. Aus der Zerlegung des Gesamtbeobachtungszeitraums in vier gleich lange Subperioden wurden die Sensitivitäten der Input Parameter überprüft. In jeder der vier Subperioden bildeten Rohstoffe (S&P GSCI) einen festen Bestandteil des Minimum Varianz Portfolios, dessen Rohstoffquote zwischen 2% und 16% lag; während im Tangentialportfolio unter dem Gesichtspunkt der maximalen risikoadjustierten Rendite die Rohstoffquote auch bei 0% liegen konnte. Rohöl und Gold eigneten sich nicht im gleichen Ausmaß zur Diversifikation wie ein breites Rohstoff Investment wie der S&P GSCI, diese beiden Komponenten nahmen sowohl im MVP als auch im TP zeitweise den Wert 0% an.

4.2.1.3 Auswirkungen auf die Effizienzkurve

Das Konzept der Effizienzkurve wurde in Kapitel 3.3.3.1 im Zusammenhang mit der Bildung effizienter Portfolios eingeführt. Die Auswirkungen einer Beimischung von Rohstoffen zu einer traditionellen Asset Allokation waren bereits Bestandteil einiger Untersuchungen[80]. Hier wird angeführt, dass Rohstoffe aufgrund ihrer finanzstatistischen Eigenschaften dazu beitragen können, das systematische Risiko der Aktien- und Anleihenmärkte, das innerhalb dieser Asset Klassen nicht weiter diversifizierbar ist, zu reduzieren. Dabei sei es unerheblich, ob Rohstoffe in der Form von besicherten Terminkontrakten für sich genommen ein sinnvolles Einzelinvestment darstellten, da der Vorteil dieser Anlagekategorie in der Kombination mit traditionellen Asset Klassen liege. Becker/Finnerty (2000) zeigen in der Datenperiode 1970 bis 1990, das eine Beimischung von Rohstoffen in Form des CRB Index und des S&P GSCI die Rendite/Risikoeigenschaften gemischter Aktien-Anleihen-Portfolios verbessert.

---

[80] Vgl. zu diesem Themenkomplex u.a. Jensen/Johnson/Mercer (2000), Gorton/Rouwenhorst (2005), Erb/Harvey (2006) und Kat/Oomen (2006a, 2006b).

Georgiev (2001) zeigt auf Basis von 6 Portfoliomodellen das ein 10% S&P GSCI Anteil zu einer maximalen Sharpe Ratio führt.

Die in dieser Arbeit verwendete empirische Effizienzkurve basiert auf den beiden Asset Klassen Aktien (MSCI World) und Anleihen (JPM Global Government Bonds) und ist in Abb.39 abgebildet. Der Möglichkeitenraum (Feasible Set) aller umsetzbaren Portfolios ist hellgrau dargestellt, die Linie aller effizienten Portfolios (oberer Ast) ist markiert.

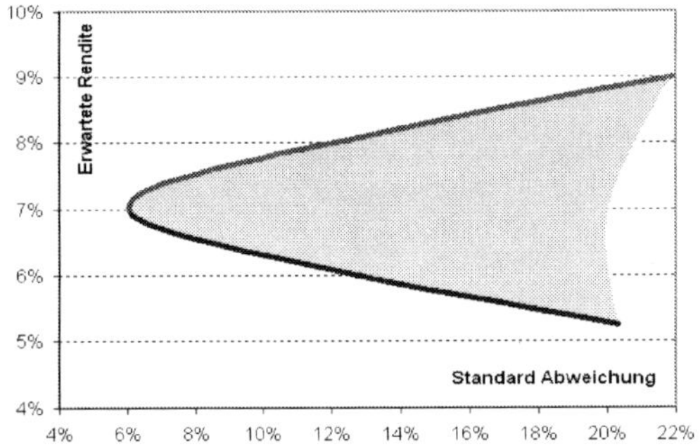

Abbildung 39: Effizienzkurve Aktien und Anleihen

Die Beimischung von Rohstoffen als dritte Anlagekategorie weitete den Möglichkeitenraum aus und führte zu einer Drehung der Effizienzkurve nach links außen (vgl. Abb. 40). Die Verschiebung nach außen ist für jeden Investor vorteilhaft unabhängig von Risikoneigung oder zugrunde liegender Nutzenfunktion.

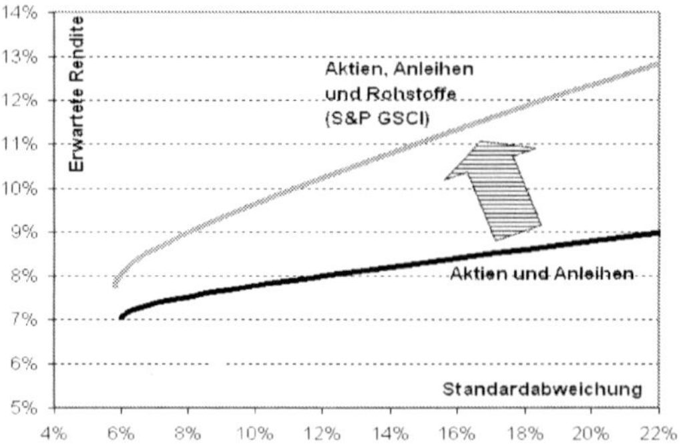

Abbildung 40: Effizienzkurve mit und ohne Rohstoffe (S&P GSCI)

Die Effizienzkurve des Aktien-Anleihen-Möglichkeitenraums (schwarz) wurde durch die neue Effizienzkurve des Aktien-Anleihen-Rohstoffe-Möglichkeitenraums (grau) eindeutig dominiert.

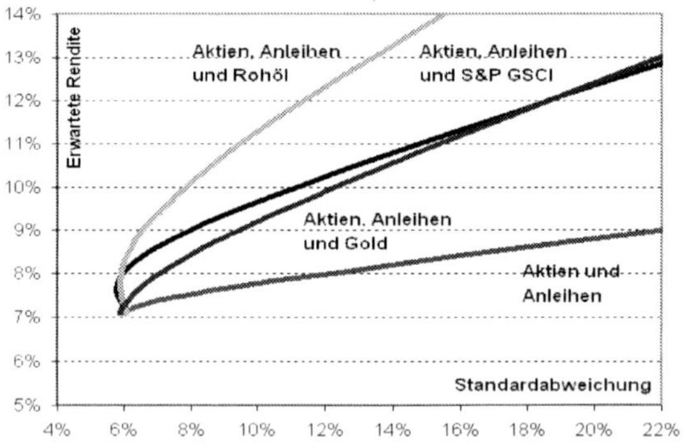

Abbildung 41: Effizienzkurve inkl. S&P GSCI, Rohöl und Gold

Wurden neben Rohstoffen in Form des S&P GSCI auch jeweils separat Rohöl und Gold in die Analyse einbezogen, sahen die Ergebnisse ähnlich aus (vgl. Abb. 41). Alle drei Effizienzkurven waren im Vergleich zur ursprünglichen Effizienzkurve um ihren Scheitelpunkt nach links außen gedreht, wobei die Effizienzkurve inkl. Rohöl am weitesten außen lag (hellgrau), gefolgt von der Effizienzkurve inkl. S&P GSCI (schwarz) und darunter erst die Effizienzkurve inkl. Gold (grau) lag.

4.2.1.4 Sensitivitätsanalyse

Im Rahmen der empirischen Analyse der Asset Klassen (Kapitel 4.1.2) wurde gezeigt welchen Schwankungen die Parameter Rendite, Standardabweichung und Korrelation bei Rohstoffen (S&P GSCI) inkl. Rohöl und Gold im Zeitverlauf unterliegen. Im Hinblick auf eine zukunftsgerichtete Investitionsentscheidung ist die Sensitivität der Allokation in Bezug auf die Veränderung der Input-Parameter von entscheidender Bedeutung. In einem ersten Schritt wurde der Beobachtungszeitraum 1987 bis 2007 in vier gleich lange Subperioden zerlegt, und die sich in diesen Subperioden ergebenen Input-Parameter für eine vergleichende Analyse verwendet (vgl. Kapitel 4.2.1.1 und 4.2.1.2).

An dieser Stelle wurde nun die Sensitivität der strategischen Rohstoff-Allokation (S&P GSCI) in Bezug auf eine Veränderung der Parameter Rendite und Korrelation anhand des Minimum-Varianz-Portfolios (MVP) und des Tangentialportfolios (TP) untersucht. In einem ersten Schritt wurde sowohl beim MVP und TP die empirische durchschnittliche Rendite des S&P GSCI TR in Schritten um jeweils 50 Basispunkte reduziert. Alle anderen Parameter wurden unverändert gelassen. Die graduelle Senkung der Rendite des S&P GSCI bis auf 4% beeinflusste die Allokation im Minimum Varianz Portfolio nicht (vgl. Abb.42). Hier waren die Korrelationseigenschaften der ausschlaggebende Faktor zur Minimierung der Portfoliovarianz.

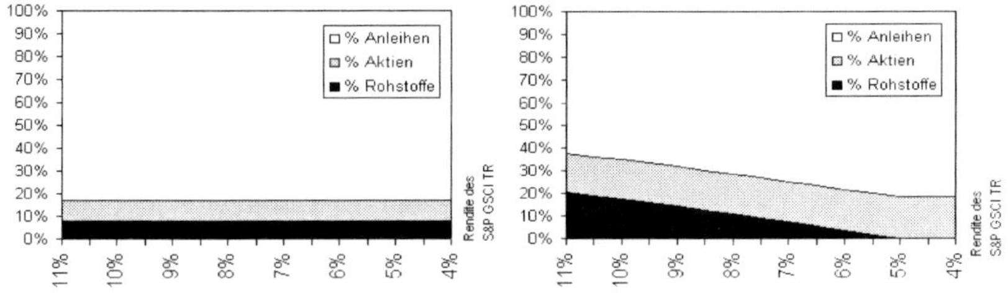

Abbildung 42: Variation der Renditen , MVP (links), TP (rechts)

Im Tangentialportfolio hingegen halbierte sich der Allokations-Anteil des S&P GSCI von 21% nach einer Reduzierung der unterstellten Rendite von 300 Basispunkten; ab einer Renditeerwartung von 5% für den S&P GSCI wurden Rohstoffe aus der Allokation ausgeschlossen (vgl. Abb.42). Es fand ein leichter Aufbau der Aktienquote statt; der überwiegende Anteil von 80% war im Anleihenbereich investiert.

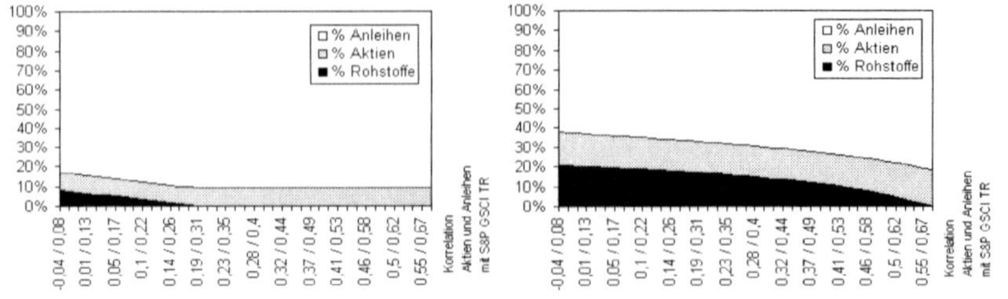

Abbildung 43: Variation der Korrelation , MVP (links), TP (rechts)

In einem zweiten Schritt wurden sowohl beim MVP und TP die durchschnittlichen empirischen Korrelationen des S&P GSCI TR von -0,02 zu Aktien und 0,1 zu Anleihen gleichzeitig um jeweils 0,015 bis auf ein Niveau von 0,56 (Aktien) und 0,68 (Anleihen) erhöht. Alle anderen Parameter wurden unverändert gelassen. Hierbei reagierte das MVP sensibel auf die Erhöhung der empirischen Korrelationseigenschaften (vgl. Abb.43). Die anfängliche Allokation von 7% der Anlagemittel auf den Rohstoffbereich verringert sich mit Zunahme der Korrelation des S&P GSCI zum Aktien- und Anleihenbereich und nimmt ab einer positiven Korrelation von 0,19 (Aktien) bzw. 0,31 (Anleihen) den Wert 0 an. Das Tangentialportfolio zeigt sich dagegen robuster gegenüber der Erhöhung des Gleichlaufs der Renditen: erst ab einem positivem Gleichlauf der S&P GSCI TR Renditen von 0,56 (Aktien) bzw. 0,68 (Anleihen) sinkt die optimale Rohstoff Allokation auf 0% (vgl. Abb.43).

Aufgrund der Annahme, dass die restlichen Parameter unverändert bleiben, sind die Ergebnisse nur eingeschränkt für die Asset Management Praxis aussagekräftig, aber dienen dem Verständnis der Sensitivitäten der Kern-Parameter. Eine wesentliche Unterscheidung bezüglich der Allokation zum Rohstoffbereich ist in der Zielsetzung des Investors – entweder Risikominimierung (MVP) oder Maximierung des risikoadjustierten Ertrages (TP) – zu suchen. Für eine strategische Asset Allokation, die sich am Minimum Varianz Portfolio orientiert, war der Parameter Korrelation des S&P GSCI zu Aktien und Anleihen von größerer Bedeutung als die Höhe der realisierten Rendite.

Zwischenfazit

Im Kapitel 4.2.1 wurde die Allokation zu Rohstoffen in der Form des S&P GSCI, Rohöl und Gold als strategischer (passiver) Teil der Asset Allokation analysiert. Hierfür wurden die Portfolio Modelle Minimum Varianz Portfolio und Tangentialportfolio im Möglichkeitenraum der Asset Klassen Aktien und Anleihen sowie Aktien, Anleihen und Rohstoffe betrachtet. Diese bestanden zu 90% (MVP) bzw. 81% (TP) aus globalen Anleihen und zu 10% (MVP) bzw. 19% (TP) aus globalen Aktien. Werden Rohstoffe (S&P GSCI) als dritte Asset Klasse dem Möglichkeitenraum hinzugefügt, so lag deren Allokation zwischen 7% (MVP) und 23% (TP). S&P GSCI und Rohöl bildeten bei beiden Portfolio Modellen einen deutlichen Allokations-Anteil, während Gold nur Baustein der strategischen Asset Allokation war, wenn das Ziel der Minimierung der Portfolio-Varianz verfolgt wurde. Durch Zerlegung des Gesamtzeitraums in vier gleich lange Subperioden wurde die Sensitivität der Allokationsentscheidung überprüft. Der Einbezug von Rohstoffen in Form des S&P GSCI, Rohöl und Gold als Teil der strategischen Asset Allokation bewirkt eine Verbesserung der Aktien-Anleihen-Effizienzkurve: alle drei Effizienzkurven waren im Vergleich zur ursprünglichen Effizienzkurve um ihren Scheitelpunkt nach links außen gedreht, wobei die Effizienzkurve inkl. Rohöl am weitesten außen lag, gefolgt von der Effizienzkurve inkl. S&P GSCI und die Effizienzkurve inkl. Gold. Um die Sensitivität der strategischen Rohstoff Allokation (S&P GSCI) in Bezug auf die Kern-Parameter Rendite und Korrelation zu untersuchen, wurde deren empirischer Durchschnittswert schrittweise reduziert (Rendite) bzw. erhöht (Korrelation) und die Auswirkungen getrennt (ceteris paribus) analysiert.

4.2.2 Variation des Rohstoffanteils bei bestehenden Portfolio-Modellen

Im Folgenden wird auf die in Kapitel 3.3.4.5 eingeführten Portfolio Modelle Substanz, Einkommen, Balance, Wachstum und Dynamik zurückgegriffen, denen im Rahmen der strategischen Asset Allokation unterschiedlich festgelegte Asset Klassen Gewichte zugewiesen sind (vgl. Tab.1 in Kapitel 3.3.4.5). Unterstellt man ein monatliches Rebalancing der Asset Klassen Gewichtungen, ergeben sich für diese fünf Portfoliomodelle im Zeitraum 12/1987 bis 12/2007 folgende Charakteristika (Tab.18):

	Substanz		Einkommen		Balance		Wachstum		Dynamik	
Rendite, p.a.	6,9%		7,1%		7,4%		7,8%		8,0%	
Min./max. monatl. Rendite	-4,2%	5,2%	-3,6%	5,5%	-6,1%	7,4%	-11,7%	9,2%	-16,2%	11,0%
Std.Abweichung, p.a.	5,9%		6,1%		8,1%		11,0%		13,5%	
Schiefe/Kurtosis	0,21	0,08	0,12	0,07	-0,12	0,33	-0,43	1,09	-0,60	1,64
ann. Sharpe Ratio	1,48		1,55		1,30		1,06		0,93	

Tabelle 18: Ergebnisse Portfolio Modelle

Untersucht wurde eine Variation des prozentualen strategischen Rohstoffanteils in Form des S&P GSCI, Gold und Rohöls im Vergleich zum jeweiligen Grundmodell ohne Rohstoffe. Für jeden diskreten prozentualen Änderungsschritt der Portfoliomodell-Allokation wurde die Auswirkung auf die historischen Daten im zu untersuchenden Zeitraum auf Rendite, Standardabweichung, Schiefe, Kurtosis, minimale und maximale monatliche Rendite sowie Sharpe Ratio analysiert. Unterstellt wurde hierbei wiederum ein monatliches Rebalancing der Gewichtungen. Der zu variierende Rohstoffanteil wurde zu gleichen Teilen unter Berücksichtigung der relativen Gewichtungen der restlichen Asset Klassen zu Lasten von Aktien und Anleihen finanziert.

Auf Grundlage einer maximalen Sharpe Ratio (vgl. Kapitel 3.3.3.3) bzw. einer minimalen Standardabweichung p.a. (vgl. Kapitel 3.3.3.2), für den Fall des Fehlens eines lokalen Maximums der risikoadjustierter Performance, wurden optimale Allokationsgewichtungen für Rohstoffe in Form des S&P GSCI, Gold und Rohöl bestimmt. Im Rückblick auf Kapitel 3.3.3 wird darüber hinaus der Einfluss der Korrelationseigenschaften von Rohstoffen durch die Berechnung des Diversifikationsvorteils berücksichtigt.

4.2.2.1 Substanz-Modell

Das Portfoliomodell (PM) Substanz setzt sich zu 95% aus weltweiten Anleihen und zu 5% Liquidität zusammen. Im Zeitraum von 12/1987 bis 12/2007 lag die durchschnittliche Wertentwicklung bei 6,9% p.a. bei einer Standardabweichung von 5,9%. Die Abbildungen 44 und 45 zeigen die schrittweise Erhöhung des Rohstoff-Anteils in Form des S&P GSCI, Rohöl und Gold um je 5%-Punkte zu Lasten des Anleihen-Anteils des Portfolios, sowie die damit verbundenen Auswirkungen auf Rendite, Standardabweichung (linke Achse) und Sharpe Ratio (rechte Achse). Der Liquiditäts-Anteil blieb während des Prozesses unverändert.

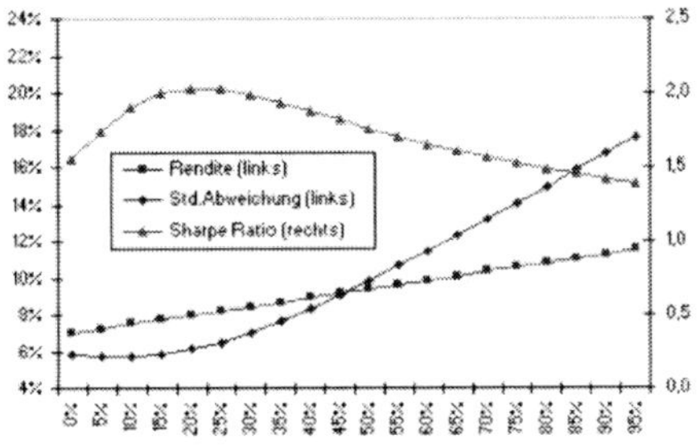

Abbildung 44: Variation des Rohstoffanteils (Substanz): S&P GSCI

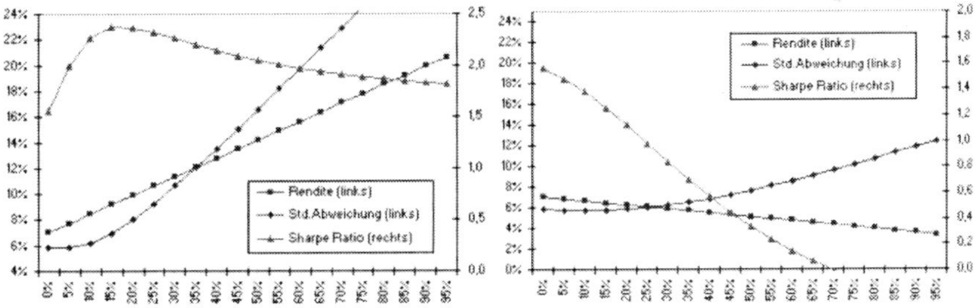

Abbildung 45: Variation des Rohstoffanteils (Substanz): Rohöl (li.), Gold (re.)

Die Portfolio-Rendite stieg mit zunehmenden S&P GSCI Anteil kontinuierlich an, die Portfolio-Volatilität war zuerst leicht rückläufig, bevor sie kontinuierlich anstieg. Den Verlauf der Sharpe Ratio beschreibt eine Hyperbel, deren analytisches Maximum bei einem S&P GSCI Anteil von 22% lag. An diesem Punkt der optimalen risikoadjustierten Portfoliorendite lag die Portfolio Rendite bei 7,8% und die Standardabweichung des Portfolios bei 6,4%. Eine Beimischung von Energie in Form von Rohöl (S&P GSCI Rohöl TR Index) führte zu vergleichbaren Ergebnissen: eine optimale Sharpe Ratio war bei einem Rohöl-Anteil von 17% erreicht. Die Portfolio-Rendite und –Standardabweichung lagen bei diesem Allokationsanteil bei 9,2% sowie 7,4%. Die Beimischung einer physischen Gold Komponente in Form des S&P GSCI Gold TR Index führte zu keiner Verbesserung der Portfolio-Rendite, jedoch war ein leichter

Rückgang der Portfolio-Volatilität zu beobachten. Im Betrachtungszeitraum war eine minimale Standardabweichung auf Portfolioebene bei einem Goldanteil von 11% erreicht – bei dieser Allokation betrugen Rendite und Standardabweichung auf Portfolioebene 6,4% und 5,7%. Diese Verbesserung war aber unter risikoadjustierter Betrachtung nicht effizient: die Sharpe Ratio sank mit jedem Anstieg der Goldallokation. Die Ergebnisse der strategischen Allokationen zu S&P GSCI, Rohöl und Gold innerhalb des Substanz-Modells wurden mittels einfaktorieller ANOVA auf statistische Signifikanz getestet. Auf Basis aller Renditerealisierungen war $F_{krit} = 2{,}61 > F = 0{,}82$ und P-Wert = 0,4815, somit war der Unterschied der Mittelwerte nicht signifikant.

	B_0		22% S&P GSCI		Δ	11% Gold		Δ	17% Rohöl		Δ
Rendite, p.a.	6,9%		7,8%		0,9%	6,4%		-0,5%	9,2%		2,3%
Min./Max. monatl. Rendite	-4,2%	5,2%	-3,6%	6,0%	-	-4,8%	5,1%	-	-4,8%	9,1%	-
Std.Abweichung, p.a.	5,9%		6,4%		0,5%	5,7%		-0,2%	7,4%		1,6%
Schiefe/Kurtosis	0,21	0,08	0,12	-0,09	-	0,18	0,28	-	0,33	0,46	-
ann. Sharpe Ratio	1,48		1,86		0,38	1,22		-0,26	2,23		0,75

Tabelle 19: Modell 1 - Substanz

Die Ergebnisse des Optimierungsprozesses in Bezug auf die Beimischung der drei Rohstoffkomponenten sind in Tab.19 dargestellt. Der Portfolio-Diversifizierungsvorteil durch eine Beimischung von S&P GSCI (22%), Gold (11%) und Rohöl (17%) betrug 2,4%, 1,0% und 3,0%.

4.2.2.2 Einkommen-Modell

Das Modell Einkommen setzt sich zu 70% aus weltweiten Anleihen, zu 20% aus weltweiten Aktien, und zu 5% aus Liquidität zusammen. Im Zeitraum von 12/1987 bis 12/2007 lag die durchschnittliche Wertentwicklung bei 7,1% p.a. bei einer Standardabweichung von 6,1%. Die Abbildungen 46 und 47 zeigen die schrittweise Erhöhung des Rohstoff-Anteils in Form von S&P GSCI, Rohöl und Gold um je 5%-Punkte zu Lasten des Aktien- und Anleihen-Anteils des Portfolios, und die damit verbundenen Auswirkungen auf Rendite und Standardabweichung (linke Achse) sowie Sharpe Ratio (rechte Achse). Der Liquiditäts-Anteil blieb während des Prozesses unverändert.

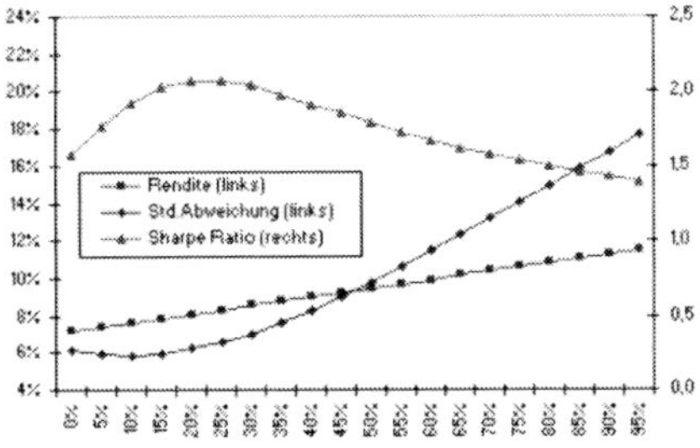

Abbildung 46: Variation des Rohstoffanteils (Einkommen): S&P GSCI

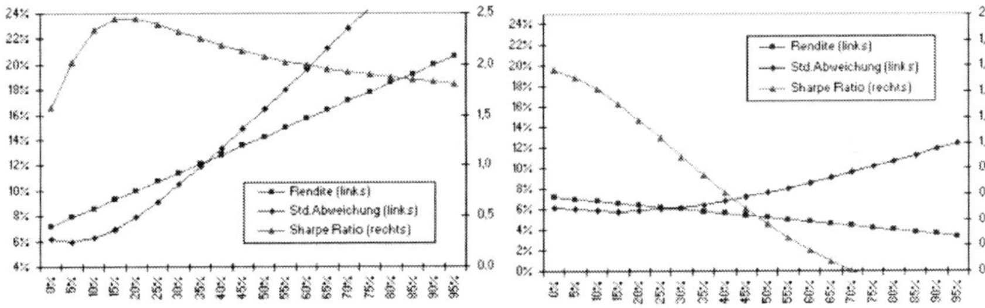

Abbildung 47: Variation des Rohstoffanteils (Einkommen): Rohöl (li.), Gold (re.)

Die Portfolio-Rendite stieg mit zunehmendem Anteil des S&P GSCI kontinuierlich an, die Portfolio-Volatilität war zuerst leicht rückläufig, bevor sie kontinuierlich anstieg. Den Verlauf der Sharpe Ratio beschreibt eine Hyperbel, deren Maximum bei einem S&P GSCI Anteil von 23% lag. An diesem Punkt der optimalen risikoadjustierten Portfoliorendite lag die Portfolio Rendite bei 8,1% und die Standardabweichung des Portfolios bei 6,4%. Eine Beimischung von Energie in Form von Rohöl (S&P GSCI Rohöl TR Index) führte zu vergleichbaren Ergebnissen: eine optimale Sharpe Ratio war bei einem Rohöl-Anteil von 17% erreicht (Abb.47). Die Portfolio-Rendite und – Standardabweichung lagen bei diesem Allokationsanteil bei 9,5% sowie 7,4%. Die Beimischung einer physischen Gold Komponente in Form des S&P GSCI Gold TR Index führte zu keiner Verbesserung der Portfolio-Rendite, jedoch war ein leichter Rückgang der Portfolio-Volatilität zu beobachten. Im Betrachtungszeitraum war eine minimale Standardabweichung auf Portfolioebene bei einem Goldanteil von 11% erreicht – bei dieser Allokation betrug die Rendite und Standardabweichung auf Portfolioebene 6,7% und 5,7%. Diese Verbesserung war aber unter risikoadjustierter Betrachtung nicht effizient: die Sharpe Ratio sank mit jedem Anstieg der Goldallokation. Die Ergebnisse der strategischen Allokationen zu S&P GSCI, Rohöl und Gold innerhalb des Einkommen-Modells wurden mittels einfaktorieller ANOVA auf statistische Signifikanz getestet. Auf Basis aller Renditerealisierungen war $F_{krit} = 2,61 > F = 0,74$ und P-Wert = 0,5257, somit war der Unterschied der Mittelwerte nicht signifikant.

	B_0		23% S&P GSCI		Δ	11% Gold		Δ	17% Rohöl		Δ
Rendite, p.a.	7,1%		8,1%		1,0%	6,7%		-0,4%	9,5%		2,4%
Min./Max. monatl. Rendite	-3,6%	5,5%	-3,8%	5,5%	-	-4,3%	4,7%	-	-3,9%	7,3%	-
Std.Abweichung, p.a.	6,1%		6,4%		0,4%	5,7%		-0,3%	7,4%		1,3%
Schiefe/Kurtosis	0,12	0,07	-0,01	-0,25	-	0,04	0,00	-	0,11	-0,19	-
ann. Sharpe Ratio	1,55		2,01		0,46	1,37		-0,18	2,39		0,84

Tabelle 20: Modell 2 - Einkommen

Die Ergebnisse des Optimierungsprozesses in Bezug auf die Beimischung der drei Rohstoffkomponenten sind in Tab.20 dargestellt. Der Portfolio-Diversifizierungsvorteil durch eine Beimischung von S&P GSCI (23%), Gold (11%) und Rohöl (17%) betrug 3,9%, 2,6% und 4,8%.

4.2.2.3 Balance-Modell

Das Modell Balance setzt sich zu 50% aus weltweiten Aktien, zu 45% aus weltweiten Anleihen, und zu 5% aus Liquidität zusammen. Im Zeitraum von 12/1987 bis 12/2007 lag die durchschnittliche Wertentwicklung bei 7,4% p.a. bei einer Standardabweichung von 8,1%. Die Abbildungen 48 und 49 zeigen die schrittweise Erhöhung des Rohstoff-Anteils in Form von S&P GSCI, Rohöl und Gold um je 5%-Punkte zu Lasten des Aktien- und Anleihen-Anteils des Portfolios, und die damit verbundenen Auswirkungen auf Rendite und Standardabweichung (linke Achse) sowie Sharpe Ratio (rechte Achse). Der Liquiditäts-Anteil blieb während des Prozesses unverändert.

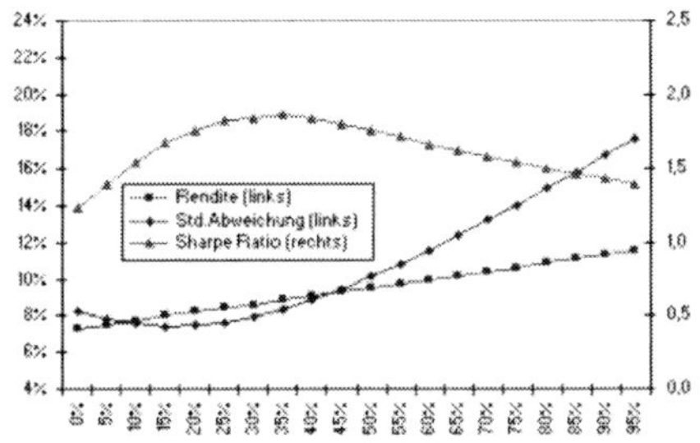

Abbildung 48: Variation des Rohstoffanteils (Balance): S&P GSCI

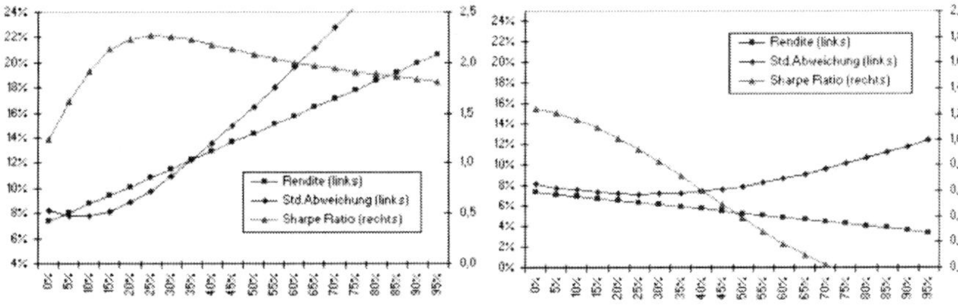

Abbildung 49: Variation des Rohstoffanteils (Balance): Rohöl (li.), Gold (re.)

Die Portfolio-Rendite stieg mit zunehmenden S&P GSCI Anteil kontinuierlich an, und die Portfolio-Volatilität war zuerst leicht rückläufig, bevor sie kontinuierlich anstieg. Den Verlauf der Sharpe Ratio beschreibt eine Hyperbel, deren Maximum bei einem S&P GSCI Anteil von 33% lag. An diesem Punkt der optimalen risikoadjustierten Portfoliorendite lag die Portfolio Rendite bei 8,5% und die Standardabweichung des Portfolios bei 8,3%. Eine Beimischung von Energie in Form von Rohöl (S&P GSCI Rohöl TR Index) führte zu vergleichbaren Ergebnissen: eine optimale Sharpe Ratio war bei einem Rohöl-Anteil von 26% erreicht (Abb.49). Die Portfolio-Rendite und – Standardabweichung lag bei diesem Allokationsanteil bei 11% sowie 10%. Die Beimischung einer physischen Gold Komponente in Form des S&P GSCI Gold TR Index führte zu keiner Verbesserung der Portfolio-Rendite, jedoch war ein leichter Rückgang der Portfolio-Volatilität zu beobachten. Im Betrachtungszeitraum war eine minimale Standardabweichung auf Portfolioebene bei einem Goldanteil von 26% erreicht – bei dieser Allokation betrug die Rendite und Standardabweichung auf

Portfolioebene 6,3% und 7,1%. Diese Verbesserung war aber unter risikoadjustierter Betrachtung nicht effizient: die Sharpe Ratio sank mit jedem Anstieg der Goldallokation. Die Ergebnisse der strategischen Allokationen zu S&P GSCI, Rohöl und Gold innerhalb des Balance-Modells wurden mittels einfaktorieller ANOVA auf statistische Signifikanz getestet. Auf Basis aller Renditerealisierungen war $F_{krit} = 2{,}61 > F = 1{,}17$ und P-Wert = 0,3187, somit war der Unterschied der Mittelwerte nicht signifikant.

	B_0		33% S&P GSCI		Δ	26% Gold		Δ	26% Rohöl		Δ
Rendite, p.a.	7,4%		8,5%		1,1%	6,3%		-1,1%	11,0%		3,5%
Min./Max. monatl. Rendite	-6,1%	7,4%	-6,3%	7,0%	-	-4,9%	5,3%	-	-6,7%	11,1%	-
Std.Abweichung, p.a.	8,1%		8,2%		0,2%	7,1%		-1,0%	10,0%		1,9%
Schiefe/Kurtosis	-0,12	0,33	-0,06	0,02	-	-0,051	-0,141	-	0,12	0,07	-
ann. Sharpe Ratio	1,30		1,74		0,44	0,95		-0,35	2,27		0,97

Tabelle 21: Modell 3 – Balance

Die Ergebnisse des Optimierungsprozesses in Bezug auf die Beimischung der drei Rohstoffkomponenten sind in Tab.21 dargestellt. Der Portfolio-Diversifizierungsvorteil durch eine Beimischung von S&P GSCI (33%), Gold (26%) und Rohöl (26%) betrug 4,6%, 3,6% und 5,8%.

4.2.2.4 Wachstum-Modell

Das Modell Wachstum setzt sich zu 75% aus weltweiten Aktien, zu 20% aus weltweiten Anleihen, und zu 5% aus Liquidität zusammen. Im Zeitraum von 12/1987 bis 12/2007 lag die durchschnittliche Wertentwicklung bei 7,8% p.a. bei einer Standardabweichung von 11,0%. Die Abbildungen 50 und 51 zeigen die schrittweise Erhöhung des Rohstoff-Anteils in Form von S&P GSCI, Rohöl und Gold um je 5%-Punkte zu Lasten des Aktien- und Anleihen-Anteils des Portfolios, und die damit verbundenen Auswirkungen auf Rendite und Standardabweichung (linke Achse) sowie Sharpe Ratio (rechte Achse). Der Liquiditäts-Anteil blieb während des Prozesses unverändert.

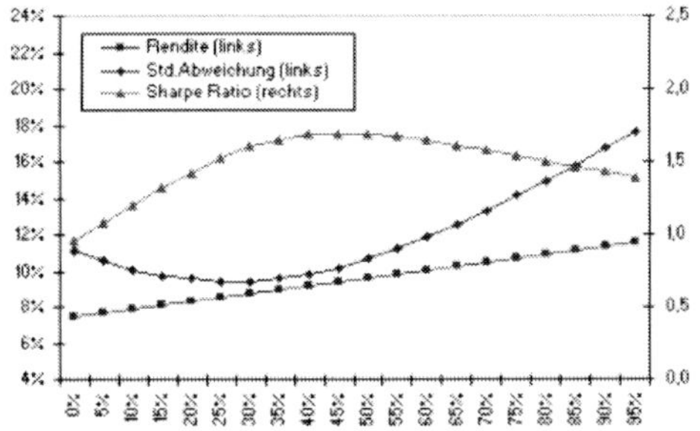

Abbildung 50: Variation des Rohstoffanteils (Wachstum): S&P GSCI

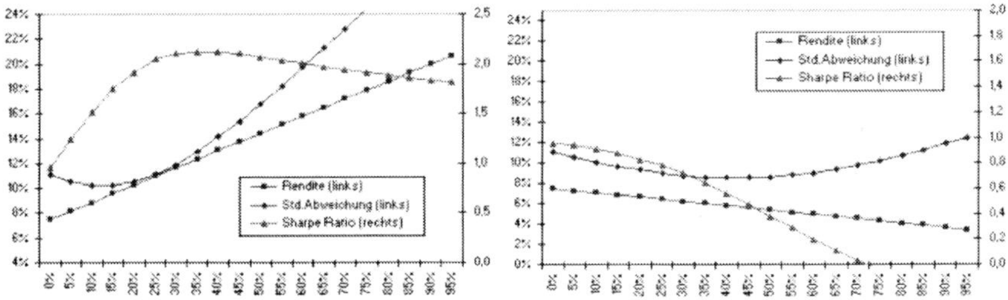

Abbildung 51: Variation des Rohstoffanteils (Wachstum): Rohöl (li.), Gold (re.)

Die Portfolio-Rendite stieg mit zunehmendem Anteil des S&P GSCI kontinuierlich an, die Portfolio-Volatilität war zuerst leicht rückläufig, bevor sie kontinuierlich anstieg. Den Verlauf der Sharpe Ratio beschreibt eine Hyperbel, deren Maximum bei einem S&P GSCI Anteil von 48% lag. An diesem Punkt der optimalen risikoadjustierten Portfoliorendite lag die Portfolio Rendite bei 9,6% und die Standardabweichung des Portfolios bei 10,5%. Eine Beimischung von Energie in Form von Rohöl (S&P GSCI Rohöl TR Index) führte zu vergleichbaren Ergebnissen: eine optimale Sharpe Ratio war bei einem Rohöl-Anteil von 38% erreicht (Abb.51). Die Portfolio-Rendite und –Standardabweichung lagen bei diesem Allokationsanteil bei 12,8% sowie 13,6%. Die Beimischung einer physischen Gold Komponente in Form des S&P GSCI Gold TR Index führte zu keiner Verbesserung der Portfolio-Rendite, jedoch war ein leichter Rückgang der Portfolio-Volatilität zu beobachten. Im Betrachtungszeitraum war eine minimale Standardabweichung auf Portfolioebene bei einem Goldanteil von 47% erreicht – bei dieser Allokation betrug die Rendite und Standardabweichung auf

Portfolioebene 5,6% und 8,5%. Diese Verbesserung war aber unter risikoadjustierter Betrachtung nicht effizient: die Sharpe Ratio sank mit jedem Anstieg der Goldallokation. Die Ergebnisse der strategischen Allokationen zu S&P GSCI, Rohöl und Gold innerhalb des Wachstum-Modells wurden mittels einfaktorieller ANOVA auf statistische Signifikanz getestet. Auf Basis aller Renditerealisierungen war $F_{krit} = 2{,}61 > F = 1{,}58$ und P-Wert = 0,1924, somit war der Unterschied der Mittelwerte nicht signifikant.

	B_0		48% S&P GSCI		Δ	47% Gold		Δ	38% Rohöl		Δ
Rendite, p.a.	7,8%		9,6%		1,8%	5,6%		-2,1%	12,8%		5,0%
Min./Max. monatl. Rendite	-11,7%	9,2%	-8,5%	9,6%	-	-6,8%	7,1%	-	-9,4%	15,8%	-
Std.Abweichung, p.a.	11,0%		10,5%		-0,5%	8,5%		-2,5%	13,6%		2,6%
Schiefe/Kurtosis	-0,43	1,09	-0,02	0,23	-	0,06	0,20	-	0,22	0,42	-
ann. Sharpe Ratio	1,06		1,71		0,65	0,50		-0,56	2,14		1,08

Tabelle 22: Modell 4 – Wachstum

Die Ergebnisse des Optimierungsprozesses in Bezug auf die Beimischung der drei Rohstoffkomponenten sind in Tab.22 dargestellt. Der Portfolio-Diversifizierungsvorteil durch eine Beimischung von S&P GSCI (48%), Gold (47%) und Rohöl (38%) betrug 4,5%, 3,8% und 6,1%.

4.2.2.5 Dynamik-Modell

Das Modell Dynamik setzt sich ausschließlich aus weltweiten Aktien (95%) und zu 5% aus Liquidität zusammen. Im Zeitraum von 12/1987 bis 12/2007 lag die durchschnittliche Wertentwicklung bei 8,0% p.a. bei einer Standardabweichung von 13,5%. Die Abbildungen 52 und 53 zeigen die schrittweise Erhöhung des Rohstoff-Anteils in Form von S&P GSCI, Rohöl und Gold um je 5%-Punkte zu Lasten des Aktien-Anteils des Portfolios, und die damit verbundenen Auswirkungen auf Rendite und Standardabweichung (linke Achse) sowie Sharpe Ratio (rechte Achse). Der Liquiditäts-Anteil blieb während des Prozesses unverändert.

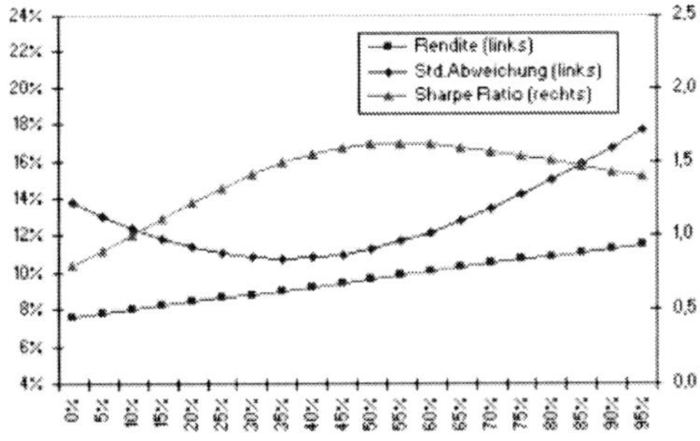

Abbildung 52: Variation des Rohstoffanteils (Dynamik): S&P GSCI

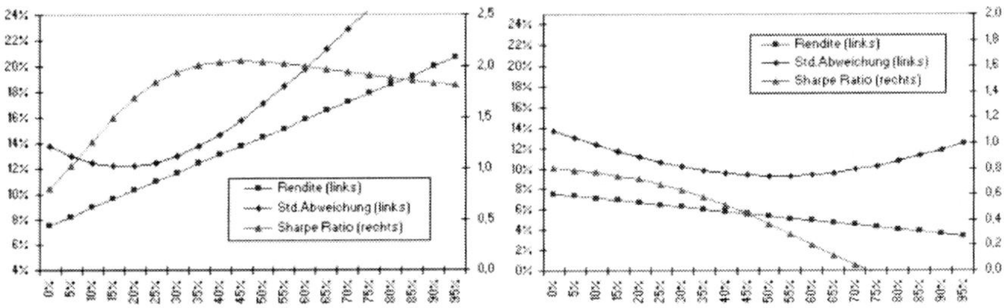

Abbildung 53: Variation des Rohstoffanteils (Dynamik): Rohöl (li.), Gold (re.)

Die Portfolio-Rendite stieg mit zunehmendem Anteil des S&P GSCI kontinuierlich an und die Portfolio-Volatilität war zuerst leicht rückläufig, bevor sie kontinuierlich anstieg. Den Verlauf der Sharpe Ratio beschreibt eine Hyperbel, deren Maximum bei einem S&P GSCI Anteil von 54% lag. An diesem Punkt der optimalen risikoadjustierten Portfoliorendite lag die Portfolio Rendite bei 9,9% und die Standardabweichung des Portfolios bei 11,7%. Eine Beimischung von Energie in Form von Rohöl (S&P GSCI Rohöl TR Index) führte zu vergleichbaren Ergebnissen: eine optimale Sharpe Ratio ist bei einem Rohöl-Anteil von 44% erreicht (Abb.53). Die Portfolio-Rendite und –Standardabweichung lagen bei diesem Allokationsanteil bei 13,7% sowie 15,6%. Die Beimischung einer physischen Gold Komponente in Form des S&P GSCI Gold TR Index führte zu keiner Verbesserung der Portfolio-Rendite, jedoch war ein leichter Rückgang der Portfolio-Volatilität zu beobachten. Im Betrachtungszeitraum war eine minimale Standardabweichung auf Portfolioebene bei einem Goldanteil von 52% erreicht – bei dieser Allokation betrug die Rendite und Standardabweichung auf Portfolioebene 5,5% und 9,3%. Diese Verbesserung war aber unter risikoadjustierter Betrachtung nicht effizient: die Sharpe Ratio sank mit jedem Anstieg der Goldallokation. Die Ergebnisse der strategischen Allokationen zu S&P GSCI, Rohöl und Gold innerhalb des Dynamik-Modells wurden mittels einfaktorieller ANOVA auf statistische Signifikanz getestet. Auf Basis aller Renditerealisierungen war $F_{krit} = 2{,}61 > F = 1{,}55$ und P-Wert = 0,1997, somit war der Unterschied der Mittelwerte nicht signifikant.

	B_0		54% S&P GSCI		Δ	52% Gold		Δ	44% Rohöl		Δ
Rendite, p.a.	8,0%		9,9%		1,9%	5,5%		-2,5%	13,7%		5,7%
Min./Max. monatl. Rendite	-16,2%	11,0%	-9,6%	10,8%	-	-7,7%	7,7%	-	-10,9%	18,2%	-
Std.Abweichung, p.a.	13,5%		11,7%		-1,9%	9,3%		-4,3%	15,6%		2,0%
Schiefe/Kurtosis	-0,60	1,64	-0,02	0,30	-	0,03	0,29	-	0,24	0,52	-
ann. Sharpe Ratio	0,93		1,65		0,72	0,42		-0,51	2,08		1,15

Tabelle 23: Modell 5 – Dynamik

Die Ergebnisse des Optimierungsprozesses in Bezug auf die Beimischung der drei Rohstoffkomponenten sind in Tab.23 dargestellt. Der Portfolio-Diversifizierungsvorteil durch eine Beimischung von S&P GSCI (54%), Gold (52%) und Rohöl (44%) betrug 4,4%, 3,8% und 6,2%.

4.2.2.6 Zusammenfassung

Auf Grundlage der fünf vorgestellten Portfoliomodelle, deren Asset Klassen Gewichtungen im Rahmen der strategischen Asset Allokation festgelegt wurden (vgl. Kapitel 3.3.4.5), wurden Rohstoffe in der Form von S&P GSCI, Rohöl und Gold zu proportionalen Anteilen zu Lasten des Aktien- und Anleihenanteils beigemischt (vgl. auch Anhang 4.2.2).

S&P GSCI[1]	Substanz	Einkommen	Balance	Wachstum	Dynamik
Liquidität	5%	5%	5%	5%	5%
Anleihen	73%	54%	29%	10%	0%
Aktien	0%	18%	33%	37%	41%
Rohstoffe	22%	23%	33%	48%	54%
Rohöl[2]	Substanz	Einkommen	Balance	Wachstum	Dynamik
Liquidität	5%	5%	5%	5%	5%
Anleihen	78%	57%	33%	12%	0%
Aktien	0%	21%	36%	45%	51%
Rohstoffe	17%	17%	26%	38%	44%
Gold[3]	Substanz	Einkommen	Balance	Wachstum	Dynamik
Liquidität	5%	5%	5%	5%	5%
Anleihen	84%	63%	33%	10%	0%
Aktien	0%	21%	36%	38%	43%
Rohstoffe	11%	11%	26%	47%	52%

1,2: Kriterium maximale Sharpe Ratio; 3: Kriterium minimale Volatilität

Tabelle 24: Strategische Asset Allokation – Portfolio Modelle inkl. Rohstoffen

Für Rohöl und S&P GSCI konnten analytisch lokale Maxima der Sharpe Ratio gefunden werden. Die Beimischung von Gold führte nicht zu einer Verbesserung der Sharpe Ratio, hier wurde stattdessen der Allokationsanteil von Gold bestimmt, an dessen Stelle die Standardabweichung des Portfolios ein lokales Minimum erreichte. Für die Modelle Substanz, Einkommen, Balance, Wachstum und Dynamik ergaben sich nach der Optimierung auf Grundlage der historischen Daten von 12/1987 bis 12/2007 folgende Gewichtungen für die strategische Asset Allokation inkl. S&P GSCI, Gold und Rohöl (vgl. Tab.24): mit Ausnahme der Beimischung von Gold führten die strategischen Allokationen zu S&P GSCI und Rohöl auch zu höheren durchschnittlichen Renditen per annum über alle Portfolio-Modelle. Diese Ergebnisse wurden mittels einfaktorieller ANOVA auf statistische Signifikanz getestet, wobei der Unterschied der Mittelwerte als nicht signifikant bewertet wurde. In Phasen negativer Renditerealisationen des jeweiligen Portfolio-Modells führte die Rohstoffbeimischung in Form von S&P GSCI, Rohöl und Gold dagegen zu signifikant besseren durchschnittlichen Renditen. In Phasen positiver Renditerealisationen des Basismodells sind die Ergebnisse gemischt: die Mittelwerte der Modelle Wachstum und Dynamik unterscheiden sich signifikant ggü. dem Basismodell, während die Mittelwerte der Modelle Substanz, Einkommen und Balance sich durch die Beimischung von Rohstoffen nicht signifikant unterscheiden. Die Beimischung von Gold in Form des besicherten S&P GSCI Gold TR Index führte in keinem Portfoliomodell zu einer Verbesserung der risikoadjustierten Rendite, jedoch wirkte sich die Beimischung positiv auf die Höhe der Standardabweichung aus. Die vergleichsweise hohe Allokation von Gold bei Modellen mit hoher Aktienquote zur Verringerung der Portfolio-Standardabweichung sollte daher nicht verwundern, wird jedoch nicht als Anlageziel dieser Portfoliomodelle betrachtet. Die Beimischung von Rohöl (S&P GSCI Rohöl TR Index) und des breiten Rohstoffindex S&P GSCI führte über alle Portfoliomodelle zu einem deutlichen Anstieg der Sharpe Ratio. Der optimale Anteil dieser zwei Rohstoff-Komponenten nahm mit zunehmenden Aktienanteil des Modells zu. Doch auch in den Modellen mit hohem Anleiheanteil (Substanz und Einkommen) lag der optimale strategische Rohstoffanteil zwischen 17% und 23%. Hier sollten die Ergebnisse einer reinen Energiebeimischung, mit der sich eine höhere Sharpe Ratio erreichen ließ, gegenüber der diversifizierten Lösung des S&P GSCI abgewogen werden.

4.3 Rohstoffe als dynamischer Bestandteil der Asset Allokation

In diesem Kapitel werden mittels Momentum Strategien, Systemen gleitender Durchschnitte und Standardwerte Strategien verschiedene dynamische Allokationsmodelle auf die These getestet, ob vor dem Hintergrund der bei Rohstoffen stärker ausgeprägten Mean Reversion Preiseigenschaften eine systematische Überrendite gegenüber einer statischen Rohstoffallokation gezeigt werden kann. Neben den Verteilungsmomenten stehen dabei vor allem die für die Portfolio-Bildung wichtigen Eigenschaften der Korrelation zu Aktien und Anleihen, sowie Downside Risikomaße im Vordergrund. Zu Beginn des Kapitels werden die Auswirkungen von Rebalancing Effekten unter dem Gesichtspunkt einer einfachen regelbasierten dynamischen Asset Allokation analysiert.

4.3.1 Portfolio Rebalancing Effekte

Im Folgenden wurde unter der Annahme einer gleich bleibenden Aktien- und Anleihenallokation die Rohstoffallokation gegenüber der Liquiditätsquote reallokiert. Hierzu wurde von einem relativen Verhältnis von Rohstoffen in Form des S&P GSCI,

Rohöl und Gold gegenüber Liquidität von 3:1 ausgegangen[81]. Die Rebalancing-Frequenz wurde dabei variiert (alle 1, 3, 6, 9, 12, 15 und 18 Monate). Für ein quartalsweises Rebalancing wurde also zum Ende des dritten Monats das ursprüngliche Verhältnis von Rohstoffen zu Liquidität von 3:1 wieder hergestellt. Als Referenz wurde eine Buy & Hold Strategie herangezogen, und die empirischen Ergebnisse des Liquiditäts-Rohstoff-Komplexes bzgl. Rendite, Standardabweichung, Sharpe Ratio, Korrelationen und höherer Verteilungsmomenten verglichen.

4.3.1.1 Rebalancing – S&P GSCI

Ausgehend von einer fixierten Rohstoffallokation (S&P GSCI) am Gesamtportfolio wurde dieser mit variabler Frequenz an das Ursprungsgewicht angepasst. Die zwischenzeitliche Anpassung wurde mit der Liquiditätsquote verrechnet, das Verhalten des Aktien- und Anleihenanteils blieb ceteris paribus unbeachtet.

Rebalancing Intervall	Rendite	Std.Abw.	Sharpe	K(Akt.)	K(Anl.)	Schiefe	Wölbung
monatlich	10,1%	14,0%	1,4	-0,02	0,05	0,38	1,30
3 Monate	10,2%	14,1%	1,4	-0,02	0,05	0,41	1,53
6 Monate	10,2%	14,2%	1,4	-0,02	0,05	0,39	1,49
9 Monate	10,3%	14,2%	1,4	-0,02	0,05	0,39	1,43
12 Monate	10,4%	14,2%	1,5	-0,02	0,05	0,40	1,42
15 Monate	10,5%	14,2%	1,5	-0,02	0,05	0,44	1,65
18 Monate	10,4%	14,3%	1,5	-0,02	0,05	0,37	1,39
Buy and Hold	10,6%	16,3%	1,3	-0,02	0,05	0,36	1,55

Tabelle 25: Portfolio Rebalancing Effekte (S&P GSCI)

Gegenüber der Buy & Hold Variante änderten sich die höheren Verteilungsmomente nur marginal: der Schiefekoeffizient (0,36) lag für die unterschiedlichen Rebalancing-Frequenzen zwischen 0,37 und 0,41; die empirische Wölbung der Verteilungsfunktion (1,55) zwischen 1,3 und 1,65. Die Korrelationseigenschaften verschlechterten sich marginal mit zunehmender Rebalancing-Frequenz. Wie sowohl an Tabelle 25 als auch anhand der Abb.54 erkennbar, kann es unter risikoadjustierter Betrachtung (Sharpe Ratio) sinnvoll sein, den Rohstoffanteil regelbasiert zu readjustieren.

[81] Absolut repräsentiert dies beispielsweise eine Liquiditätsquote von 5% und eine Rohstoffallokation von 15% des Gesamtportfolios, was in Bezug auf die Ergebnisse der Kapitel 4.2.1 und 4.2.2 eine valide Annahme sein sollte. Als Nebenbedingung des Reballancing wird von einem Cap von 100% und einem Floor von 0% ausgegangen, was dazu führt, daß die maximale Rohstoffallokation aus der Summe von Liquidität und Rohstoffen und die minimale Rohstoffallokation bei 0% besteht.

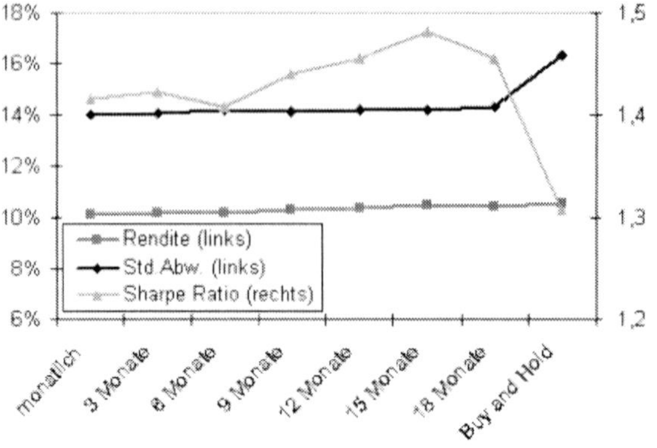

Abbildung 54: Portfolio Rebalancing Effekte (S&P GSCI)

Gegenüber der Buy & Hold Variante wurde die Sharpe Ratio vom Rebalancing, insbesondere in mittelfristigen Intervallen günstig beeinflusst; die höchste Sharpe Ratio wurde für ein alle 15 Monate stattfindendes Rebalancing berechnet. Mit abnehmender Rebalancing Frequenz steigen sowohl die durchschnittliche Rendite als auch die Standardabweichung an.

4.3.1.2 Rebalancing – Rohöl

Analog zu Abschnitt 4.3.1.1 wurde von einer festgelegten Rohstoffallokation (S&P GSCI Rohöl TR) am Gesamtportfolio ausgegangen; die in unterschiedlicher Frequenz stattfindende Anpassung an das Ursprungsgewicht (Rebalancing) wurde mit der Liquiditätsquote verrechnet, das Verhalten des Aktien- und Anleihenanteils blieb wiederum ceteris paribus unbeachtet.

Rebalancing Intervall	Rendite	Std.Abw.	Sharpe	K(Akt.)	K(Anl.)	Schiefe	Wölbung
monatlich	17,4%	24,6%	1,8	-0,09	0,01	0,73	2,79
3 Monate	17,7%	25,0%	1,8	-0,09	0,01	0,89	3,75
6 Monate	17,7%	25,2%	1,8	-0,09	0,00	0,85	3,59
9 Monate	17,8%	24,9%	1,9	-0,09	0,01	0,73	2,70
12 Monate	18,1%	25,1%	1,9	-0,09	0,00	0,70	2,61
15 Monate	18,0%	24,9%	1,9	-0,09	0,01	0,80	3,09
18 Monate	18,4%	25,2%	1,9	-0,09	0,00	0,71	2,47
'Buy and Hold'	18,8%	28,9%	1,7	-0,09	0,01	0,66	2,77

Tabelle 26: Portfolio Rebalancing Effekte (Rohöl)

Gegenüber der Buy & Hold Variante änderten sich die höheren Verteilungsmomente nur marginal: der Schiefekoeffizient (0,66) lag für die unterschiedlichen Rebalancing-Frequenzen zwischen 0,71 und 0,89, die empirische Wölbung der Verteilungsfunktion (2,77) zwischen 2,47 und 3,75. Die Korrelationseigenschaften veränderten sich ebenfalls nur marginal mit den verschiedenen Rebalancing- Frequenzen.

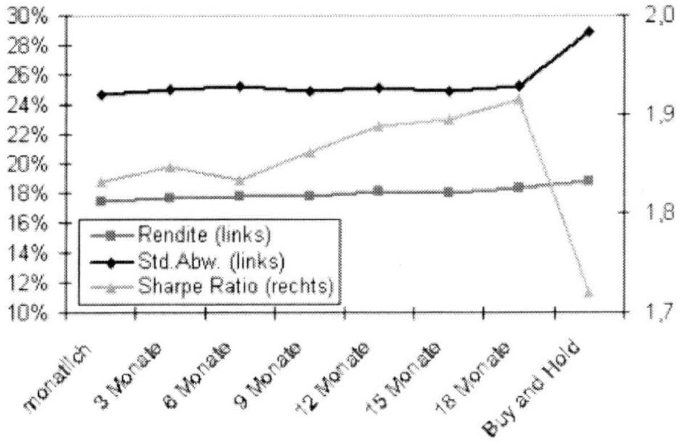

Abbildung 55: Portfolio Rebalancing Effekte (Rohöl)

Wie sowohl an Tabelle 26 als auch anhand der Abb.55 erkennbar ist, kann es unter risikoadjustierter Betrachtung (Sharpe Ratio) sinnvoll sein, den Rohstoffanteil regelbasiert zu readjustieren. Analog den Ergebnissen zum S&P GSCI wiesen gegenüber der Buy & Hold Variante alle Realisationen, die auf einem Rebalancing beruhten eine höhere Sharpe Ratio auf. Auch hier waren die höchsten Sharpe Ratios durch längere Rebalancing Intervalle zu erzielen; die höchste Sharpe Ratio wurde für ein Intervall von 18 Monaten erreicht. Auch die durchschnittliche Rendite wurde durch längere Rebalancing Intervalle positiv beeinflusst.

4.3.1.3 Rebalancing - Gold

Ausgehend von einer fixierten Goldallokation (S&P GSCI Gold TR) am Gesamtportfolio wurde diese mit variabler Frequenz an das Ursprungsgewicht angepasst (Rebalancing). Diese Anpassungen wurden mit der Liquiditätsquote verrechnet, das Verhalten des Aktien- und Anleihenanteils blieb ceteris paribus unbeachtet.

Rebalancing Intervall	Rendite	Std.Abw.	Sharpe	K(Akt.)	K(Anl.)	Schiefe	Wölbung
monatlich	3,6%	9,9%	-	0,01	0,22	0,56	1,42
3 Monate	3,6%	9,9%	-	0,01	0,22	0,55	1,39
6 Monate	3,6%	9,9%	-	0,01	0,22	0,55	1,42
9 Monate	3,6%	9,9%	-	0,01	0,22	0,53	1,33
12 Monate	3,6%	9,9%	-	0,01	0,22	0,54	1,32
15 Monate	3,6%	10,0%	-	0,01	0,22	0,55	1,45
18 Monate	3,6%	9,9%	-	0,01	0,22	0,53	1,35
'Buy and Hold'	3,5%	8,7%	-	0,00	0,21	0,40	1,13

Tabelle 27: Portfolio Rebalancing Effekte (Gold)

Gegenüber der Buy & Hold Variante änderten sich die höheren Verteilungsmomente wiederum nur marginal: der Schiefekoeffizient (0,4) lag für die unterschiedlichen Rebalancing-Frequenzen zwischen 0,53 und 0,56, die empirische Wölbung der Verteilungsfunktion (1,13) zwischen 1,32 und 1,45. Die Korrelationseigenschaften verschlechterten sich gegenüber der Buy & Hold Strategie über alle Rebalancing-Frequenzen.

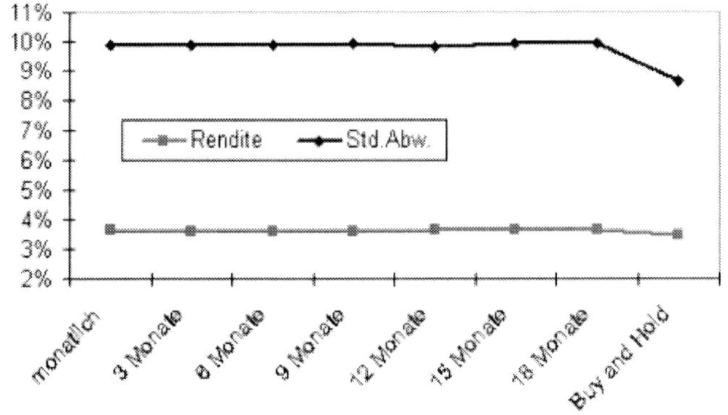

Abbildung 56: Portfolio Rebalancing Effekte (Gold)

Wie sowohl in Tabelle 27 als auch anhand der Abb.56 erkennbar ist, änderte sich die durchschnittliche jährliche Rendite über die unterschiedlichen Varianten inkl. Buy & Hold nur marginal, wobei die Standardabweichung für alle Rebalancing Intervalle gegenüber der Buy & Hold Variante anstieg. Ein Rebalancing der Positionen ist vor diesem Hintergrund also nicht sinnvoll.

Überprüfung der Ergebnisse auf statistische Signifikanz

Die Ergebnisse des Portfolio Rohstoff-Liquiditäts-Rebalancings für den S&P GSCI, Rohöl und Gold im Vergleich zu einer Buy-and-Hold Strategie 75% Rohstoffe und 25% Liquidität wurden mittels einfaktorieller ANOVA auf statistische Signifikanz getestet. Auf Basis aller Renditerealisierungen war $F_{krit} = 2{,}01 > F = 0{,}002$ (S&P GSCI), $F_{krit} = 2{,}01 > F = 0{,}005$ (Rohöl), $F_{krit} = 2{,}01 > F = 0{,}001$ (Gold) und P-Wert = 0,9999 (S&P GSCI), P-Wert = 0,9999 (Rohöl), P-Wert = 0,9999 (Gold); somit war der Unterschied der Mittelwerte nicht signifikant. Unterschied man dazu Phasen positiver und negativer Entwicklung des S&P GSCI, Rohöl und Gold und ordnete jeweils die unter den vorgestellten Modellen zu erreichenden Renditen zu, gliederte sich das Spektrum wie folgt auf (vgl. Anhang, 4.3.1 Portfolio Rebalancing Effekte). In Phasen positiver Renditerealisationen fielen die Gewinne, die mit den unterschiedlichen Rebalancing Varianten über S&P GSCI, Rohöl und Gold nicht signifikant unterschiedlich aus

(F_{krit} = 2,01 > F = 0,58 und P-Wert = 0,7711 [S&P GSCI]), (F_{krit} = 2,01 > F = 0,89 und P-Wert = 0,5126 [Rohöl]), (F_{krit} = 2,01 > F = 0,44 und P-Wert = 0,8766 [Gold]). Es wurde also in Phasen allgemein positiver Renditen kein unterdurchschnittlicher Erfolg erzielt. In Phasen negativer Renditerealisationen fielen die entsprechenden Verluste, die mit den unterschiedlichen Rebalancing Varianten über S&P GSCI, Rohöl und Gold jedoch ebenfalls nicht signifikant unterschiedlich aus: F_{krit} = 2,01 > F = 0,32 und P-Wert = 0,9460 [S&P GSCI], F_{krit} = 2,01 > F = 0,40 und P-Wert = 0,9002 [Rohöl], F_{krit} = 2,01 > F = 0,44 und P-Wert = 0,8766 [Gold].

Fazit Rebalancing S&P GSCI, Rohöl und Gold

Ein regelbasiertes Rebalancing der Rohstoffallokation führte sowohl für S&P GSCI als auch für Rohöl zu einer verbesserten risikoadjustierten Performance dieser Teilallokation. Die höchsten Sharpe Ratios fanden sich dabei für längere Rebalancing Intervalle (15-18 Monate). Für eine Gold Allokation konnte dieser Zusammenhang nicht bestätigt werden. Einen signifikanten Unterschied der Mittelwerte konnte jedoch weder für alle Renditerealisierungen, noch für Phasen von positiven und negativen Renditerealisationen bestätigt werden.

4.3.1.4 Rebalancing innerhalb des Rohstoffbereiches

Aufgrund der heterogenen Zusammensetzung des Rohstoffmarktes (z.B. Energieträger, Metalle und Agrargüter) sollen ebenfalls die Auswirkungen von Rebalancing Effekten innerhalb des Rohstoffsektors untersucht werden. Hier wurden die Subindices des S&P Goldman Sachs Commodity Index (S&P GSCI), die sich auf die Rohstoff-Sektoren Energie, Industrie- und Edelmetalle, Agrarrohstoffe und Vieh beziehen, im Zeitraum 12/1987 bis 12/2007 auf Rebalancing-Effekte untersucht. Hierzu wurden die Subindices

- S&P GSCI Energy TR
- S&P GSCI Industrial Metals TR
- S&P GSCI Precious Metals TR
- S&P GSCI Agriculture TR
- S&P GSCI Livestock TR

zu Anfang mit je 20% gewichtet. Während der Laufzeit wurden unterschiedliche Rebalancing-Perioden gewählt: die Subindices wurden in der Frequenz 1, 3, 6, 9, 12, 15 und 18 Monate auf ihre Uhrsprungsgewichtungen von je 20% zurückgesetzt. Um ein komparatives Urteil zu fällen, wurde ebenfalls ein ,Buy and Hold' Portfolio betrachtet, dessen Anfangsgewichtungen nicht angepasst wurden. Die Gewichtungsausprägungen der Komponenten nahmen mit abnehmender Rebalancing-Frequenz zu. So schwankte der Energieanteil zwischen 14% und 28% wenn alle drei Monate rebalanced wurde, zwischen 15% und 34% (6 Monate Intervall), zwischen 13% und 32% (12 Monate Intervall), sowie zwischen 13% und 39% (18 Monate Intervall). Im ,Buy and Hold' Portfolio war, bedingt durch die Preisentwicklung, der Anteil der Industriemetalle von 12/1987 bis 12/2007 von 20% auf 53,5% gestiegen, Energien lagen bei 24%, Vieh bei 12,5%, Edelmetalle bei 6,7% und der Anteil der Agargüter war im Zeitverlauf von 20% auf nur noch 3,3% zurückgegangen.

Tab.28 zeigt die Ergebnisse des dynamischen Rebalancing innerhalb der Asset Klasse, insbesondere die Auswirkungen auf Rendite, Volatilität und Sharpe Ratio.

Rebalancing Intervall	Rendite	Std.Abw.	Sharpe	K(Akt.)	K(Anl.)	Schiefe	Wölbung
1 Monat	7,7%	9,8%	1,16	0,11	0,09	-0,08	0,20
3 Monate	7,9%	10,0%	1,20	0,10	0,09	-0,05	0,36
6 Monate	7,9%	10,2%	1,18	0,09	0,09	-0,02	0,42
9 Monate	8,0%	10,2%	1,22	0,11	0,09	-0,09	0,35
12 Monate	8,1%	10,1%	1,27	0,11	0,09	-0,07	0,08
15 Monate	8,2%	10,5%	1,25	0,10	0,10	-0,07	0,60
18 Monate	8,0%	10,6%	1,19	0,10	0,09	-0,11	0,42
'Buy and Hold'	8,6%	12,1%	1,20	0,10	0,07	-0,03	0,54

Tabelle 28: Portfolio Rebalancing Effekte – S&P GSCI Subindices

Das ,Buy and Hold' Referenzportfolio wies mit 8,6% die höchste durchschnittliche Rendite per annum, aber mit einer Standardabweichung von 12,1% auch die höchste jährliche Schwankungsbreite auf. Die Einführung des Rebalancing der Sektorgewichte reduzierte mit zunehmender Rebalancing-Frequenz die Volatilität, aber auch die Rendite. Dies kam auch in der Reduktion der maximalen monatlichen Drawdowns (Min.) im Verhältnis zu den geringeren monatlichen Upside-Bewegungen (Max.) zum Ausdruck. Die Auswirkungen auf Rendite, Standardabweichung und Sharpe Ratio sind in Abb.57 graphisch dargestellt.

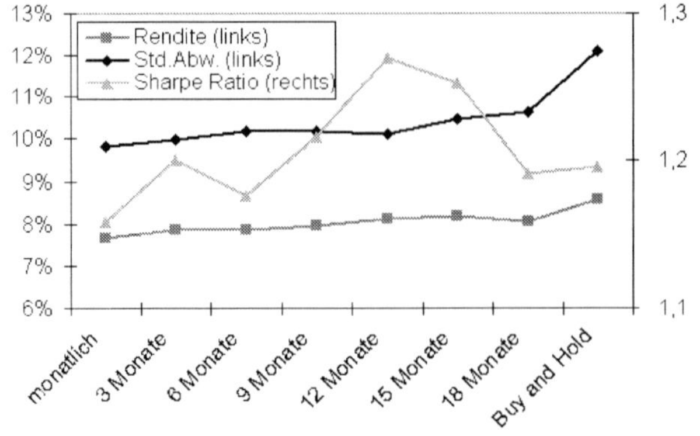

Abbildung 57: Portfolio Rebalancing Effekte (S&P GSCI Subindices)

Es wird deutlich, dass zur Optimierung der risikoadjustierten Performance ein Rebalancing Intervall von 12-15 Monaten zu wählen ist. Um eine Kumulierung von Klumpenrisiken zu vermeiden, indem ein Sektor im Zeitverlauf eine zu dominierende Rolle einnimmt, ist die Einführung einer regelbasierten Rebalancing-Methode also durchaus geeignet.

Überprüfung der Ergebnisse auf statistische Signifikanz

Die Ergebnisse aller Rebalancing Frequenzen im Vergleich zu einer Buy-and-Hold Strategie der zu Anfang gleich gewichteten S&P GSCI Subindices wurden mittels einfaktorieller ANOVA auf statistische Signifikanz getestet. Auf Basis aller Renditerealisierungen war $F_{krit} = 2{,}01 > F = 0{,}01$ und P-Wert = 0,9999, somit war der Unterschied der Mittelwerte nicht signifikant (vgl. Abb.58 „gesamt"). Wurden Phasen positiver und negativer Entwicklung der Buy-and-Hold Strategie untersucht, und ordnete jeweils die unter den vorgestellten Rebalancing Varianten zu erreichenden Renditen zu, gliederte sich das Spektrum charakteristisch auf (vgl. Abb.58 „negative" bzw. „positive Renditen").

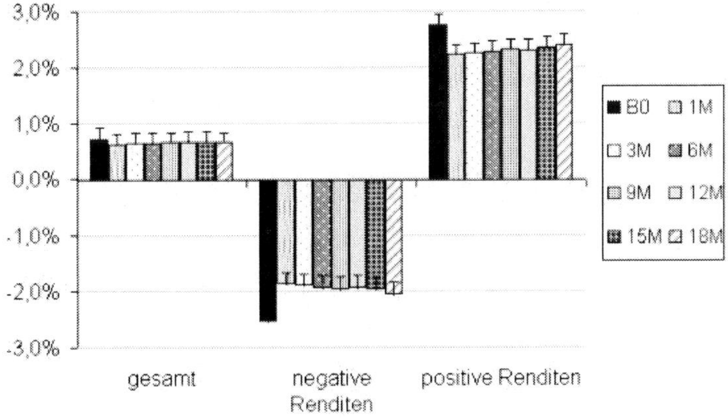

Abbildung 58: S&P GSCI – Sektor Rebalancing – Analyse der Renditen

In Phasen positiver Renditerealisationen blieben die Rebalancing Varianten hinter der Buy-and-Hold Strategie zurück, in Phasen negativer Renditerealisationen waren Verluste jedoch ebenfalls weniger ausgeprägt. Die Ergebnisse der positiven Renditerealisationen der Rebalancing Varianten im Vergleich zur Buy-and-Hold Strategie waren nicht statistisch signifikant (F_{krit} = 2,02 > F = 1,02 und P-Wert = 0,4183), es wurde also in Phasen allgemein positiver Renditen kein unterdurchschnittlicher Erfolg erzielt. In Phasen negativer Renditerealisationen fielen jedoch die entsprechenden Verluste, die durch das Rebalancing erzielt wurden, ebenfalls nicht signifikant geringer aus F_{krit} = 2,02 > F = 1,08 und P-Wert = 0,3716. So kann unabhängig von der Frequenz des Rebalancing keine Vorteilhaftigkeit im Rebalancing der Rohstoff-Sektorindices festgestellt werden.

4.3.2 Momentum Strategien

In Kapitel 3.5.2 wurde die Systematik des Momentum beschrieben – in Rückgriff auf die Ergebnisse aus Kapitel 3.4.3 zu Mean Reversion Grad und Geschwindigkeit kann das Momentum als erste Ableitung der zugrunde liegenden Zeitreihendaten des S&P GSCI, Rohöl und Gold als Indikator der Mean Reversion bzw. Trend-Geschwindigkeit interpretiert werden.

Da die Ausgestaltung der Momentumlinie maßgeblich vom zeitlichen Abstand (Lag) der verwendeten Daten abhängt, wurden auf der Grundlage monatlicher Daten Lags von 1, 3, 6 und 12 Monaten variiert, so dass im Rückgriff auf die verwendeten Zeitreihendaten beispielsweise der Schlusskurs des letzten Monats (Lag 1, 1 Monat) bzw. der Schlusskurs im letzten Jahr (Lag 12, 12 Monate) relevant war. Basierend auf dem Momentum Indikator wurden drei Modelle entwickelt, die den Rohstoffanteil und den Liquiditätsanteil regelbasiert variierten:

Model 1: Ist das Momentum positiv ($M_t>0$) wird ein Rohstoffallokation von 100% beibehalten; ist das Momentum negativ ($M_t<0$) wird ausschließlich Liquidität gehalten.

Modell 2: Solange das Momentum steigt ($M_t>M_{t-1}$) wird eine Rohstoffallokation von 100% beibehalten; sinkt das Momentum ($M_t<M_{t-1}$) wird ausschließlich Liquidität gehalten.

Modell 3: Ist das Momentum positiv ($M_t>0$) und weist die zugrunde liegende Zeitreihe ebenfalls einen positiven Trend auf ($P_t>P_{t-1}$) wird eine Rohstoffallokation von 100% beibehalten; andernfalls wird ausschließlich Liquidität gehalten.

Im Folgenden wurden diese drei Modelle auf den Rohstoffanteil bestehend aus dem S&P Goldman Sachs Commodity Index (S&P GSCI, a), Rohöl (b) und Gold (c) angewendet und hinsichtlich ihrer finanzstatistischen Eigenschaften untersucht. Hierfür kamen die beschriebenen Gewichtungsregeln auf monatlicher Datenbasis zum Einsatz; es wurde über den Gesamtzeitraum von 12/1987 bis 12/2007 ein 2-Asset-Portfolio gebildet und gegenüber dem Basisfall B_0 (100% Rohstoffallokation) analysiert.

4.3.2.1 Momentum - S&P GSCI

Im Rahmen des Modells 1 wurde eine Rohstoffallokation von 100% aufrechterhalten, solange die Zeitreihe des S&P GSCI ein positives Momentum aufwies – gesondert werden dabei Lags von 1, 3, 6 und 12 Monaten betrachtet. Die Abb.59 zeigt den Verlauf des S&P GSCI im Vergleich zum 12 Monats-Momentum.

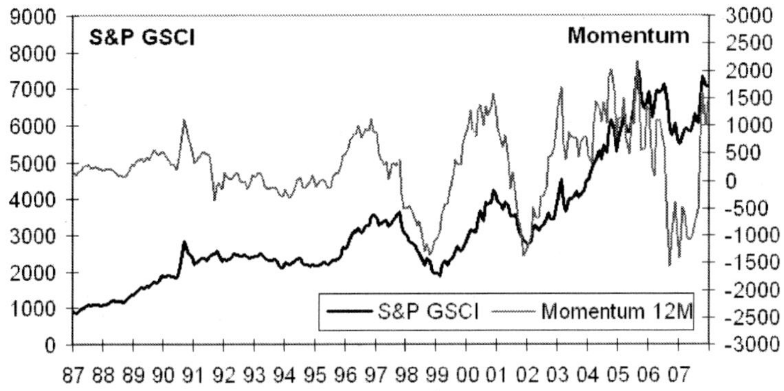

Abbildung 59: S&P GSCI und Momentum

Gegenüber dem Basisfall B_0 (100% S&P GSCI) konnten in Modell 1 drei von vier Momentumvariante eine Mehrperformance aufweisen (vgl. Tab.29). Allen Momentumvarianten war jedoch eine deutliche Reduktion der Volatilität gegenüber der Ausgangslage gemein, so dass alle Varianten gegenüber B_0 eine höhere Sharpe Ratio aufwiesen. Die maximale Sharpe Ratio besaß das Momentum Modell basierend auf 6 Monaten (1,93).

	B_0		M (1M)		M (3M)		M (6M)		M (12M)	
Rendite	11,2%		11,6%		10,2%		12,2%		11,9%	
Standardabweichung	19,0%		14,4%		13,7%		14,1%		13,9%	
Sharpe-Ratio	1,23		1,73		1,47		1,93		1,86	
Korr.(Aktien,Anleihen)	-0,02	0,10	-0,07	0,09	-0,06	0,08	-0,05	0,07	-0,11	-0,01
Schiefe/Wölbung	0,37	1,17	0,82	5,26	1,13	7,73	0,99	6,02	1,04	5,98
SV	12,8%		9,1%		8,4%		8,7%		8,6%	
AW	43%		19%		19%		19%		21%	
$VaR_{95\%,10.000USD}$	1.916		1.205		1.228		1.089		1.096	

Tabelle 29: Momentum S&P GSCI – Modell 1

In Modell 1 wurde über die vier Varianten über beinahe die Hälfte der Zeit ausschließlich Liquidität gehalten (47%, 53%, 49%, 48%). Die Korrelationseigenschaften verbesserten sich gegenüber B_0 in der Summe: die positive Korrelation zu Anleihen verringerte sich in Modellvariante 1-3 leicht, während in Variante 4 die Korrelation zu Anleihen sogar negativ wurde. Die bereits im Basisfall leicht negative Korrelation (-0,01) zu Aktien weitete sich über alle Varianten deutlich aus (max. -0,11).

Normalverteilte Zufallsgrößen weisen eine Schiefe von 0 auf, die leicht positive Schiefe der empirischen Verteilung (rechtschiefe Verteilung) nahm durch die Momentumstrategie ebenfalls zu. Ebenfalls stieg der Wölbungskoeffizient an; ein Anzeichen dafür, dass Werte nahe 0 und sehr große positive und/oder negative Werte mit im Vergleich zur Normalverteilung hoher Wahrscheinlichkeit auftraten, mittelgroße Werte dagegen seltener *(fat tails).* Der Anteil der Semivolatilität (SV) an der Gesamtvolatilität nahm durch die Momentumstrategien ab: machte der Anteil der Semivolatilität am Basisfall B_0 noch 67% aus, sank der Anteil in den Varianten 1 bis 4 auf 62% bis 63%. Zu beobachten war auch, dass die Ausfallwahrscheinlichkeit, die monatlichen Renditerealisationen kleiner 0%, von 43% im Basisfall auf 19% bis 21% reduziert wurde. Der empirische Value at Risk für eine Position von 10.000 USD auf einem Konfidenzlevel von 95% bewegte sich im Durchschnitt pro Jahr zwischen 1.089 USD und 1.228 USD (im Vergleich zu 1.916 USD im Basisfall B_0).

Im Rahmen des Modells 2 wurde eine Rohstoffallokation von 100% aufrechterhalten, solange das Momentum der Zeitreihe des S&P GSCI anstieg – gesondert wurden dabei Lags von 1, 3, 6 und 12 Monaten betrachtet. Gegenüber dem Basisfall B_0 (100% S&P GSCI) konnte in Modell 2 die dritte und vierte Momentumvariante (6M, 12M) eine deutliche Mehrperformance (13,0%, 14,3% vs. 11,2%) aufweisen (vgl. Tab.30). Allen Momentumvarianten war analog zu Modell 1 eine deutliche Reduzierung der Volatilität gegenüber dem Basisfall gemein. Alle Varianten bis auf M(3M) wiesen gegenüber B_0 eine höhere Sharpe Ratio auf - die maximale Sharpe Ratio besaß das Momentum Modell basierend auf 12 Monaten (2,17).

	B_0		**M (1M)**		**M (3M)**		**M (6M)**		**M (12M)**	
Rendite	11,2%		10,0%		10,4%		13,0%		14,3%	
Standardabweichung	19,0%		14,3%		14,9%		16,0%		15,8%	
Sharpe-Ratio	1,23		1,37		1,40		1,85		2,17	
Korr.(Aktien,Anleihen)	-0,02	0,10	-0,08	0,02	-0,11	-0,01	-0,10	0,02	-0,07	0,02
Schiefe/Wölbung	0,37	1,17	0,73	5,39	0,76	4,43	0,52	3,08	0,55	3,23
SV	12,8%		9,3%		9,9%		10,6%		10,3%	
AW	43%		23%		27%		27%		26%	
$VaR_{95\%,10.000USD}$	1.916		1344		1414		1339		1166	

Tabelle 30: Momentum S&P GSCI – Modell 2

In Modell 2 wurde über drei der vier Varianten deutlich weniger Liquidität im Zeitverlauf gehalten als in Modell 1 (42%, 38%, 30%, 27%). Die Korrelations-Eigenschaften verbesserten sich gegenüber B_0 in allen Modell-Varianten: die positive Korrelation zu Anleihen sank und wurde in Variante 2 sogar negativ; die im Basisfall leicht negative durchschnittliche Korrelation zu Aktien (-0,02) weitete sich aus und lag in Variante 3M und 6M bei -0,11 und -0,10. Die leicht positive Schiefe nahm durch die Momentumstrategie leicht zu; ebenfalls stieg der Wölbungskoeffizient analog zu Modell 1 an (fat tails). Der Anteil der empirischen Semivolatilität (SV) lag leicht unter dem Niveau des Basisfalls, für alle Varianten jedoch deutlich über 50% der Gesamtvolatilität. Zu beobachten war, dass die Ausfallwahrscheinlichkeit, die monatlichen Renditerealisationen kleiner 0%, von 43% im Basisfall auf 23% bis 27% reduziert wurde und leicht über dem Niveau von Modell 1 lag. Der empirische Value at Risk für eine Position von 10.000 USD auf einem Konfidenzlevel von 95% bewegte sich im Durchschnitt pro Jahr zwischen 1.166 USD und 1.414 USD (im Vergleich zu 1.916 USD im Basisfall B_0).

Im Rahmen des Modells 3 wurde eine Rohstoffallokation von 100% aufrechterhalten, solange die Zeitreihe des S&P GSCI ein positives Momentum aufwies, und die Zeitreihe ebenfalls einen positiven Preistrend (Pt>Pt-1) zeigte – gesondert betrachtet wurden dabei Lags von 1, 3, 6 und 12 Monaten. Gegenüber dem Basisfall B_0 (100% S&P GSCI) konnten in Modell 3 die dritte und vierte Momentumvariante (6M, 12M) eine deutliche Mehrperformance (12,5%, 13,6% vs. 11,2%) aufweisen (vgl. Tab.31).

	B_0		M (1M)		M (3M)		M (6M)		M (12M)	
Rendite	11,2%		10,0%		11,2%		12,5%		13,6%	
Standardabweichung	19,0%		14,3%		15,9%		16,9%		16,8%	
Sharpe-Ratio	1,23		1,37		1,49		1,66		1,90	
Korr.(Aktien,Anleihen)	-0,02	0,10	-0,08	0,02	-0,07	0,01	-0,07	0,02	-0,03	0,04
Schiefe/Wölbung	0,37	1,17	0,73	5,39	0,59	3,26	0,43	2,28	0,43	2,30
SV	12,8%		9,3%		10,5%		11,4%		11,3%	
AW	43%		23%		30%		32%		31%	
$VaR_{95\%,10.000USD}$	1.916		1344		1490		1533		1397	

Tabelle 31: Momentum S&P GSCI – Modell 3

Allen Momentumvarianten war analog zu Modell 1 und 2 eine deutliche Reduzierung der Volatilität gegenüber dem Basisfall gemein. Alle Varianten wiesen gegenüber B_0 eine höhere Sharpe Ratio auf - die maximale Sharpe Ratio zeigte das Momentum Modell basierend auf 12 Monaten (1,90). In Modell 3 wurde über drei der vier Varianten deutlich weniger Liquidität gehalten als in Modell 1 und 2 (42%, 26%, 18%, 17%). Die Korrelationseigenschaften verbesserten sich gegenüber B_0 in allen Modell-Varianten: die positive Korrelation zu Anleihen sank deutlich, die im Basisfall leicht negative durchschnittliche Korrelation zu Aktien (-0,02) weitete sich aus und liegt zwischen -0,03 (12M) und -0,08 (1M). Die leicht positive Schiefe nahm durch die Momentumstrategie leicht zu; ebenfalls stieg der Wölbungskoeffizient analog zu den Modellen 1 und 2 an. Der Anteil der empirischen Semivolatilität (SV) lag leicht unter dem Niveau des Basisfalls, für alle Varianten aber deutlich über 50% der Gesamtvolatilität. Zu beobachten war, dass die Ausfallwahrscheinlichkeit, die monatlichen Renditerealisationen kleiner 0%, von 43% im Basisfall auf 23% bis 32% reduziert wurde und damit in der Summe leicht über dem Niveau von Modell 1 und 2 lag. Der empirische Value at Risk für eine Position von 10.000 USD auf einem Konfidenzlevel von 95% bewegte sich im Durchschnitt pro Jahr zwischen 1.344 USD und 1.533 USD (im Vergleich zu 1.916 USD im Basisfall B_0).

Bezogen auf den S&P GSCI TR zeigten sich alle Momentum Modelle in allen Varianten anhand der risikoadjustierten Rendite (Sharpe Ratio) dem Basisfall Buy & Hold S&P GSCI überlegen. In der Summe verbesserten sich ebenfalls die Korrelationseigenschaften für eine Rohstoffallokation im Portfoliokontext mit Aktien und Anleihen in allen Varianten leicht. Bemerkenswert ist dabei auch die deutliche Reduktion der empirischen Ausfallwahrscheinlichkeit, die in Modell 1 am deutlichsten ausgeprägt war. Von den Ergebnissen besonders herausgestellt werden die Variante 6M in Modell 1 sowie die Varianten 12M in Modell 2 und 3, die eine Sharpe Ratio von 1,93, 2,17 und 1,90 vs. 1,23 (Basisfall) aufwiesen.

Überprüfung der Ergebnisse auf statistische Signifikanz

Die Ergebnisse der Momentum Modelle 1-3 im Vergleich zu einer Buy-and-Hold Strategie S&P GSCI wurden mittels einfaktorieller ANOVA auf statistische Signifikanz getestet. Auf Basis aller Renditerealisierungen war $F_{krit} = 2{,}37 > F = 0{,}07$ (Model 1), $F_{krit} = 2{,}37 > F = 0{,}29$ (Model 2), $F_{krit} = 2{,}37 > F = 0{,}14$ (Model 3) und P-Wert = 0,9901 (Model 1), P-Wert = 0,8847 (Model 2), P-Wert = 0,9668 (Model 3); somit war der Unterschied der Mittelwerte nicht signifikant. Unterschied man jedoch Phasen positiver und negativer Entwicklung des S&P GSCI, und ordnete jeweils die unter den vorgestellten Modellen zu erreichenden Renditen zu, gliederte sich das Spektrum charakteristisch auf (vgl. Abb.60-62).

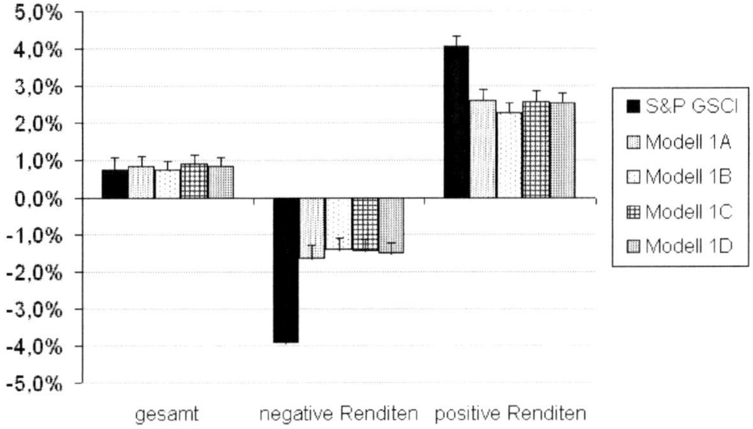

Abbildung 60: S&P GSCI – Momentum Modell 1

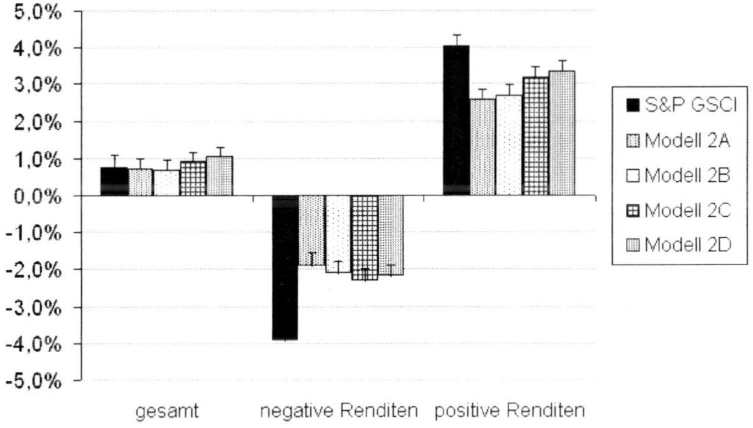

Abbildung 61: S&P GSCI – Momentum Modell 2

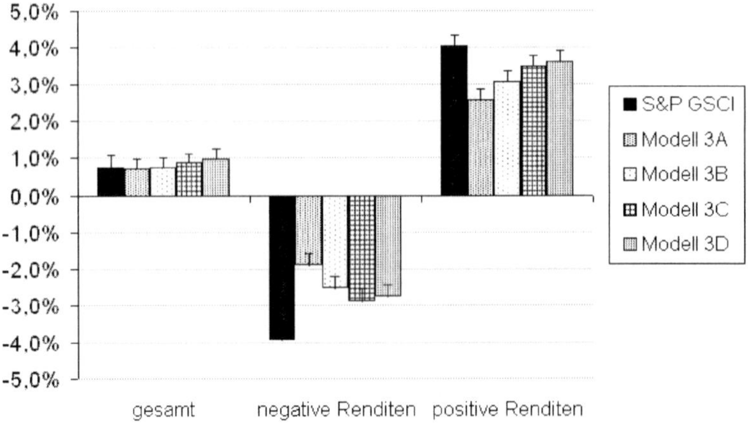

Abbildung 62: S&P GSCI – Momentum Modell 3

So zeigten die Ergebnisse der positiven Renditerealisationen bei allen Momentum Modellen im Vergleich zum S&P GSCI statistische Signifikanz ($F_{krit} = 2,38 < F = 6,01$ und P-Wert = 0,0001 [Modell 1]), ($F_{krit} = 2,38 < F = 4,16$ und P-Wert = 0,0024 [Modell 2]), ($F_{krit} = 2,38 < F = 3,81$ und P-Wert = 0,0044 [Modell 3]). Es wurde also in Phasen allgemein positiver Renditen ein unterdurchschnittlicher Erfolg erzielt. In Phasen negativer Renditerealisationen fielen jedoch die entsprechenden Verluste, die mit den Momentum Modellen 1-3 erzielt wurden, ebenfalls signifikant geringer aus: $F_{krit} = 2,38 < F = 12,23$ und P-Wert = 0,0001 [Modell 1], $F_{krit} = 2,38 < F = 6,25$ und P-Wert = 0,0001 [Modell 2], $F_{krit} = 2,38 < F = 4,95$ und P-Wert = 0,0006 [Modell 3].

4.3.2.2 Momentum - Rohöl

Im Rahmen des Modells 1 wurde eine Rohstoffallokation von 100% aufrechterhalten, solange die Zeitreihe des S&P GSCI Rohöl-Subindex (TR) ein positives Momentum aufwies – gesondert wurden dabei Lags von 1, 3, 6 und 12 Monaten betrachtet. Die Abb.63 zeigt die Preisentwicklung von Rohöl im Vergleich zum 12 Monats-Momentum.

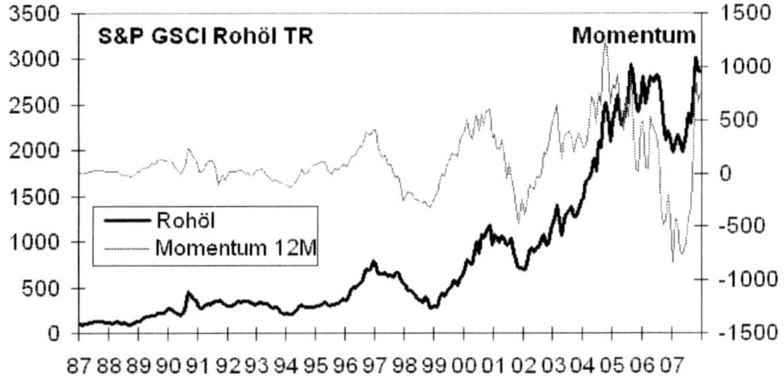

Abbildung 63: Rohöl und Momentum

Gegenüber dem Basisfall B_0 (100% Rohöl) konnte in Modell 1 nur die vierte Momentumvariante (12M) eine Mehrperformance (21,9% vs. 21,4%) aufweisen (vgl. Tab.32). Allen Momentumvarianten war jedoch eine deutliche Reduzierung der Volatilität gegenüber der Ausgangslage gemein. Alle Varianten bis auf M(1M) wiesen gegenüber B_0 eine höhere Sharpe Ratio auf - die maximale Sharpe Ratio zeigte das Momentum Modell basierend auf 12 Monaten (2,46).

	B_0		M (1M)		M (3M)		M (6M)		M (12M)	
Rendite	21,4%		15,9%		18,4%		19,2%		21,9%	
Standardabweichung	32,9%		24,4%		24,4%		25,6%		24,6%	
Sharpe-Ratio	1,79		1,63		1,99		2,00		2,46	
Korr.(Aktien,Anleihen)	-0,09	0,06	-0,11	0,00	-0,04	0,04	-0,08	0,03	-0,14	-0,02
Schiefe/Wölbung	0,73	2,68	1,67	10,14	2,21	11,72	2,21	9,90	2,06	10,94
SV	21,6%		14,6%		13,5%		14,5%		13,8%	
AW	42%		22%		21%		22%		20%	
$VaR_{95\%,10.000USD}$	3.253		2.432		2.174		2.297		1.866	

Tabelle 32: Momentum Rohöl – Modell 1

In Modell 1 wurde über die vier Varianten über beinahe die Hälfte der Zeit ausschließlich Liquidität gehalten (47%, 50%, 46%, 48%). Die Korrelationseigenschaften verbesserten sich im Durchschnitt gegenüber B_0. Die positive Schiefe der Verteilung weitete sich über die vier Varianten in Modell 1 leicht aus – das Ausmaß der leptokurtischen Verteilung der Renditen nahm ebenfalls zu. Die Semivolatilität hatte im Basisfall B_0 einen Anteil von 66%, dieser Anteil lag zwischen den vier Modellvarianten zwischen 55% und 60%. Bemerkenswert war, dass die empirische

Ausfallwahrscheinlichkeit von 42% im Basisfall B_0 sich über alle Momentumvarianten halbierte. Der empirische Value at Risk für eine Position von 10.000 USD auf einem Konfidenzlevel von 95% bewegte sich im Durchschnitt pro Jahr zwischen 1.866 USD und 2.432 USD (im Vergleich zu 3.253 USD im Basisfall B_0).

Im Rahmen des Modells 2 wurde eine Rohstoffallokation von 100% aufrechterhalten, solange das Momentum der Zeitreihe des S&P GSCI Rohöl-Subindex (TR) anstieg – gesondert wurden dabei Lags von 1, 3, 6 und 12 Monaten betrachtet. Gegenüber dem Basisfall B_0 (100% Rohöl) konnte in Modell 2 lediglich die zweite Momentumvariante (3M) eine Mehrperformance (23,9% vs. 21,4%) aufweisen (vgl. Tab.33). Allen Momentumvarianten war analog zu Modell 1 eine deutliche Reduzierung der Volatilität gegenüber dem Basisfall gemein. Drei Varianten wiesen gegenüber B_0 eine höhere Sharpe Ratio auf - die maximale Sharpe Ratio zeigte das Momentum Modell basierend auf 3 Monaten (2,47).

	B_0		M (1M)		M (3M)		M (6M)		M (12M)	
Rendite	21,4%		19,3%		23,9%		17,2%		17,2%	
Standardabweichung	32,9%		24,8%		27,4%		25,7%		25,7%	
Sharpe-Ratio	1,79		2,09		2,47		1,73		2,05	
Korr.(Aktien,Anleihen)	-0,09	0,06	-0,13	-0,03	-0,13	-0,07	-0,14	-0,02	-0,16	-0,04
Schiefe/Wölbung	0,73	2,68	1,49	9,17	1,46	6,78	1,01	6,66	1,20	6,98
SV	21,6%		15,1%		16,4%		16,5%		16,6%	
AW	42%		23%		23%		23%		26%	
$VaR_{95\%,10.000USD}$	3.253		2141		2107		2499		2334	

Tabelle 33: Momentum Rohöl – Modell 2

In Modell 2 wurde über alle vier Varianten deutlich weniger Liquidität gehalten als in Modell 1 (42%, 39%, 38%, 30%). Die Korrelationseigenschaften verbesserten sich gegenüber B_0 in allen Varianten. Die positive Schiefe der Verteilung weitete sich über die vier Varianten in Modell 1 leicht aus – das Ausmaß der leptokurtischen Verteilung der Renditen nahm ebenfalls zu, jedoch in geringerem Ausmaß als in Modell 1. Die Semivolatilität lag in allen Varianten signifikant über 50%, wies aber keine deutliche Verbesserung gegenüber dem Basisfall von 66% auf. Die empirische Ausfallwahrscheinlichkeit sank über die vier Varianten mit 23% bis 26% gegenüber dem Basisfall (42%) deutlich, lag aber vom Ausmaß der Reduzierung hinter den Ergebnissen von Modell 1 zurück. Der empirische Value at Risk für eine Position von 10.000 USD auf einem Konfidenzlevel von 95% bewegte sich im Durchschnitt pro Jahr zwischen 2.107 USD und 2.499 USD (im Vergleich zu 3.253 USD im Basisfall B_0).

Im Rahmen des Modells 3 wurde eine Rohstoffallokation von 100% aufrechterhalten, solange die Zeitreihe des S&P GSCI Rohöl-Subindex (TR) ein positives Momentum und die Zeitreihe ebenfalls einen positiven Preistrend aufwies – gesondert wurden dabei Lags von 1, 3, 6 und 12 Monaten betrachtet. Gegenüber dem Basisfall B_0 (100% Rohöl) wiesen in Modell 3 zwei Varianten eine deutliche Mehrperformance auf (vgl.Tab.34). Allen Momentumvarianten war analog zu Modell 1 und 2 eine deutliche Reduzierung der Volatilität gegenüber dem Basisfall gemein. Alle Varianten wiesen gegenüber B_0 eine höhere Sharpe Ratio auf - die maximale Sharpe Ratio zeigte das Momentum Modell basierend auf 3 Monaten (2,34).

	B_0		M (1M)		M (3M)		M (6M)		M (12M)	
Rendite	21,4%		19,5%		24,0%		21,1%		22,6%	
Standardabweichung	32,9%		24,8%		29,0%		28,7%		28,5%	
Sharpe-Ratio	1,79		2,11		2,34		2,01		2,21	
Korr.(Aktien,Anleihen)	-0,09	0,06	-0,13	-0,03	-0,09	-0,04	-0,13	-0,04	-0,11	-0,03
Schiefe/Wölbung	0,73	2,68	1,48	9,16	1,12	5,12	0,92	4,46	0,91	4,59
SV	21,6%		15,1%		18,2%		18,5%		18,5%	
AW	42%		23%		28%		30%		31%	
$VaR_{95\%,10.000USD}$	3.253		2127		2375		2612		2423	

Tabelle 34: Momentum Rohöl – Modell 3

In Modell 3 wurde über drei der vier Varianten deutlich weniger Liquidität gehalten als in Modell 1 und 2 (41%, 27%, 22%, 18%). Die Korrelationseigenschaften verbesserten sich im Durchschnitt gegenüber B_0. Die positive Schiefe der Verteilung weitete sich über die vier Varianten in Modell 3 leicht aus; ebenso stieg der Wölbungskoeffizienten über alle Varianten an. Die Semivolatilität lag in allen Varianten deutlich über 50%, wies aber keine deutliche Verbesserung gegenüber dem Basisfall von 66% auf. Die empirische Ausfallwahrscheinlichkeit lag in allen vier Varianten des Modells 3 deutlich unter dem Niveau des Basisfalls (42%), jedoch lag die Range zwischen 23% und 31% deutlich über dem vergleichbaren Niveau von Modell 1 und 2. Der empirische Value at Risk für eine Position von 10.000 USD auf einem Konfidenzlevel von 95% bewegte sich im Durchschnitt pro Jahr zwischen 2.127 USD und 2.612 USD (im Vergleich zu 3.253 USD im Basisfall B_0).

Alle Momentum Modelle zeigten sich in 10 von 12 Varianten nach dem Kriterium der risikoadjustierten Rendite (Sharpe Ratio) der reinen Haltestrategie von Rohöl überlegen. Dieses Ergebnis ist konsistent mit den Ergebnissen zum S&P GSCI. Die Korrelationseigenschaften gegenüber Aktien und Anleihen verbesserten sich im Durchschnitt leicht. Analog zu den Ergebnissen zum S&P GSCI sei auch hier die deutliche Reduktion der empirischen Ausfallwahrscheinlichkeit über alle Varianten der Momentum Strategien angeführt, die auch hier am deutlichsten in Modell 1 ausgeprägt war. Von den Ergebnissen besonders herausgestellt werden die Varianten 12M in Modell 1, sowie 3M in Modell 2 und 3, die eine Sharpe Ratio von 2,46, 2,47 und 2,34 aufwiesen.

Überprüfung der Ergebnisse auf statistische Signifikanz

Die Ergebnisse der Momentum Modelle 1-3 im Vergleich zu einer Buy-and-Hold Strategie Rohöl (S&P GSCI Rohöl TR) wurden mittels einfaktorieller ANOVA auf statistische Signifikanz getestet. Auf Basis aller Renditerealisierungen war $F_{krit} = 2,37 > F = 0,13$ (Model 1), $F_{krit} = 2,37 > F = 0,18$ (Model 2), $F_{krit} = 2,37 > F = 0,09$ (Model 3) und P-Wert = 0,9717 (Model 1), P-Wert = 0,9503 (Model 2), P-Wert = 0,9858 (Model 3); somit war der Unterschied der Mittelwerte nicht signifikant. Unterschied man jedoch Phasen positiver und negativer Entwicklung des S&P GSCI Rohöl (TR) Subindex, und ordnete jeweils die unter den vorgestellten Modellen zu erreichenden Renditen zu, gliederte sich das Spektrum charakteristisch auf (vgl. Anhang, 4.3.2 Momentum Strategien (Rohöl)). So zeigten die Ergebnisse der positiven Renditerealisationen bei allen Momentum Modellen im Vergleich zum S&P GSCI Rohöl TR statistische Signifikanz ($F_{krit} = 2,38 < F = 6,15$ und P-Wert = 0,0001 [Modell 1]), ($F_{krit} = 2,38 < F = 4,10$ und P-Wert = 0,0027 [Modell 2]), ($F_{krit} = 2,38 < F = 3,07$ und P-Wert = 0,0159 [Modell 3]). Es wurde also in Phasen allgemein positiver Renditen ein unterdurchschnittlicher Erfolg erzielt. In Phasen negativer Renditerealisationen fielen jedoch die entsprechenden Verluste, die mit den Momentum Modellen 1-3 erzielt wurden, ebenfalls signifikant geringer aus: $F_{krit} = 2,38 < F = 15,71$ und P-Wert = 0,0001 [Modell 1], $F_{krit} = 2,38 < F = 9,01$ und P-Wert = 0,0001 [Modell 2], $F_{krit} = 2,38 < F = 6,9$ und P-Wert = 0,0002 [Modell 3].

4.3.2.3 Momentum - Gold

Im Rahmen des Modells 1 wurde eine Rohstoffallokation von 100% aufrechterhalten, solange die Zeitreihe des S&P GSCI Gold-Subindex (TR) ein positives Momentum aufwies – gesondert wurden dabei Lags von 1, 3, 6 und 12 Monaten betrachtet. Die Abb.64 zeigt den Verlauf von Gold im Vergleich zum 12 Monats-Momentum.

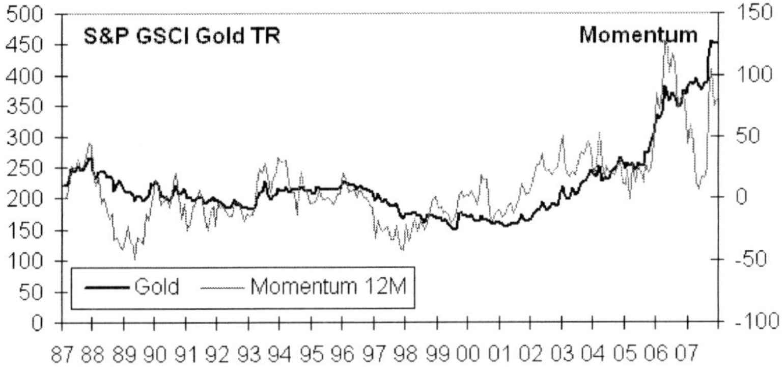

Abbildung 64: Rohöl und Momentum

Gegenüber dem Basisfall B_0 (100% Gold) konnte in Modell 1 nur die dritte Momentumvariante (6M) keine Mehrperformance aufweisen (vgl.Tab.35). Allen Momentumvarianten war darüber hinaus eine deutliche Reduzierung der Volatilität gegenüber dem Basisfall gemein. Auf Grundlage der Sharpe Ratio war keine Einschätzung möglich.

	B_0		M (1M)		M (3M)		M (6M)		M (12M)	
Rendite	3,6%		4,3%		4,0%		1,2%		4,3%	
Standardabweichung	13,3%		10,4%		10,0%		9,7%		10,6%	
Sharpe-Ratio	neg.		neg.		neg.		neg.		neg.	
Korr.(Aktien,Anleihen)	0,04	0,24	-0,04	0,20	-0,06	0,14	0,00	0,11	-0,10	0,14
Schiefe/Wölbung	0,58	1,35	0,97	5,12	0,95	5,87	0,05	2,89	0,95	5,25
SV	8,7%		6,6%		6,4%		6,9%		6,8%	
AW	51%		31%		27%		28%		29%	
$VaR_{95\%,10.000USD}$	1.752		1.289		1.238		1.479		1.318	

Tabelle 35: Momentum Gold – Modell 1

In Modell 1 wurde über die vier Varianten über beinahe die Hälfte der Zeit ausschließlich Liquidität gehalten (44%, 48%, 51%, 47%). Die Korrelationseigenschaften gegenüber Aktien und Anleihen verbesserten sich gegenüber B_0 in allen Varianten: besonders die relativ hohe Korrelation zu Anleihen (0,24) ließ sich auf 0,11 reduzieren. Der Schiefeparameter stieg über drei der vier Varianten leicht an. Alle Varianten wiesen gegenüber dem Basisfall B_0 eine deutliche Excess-Kurtosis auf. Der Anteil der Semivolatilität (SV) an der Gesamtvolatilität stieg gegenüber dem Basisfall über alle Momentumstrategien leicht an, und bewegte sich zwischen 64% und 71% der Gesamtvolatilität. Die empirische Ausfallwahrscheinlichkeit ließ sich ausgehend von 51% auf ein Niveau zwischen 27% und 31% senken. Der empirische Value at Risk für eine Position von 10.000 USD auf einem Konfidenzlevel von 95% bewegt sich im Durchschnitt pro Jahr zwischen 1.238 USD und 1.479 USD (im Vergleich zu 1.752 USD im Basisfall B_0).

Im Rahmen des Modells 2 wurde eine Rohstoffallokation von 100% aufrechterhalten, solange das Momentum der Zeitreihe des S&P GSCI Gold Subindex (TR) anstieg – gesondert wurden dabei Lags von 1, 3, 6 und 12 Monaten betrachtet. Gegenüber dem Basisfall B_0 (100% Gold) konnten in Modell 2 drei der vier Momentumvarianten eine Mehrperformance aufweisen (vgl. Tab.36). Allen Momentumvarianten ist analog zu Modell 1 eine deutliche Reduktion der Volatilität gegenüber dem Basisfall gemein. Auf Grundlage der Sharpe Ratio war analog zu Modell 1 keine Einschätzung möglich; lediglich die Varianten 3M und 12M wiesen eine positive Sharpe Ratio auf.

	B_0		M (1M)		M (3M)		M (6M)		M (12M)	
Rendite	3,6%		4,1%		4,7%		3,5%		6,6%	
Standardabweichung	13,3%		10,0%		10,2%		10,3%		10,5%	
Sharpe-Ratio	neg.		neg.		0,11		neg.		0,71	
Korr.(Aktien,Anleihen)	0,04	0,24	-0,02	0,14	-0,04	0,11	-0,02	0,10	-0,01	0,16
Schiefe/Wölbung	0,58	1,35	0,62	3,18	0,62	3,09	0,35	3,07	0,47	2,47
SV	8,7%		6,5%		6,6%		7,0%		6,8%	
AW	51%		27%		26%		28%		28%	
$VaR_{95\%,10.000USD}$	1752		1230		1201		1347		1065	

Tabelle 36: Momentum Gold – Modell 2

In Modell 2 wurde vergleichbar zu Modell 1 über die vier Varianten beinahe die Hälfte der Zeit ausschließlich Liquidität gehalten (52%, 53%, 49%, 46%). Die Korrelationseigenschaften verbesserten sich gegenüber B_0 und den Ergebnissen in Modell 1 über alle vier Varianten: besonders die Korrelation zu Anleihen konnte durch die Modell Varianten 3M und 6M halbiert werden. Die positive Schiefe der empirischen Verteilung (rechtschiefe Verteilung) blieb in M (1M) und M (3M) konstant und ging in M (12M) und M (6M) zurück. Alle vier Varianten wiesen darüber hinaus höhere Wölbungskoeffizienten ggü. dem Basisfall auf. Der Anteil der Semivolatilität (SV) an der Gesamtvolatilität blieb über die Momentumstrategien annähernd unverändert bei rd. 65%. Die empirische Ausfallwahrscheinlichkeit bewegte sich über alle vier Varianten auf einem Niveau von etwa 50% gegenüber dem Basisfall B_0 und lag damit unter den Levels der vier Varianten in Modell 1. Der empirische Value at Risk für eine Position von 10.000 USD auf einem Konfidenzlevel von 95% bewegte sich im Durchschnitt pro Jahr zwischen 1.065 USD und 1.347 USD (im Vergleich zu 1.752 USD im Basisfall B_0).

Im Rahmen des Modells 3 wurde eine Rohstoffallokation von 100% aufrechterhalten, solange die Zeitreihe des S&P GSCI Gold Subindex (TR) ein positives Momentum, und die Zeitreihe ebenfalls einen positiven Preistrend aufwies – gesondert wurden dabei Lags von 1, 3, 6 und 12 Monaten betrachtet. Gegenüber dem Basisfall B_0 (100% Gold) konnte in Modell 3 nur die dritte Momentumvariante (6M) keine deutliche Mehrperformance aufweisen (vg. Tab.37). Allen Momentumvarianten ist analog zu Modell 1 und 2 eine deutliche Reduktion der Volatilität gegenüber dem Basisfall gemein. Auf Grundlage der Sharpe Ratio war analog zu Modell 1 und 2 keine Einschätzung möglich, wobei analog zu Modell 2 die Varianten 3M und 12M eine positive Sharpe Ratio aufwiesen. In Modell 3 wurde über drei der vier Varianten deutlich weniger Liquidität gehalten als in Modell 1 und 2 (52%, 35%, 30%, 27%). Die Korrelationseigenschaften gegenüber Aktien und Anleihen verbesserten sich gegenüber B_0 über alle vier Varianten; lagen jedoch leicht hinter den Ergebnissen von Modell 1 und 2. Die positive Schiefe der empirischen Verteilung nahm über die vier Momentum-Varianten im Durchschnitt leicht ab, die Kurtosis lag mit Ausnahme von M (1M) deutlich unter dem Niveau der Normalverteilung.

	B_0		M (1M)		M (3M)		M (6M)		M (12M)	
Rendite	3,6%		4,1%		4,5%		3,3%		4,8%	
Standardabweichung	13,3%		10,0%		11,0%		11,5%		11,7%	
Sharpe-Ratio	neg.		neg.		0,04		neg.		0,13	
Korr.(Aktien,Anleihen)	0,04	0,24	-0,03	0,14	-0,03	0,16	0,01	0,12	0,00	0,17
Schiefe/Wölbung	0,58	1,35	0,63	3,18	0,52	1,85	0,32	1,50	0,40	1,21
SV	8,7%		6,5%		7,2%		7,8%		7,8%	
AW	51%		29%		34%		38%		38%	
$VaR_{95\%,10.000USD}$	1.752		1232		1359		1555		1444	

Tabelle 37: Momentum Gold – Modell 3

Der Anteil der Semivolatilität (SV) an der Gesamtvolatilität änderte sich durch die Momentumstrategien kaum und lag bei rd. 66%. Alle Varianten des Momentummodells 3 wiesen eine deutlich niedrigere empirische Ausfallwahrscheinlichkeit gegenüber dem Basisfall B_0 mit 51% auf. Die Ausfallwahrscheinlichkeiten in Modell 3 lagen aber deutlich über den Ergebnissen von Modell 1 und 2. Der empirische Value at Risk für eine Position von 10.000 USD auf einem Konfidenzlevel von 95% bewegte sich im Durchschnitt pro Jahr zwischen 1.232 USD und 1.555 USD (im Vergleich zu 1.752 USD im Basisfall B_0).

Ein Investment in Gold in Form des S&P GSCI Gold Subindex (TR) führte nur in vier Momentum Varianten zu einer leicht positiven Sharpe Ratio. In 9 von 12 Varianten wurde eine höhere durchschnittliche Rendite erzielt, und in allen Varianten lag die Volatilität deutlich unter dem Niveau des Basisfalles B_0. Die Portfolioeigenschaften im Sinne der Korrelation mit Aktien und Anleihen verbesserten sich über die Modelle 1-3. Das Modell 2 wies in der Summe die günstigsten empirischen Ausfallwahrscheinlichkeiten gegenüber dem Basisfall B_0 auf. Besonders vorteilhafte Ergebnisse mit einer deutlichen Steigerung der durchschnittlichen jährlichen Rendite von 3,6% auf 6,6% besaß die Variante 12M im Modell 2.

Überprüfung der Ergebnisse auf statistische Signifikanz

Die Ergebnisse der Momentum Modelle 1-3 im Vergleich zu einer Buy-and-Hold Strategie Gold (S&P GSCI Gold TR) wurden mittels einfaktorieller ANOVA auf statistische Signifikanz getestet. Auf Basis aller Renditerealisierungen war $F_{krit} = 2,37 > F = 0,36$ (Model 1), $F_{krit} = 2,37 > F = 0,26$ (Model 2), $F_{krit} = 2,37 > F = 0,06$ (Model 3) und P-Wert = 0,8337 (Model 1), P-Wert = 0,9018 (Model 2), P-Wert = 0,99941 (Model 3);

somit war der Unterschied der Mittelwerte nicht signifikant. Unterschied man jedoch Phasen positiver und negativer Entwicklung des S&P GSCI Gold (TR) Subindex, und ordnete jeweils die unter den vorgestellten Modellen zu erreichenden Renditen zu, gliederte sich das Spektrum charakteristisch auf (vgl. Anhang, 4.3.2 Momentum Strategien (Gold)). So zeigten die Ergebnisse der positiven Renditerealisationen bei allen Momentum Modellen im Vergleich zum S&P GSCI Gold TR statistische Signifikanz (F_{krit} = 2,38 < F = 7,01 und P-Wert = 0,0001 [Modell 1]), (F_{krit} = 2,38 < F = 5,411 und P-Wert = 0,0003 [Modell 2]), (F_{krit} = 2,38 < F = 3,95 und P-Wert = 0,0035 [Modell 3]). Es wurde also in Phasen allgemein positiver Renditen ein unterdurchschnittlicher Erfolg erzielt. In Phasen negativer Renditerealisationen fielen jedoch die entsprechenden Verluste, die mit den Momentum Modellen 1-3 erzielt wurden, ebenfalls signifikant geringer aus: F_{krit} = 2,38 < F = 6,14 und P-Wert = 0,0001 [Modell 1], F_{krit} = 2,38 < F = 8,15 und P-Wert = 0,0001 [Modell 2], F_{krit} = 2,38 < F = 5,39 und P-Wert = 0,0003 [Modell 3].

Fazit Momentum Strategien S&P GSCI, Rohöl und Gold

Alle Varianten der Momentum Modelle führten für S&P GSCI, 10 von 12 Varianten für Rohöl zu einer verbesserten risikoadjustierten Performance. Für eine Gold Allokation konnte im Durchschnitt eine höhere durchschnittliche Rendite sowie eine über alle Varianten niedrigere Volatilität gegenüber dem Basisfall erzielt werden. Im Durchschnitt konnten die Korrelationseigenschaften ggü. Aktien und Anleihen weiter verbessert werden. Über alle Varianten der Modelle 1-3 gilt, dass der Investor eine Verminderung der negativen Renditeausprägungen zu Lasten einer eingeschränkten Partizipation bei den positiven Renditeausprägungen realisierte. Eine Interpretation für das gute Abschneiden der Momentum Strategien könnte in der im Vergleich zu Aktien und Anleihen stark ausgeprägten Mean Reversion Preiseigenschaften begründet liegen: zwischen den lokalen Minima und Maxima der Preisausprägungen können die Preisverläufe als relativ trendstabil beschrieben werden.

4.3.3 Gleitende Durchschnitte Strategien

Basierend auf den Ausführungen zum Konzept gleitender Durchschnitte (vgl. Kapitel 3.5.3) wurden zwei Strategien entwickelt, die an die Mean Reversion Eigenschaften von Rohstoffen angelehnt sind. Ziel ist es, in positiven Trendphasen im

Rohstoffbereich – repräsentiert durch Allokationen zum S&P Goldman Sachs Commodity Index (S&P GSCI), Rohöl und Gold – investiert zu sein, Reversionslevel zu identifizieren, und in negativen Trendphasen das Exposure zum Rohstoffbereich zugunsten des Haltens von Kasse abzubauen, um die Rendite-Risiko-Relation der Teilportfolio-Rohstoffallokation zu verbessern, und gleichzeitig die finanzstatistischen Eigenschaften von Rohstoffen auf Gesamtportfolioebene (vgl. Kapitel 4.1) beizubehalten. Grundidee der beschriebenen Modelle ist es dabei, die strategische Rohstoff-Allokation im Portfolio zu steuern; hierzu werden jeweils Monatsschlusskurse verwendet, um Fehlsignale und eine zu häufige Allokationsanpassung resultierend aus einer höheren Datenfrequenz zu vermeiden.

Strategie 1: Komparatives System gleitender Durchschnitte

Solange der aktuelle gleitende Durchschnitt (MA_t) größer ist als der gleitende Durchschnitt der Vorperiode (MA_{t-1}) wird eine Rohstoffallokation von 100% beibehalten; fällt der aktuelle gleitende Durchschnitt unter das Niveau der Vorperiode wird zu 100% in Liquidität investiert.

Strategie 2: System gleitender Durchschnitt in Relation zum Schlusskurs

Die Schlusskurse (P_t) der zugrunde liegenden Zeitreihe werden mit den gleitenden Durchschnitten (MA_t) der Zeitreihe verglichen: solange der aktuelle Preis (P_t) größer ist als der gleitende Durchschnitt (MA_t) wird eine Rohstoff-Allokation von 100% aufrechterhalten. Wenn der Schlusskurs (P_t) kleiner ist als der gleitende Durchschnitt (MA_t), wird 100% in Liquidität gehalten.

4.3.3.1 Gleitende Durchschnitte - S&P GSCI

Im Rahmen des Modells 1 wurde eine Rohstoffallokation von 100% aufrechterhalten, solange der aktuelle gleitende Durchschnitt (MA_t) größer als der gleitende Durchschnitt der Vorperiode (MA_{t-1}) war. Fiel der der aktuelle gleitende Durchschnitt unter das Niveau der Vorperiode, wurde zu 100% in Liquidität investiert. Hierbei wurden auf der Grundlage monatlicher Daten einfache gleitende Durchschnitte (SMA), gewichtete gleitende Durchschnitte (WMA), und exponentiell gewichtete Durchschnitte

(EMA), jeweils mit den Periodenlängen 10, 12, 15 und 18 Monate untersucht. Die Abb.65 zeigt den Verlauf des S&P GSCI im Vergleich zum langfristigen Durchschnitt und zum einfachen gleitenden Durchschnitts basierend auf 12 Monaten.

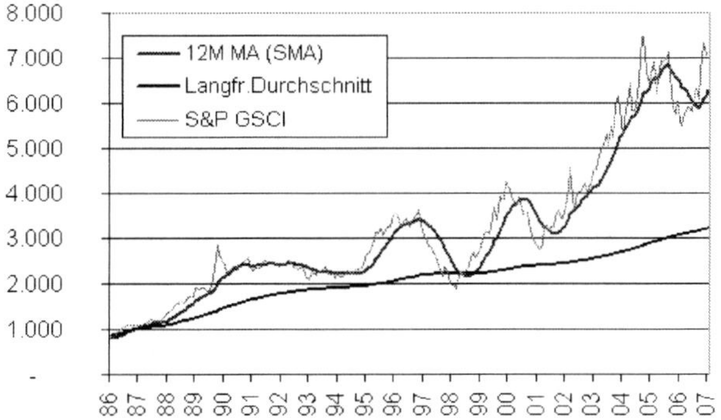

Abbildung 65: S&P GSI – langfristige Durchschnitte

Die Tabelle 38 zeigt die Ergebnisse, die durch Anwendung des Modells 1 erzielt wurden. Gegenüber dem Basisfall B_0 (100% S&P GSCI) wiesen im Modell 1 10 von 12 Realisationen eine höhere durchschnittliche Rendite, sowie alle Varianten eine niedrigere durchschnittliche Volatilität per annum auf. Alle Varianten wiesen gegenüber B_0 eine höhere Sharpe Ratio auf - die maximale Sharpe Ratio besaß das Modell basierend auf einem einfachen gleitenden Durchschnitt und 10 Monaten (2,26). Im Durchschnitt stieg die Sharpe Ratio über alle Varianten des Modells 1 um 52% an, wobei die durchschnittlichen Ergebnisse des gewichteten gleitenden Durchschnitts über den Ergebnissen des einfachen und exponentiell gewichteten Durchschnitts lagen. Durch die regelbasierte Investmententscheidung wurde zwischen 24% und 28% des Gesamtzeitraumes Liquidität gehalten. Die Korrelationseigenschaften verbesserten sich gegenüber B_0 in allen Varianten, die negative Korrelation zu Aktien weitete sich aus (Maximum bei -0,11 WMA(10)) und die leicht positive Korrelation zu Anleihen sank. Die positive Schiefe der empirischen Renditeverteilung weitete sich über die 12 Varianten in Modell 1 leicht aus – das Ausmaß der leptokurtischen Verteilung der Renditen nahm ebenfalls zu.

S&P GSCI / SMA	B_0		SMA (10M)		SMA (12M)		SMA (15M)		SMA (18M)	
Rendite	11,2%		14,8%		14,3%		11,0%		11,2%	
Standardabweichung	19,0%		16,0%		15,8%		16,1%		16,2%	
Sharpe-Ratio	1,23		2,26		2,17		1,43		1,45	
Korr.(Aktien,Anleihen)	-0,02	0,10	-0,08	0,02	-0,07	0,02	-0,03	-0,01	-0,03	-0,02
Schiefe/Wölbung	0,37	1,17	0,52	2,90	0,50	3,02	0,48	2,96	0,49	3,08
SV	12,8%		10,6%		10,6%		10,7%		10,6%	
AW	43%		26%		27%		28%		29%	
$VaR_{95\%,10.000USD}$	1.916		1.150		1.166		1.541		1.544	
S&P GSCI / WMA	**B_0**		**WMA (10M)**		**WMA (12M)**		**WMA (15M)**		**WMA (18M)**	
Rendite	11,2%		13,0%		13,5%		13,6%		13,3%	
Standardabweichung	19,0%		15,9%		16,0%		16,0%		15,9%	
Sharpe-Ratio	1,23		1,88		1,96		1,99		1,93	
Korr.(Aktien,Anleihen)	-0,02	0,10	-0,11	0,00	-0,10	0,01	-0,09	0,02	-0,09	0,01
Schiefe/Wölbung	0,37	1,17	0,55	3,13	0,52	2,91	0,49	2,84	0,50	2,89
SV	12,8%		10,7%		10,7%		10,7%		10,7%	
AW	43%		29%		29%		28%		28%	
$VaR_{95\%,10.000USD}$	1.916		1.314		1.287		1.270		1.293	
S&P GSCI / EMA	**B_0**		**EMA (10M)**		**EMA (12M)**		**EMA (15M)**		**EMA (18M)**	
Rendite	11,2%		12,6%		12,9%		13,6%		12,9%	
Standardabweichung	19,0%		16,0%		16,0%		16,0%		16,2%	
Sharpe-Ratio	1,23		1,77		1,83		1,98		1,81	
Korr.(Aktien,Anleihen)	-0,02	0,10	-0,10	0,02	-0,09	0,01	-0,09	0,01	-0,09	0,01
Schiefe/Wölbung	0,37	1,17	0,54	3,00	0,51	2,92	0,48	2,75	0,49	2,75
SV	12,8%		10,8%		10,8%		10,8%		10,7%	
AW	43%		29%		29%		29%		30%	
$VaR_{95\%,10.000USD}$	1.916		1.375		1.350		1.280		1.384	

Tabelle 38: S&P GSCI – Gleitende Durchschnitte – Modell 1

Das Verhältnis der Semivolatilität zur gesamten Volatilität veränderte sich gegenüber dem Basisfall B_0 nicht und lag bei 66%. Die Ausfallwahrscheinlichkeit gegenüber dem Basisfall B_0 sank von 43% um rd. 10%. Der empirische Value at Risk für eine Position von 10.000 USD auf einem Konfidenzlevel von 95% bewegte sich im Durchschnitt pro Jahr zwischen 1.150 USD und 1.544 USD (im Vergleich zu 1.916 USD im Basisfall B_0).

Im Rahmen des Modells 2 wurden die Schlusskurse (P_t) der zugrunde liegenden Zeitreihe mit den gleitenden Durchschnitten (MA_t) der Zeitreihe verglichen: solange der aktuelle Preis (P_t) größer als der gleitende Durchschnitt (MA_t) war, wurde eine Rohstoff-Allokation von 100% aufrechterhalten. Wurde der Schlusskurs (P_t) dagegen kleiner als der gleitende Durchschnitt ist (MA_t), wurde zu 100% Liquidität gehalten. Hierbei wurden auf der Grundlage monatlicher Daten einfache gleitende Durchschnitte (SMA), gewichtete gleitende Durchschnitte (WMA), und exponentiell gewichtete Durchschnitte (EMA), jeweils mit den Periodenlängen 10, 12, 15 und 18 Monate untersucht. Die Tabelle 39 zeigt die Ergebnisse, die durch Anwendung des Modells 2 erzielt wurden. Gegenüber dem Basisfall B_0 (100% S&P GSCI) wiesen im Modell 2 alle Realisationen höhere durchschnittliche Rendite sowie eine niedrigere durchschnittliche Volatilität per annum auf. Alle Varianten wiesen gegenüber B_0 eine höhere Sharpe Ratio auf - die maximale Sharpe Ratio zeigte die Variante basierend auf einem einfachen gleitenden Durchschnitt und 15 Monaten (1,99). Im Durchschnitt stieg die Sharpe Ratio über alle Varianten des Modells 2 um 49% an, wobei die durchschnittlichen Ergebnisse des einfachen gleitenden Durchschnitts über den Ergebnissen von WMA und EMA lagen.

S&P GSCI / SMA	B_0		SMA (10M)		SMA (12M)		SMA (15M)		SMA (18M)	
Rendite	11,2%		12,8%		13,1%		13,6%		13,3%	
Standardabweichung	19,0%		15,9%		16,0%		16,0%		15,9%	
Sharpe-Ratio	1,23		1,84		1,89		1,99		1,93	
Korr.(Aktien,Anleihen)	-0,02	0,10	-0,11	0,00	-0,10	0,02	-0,09	0,02	-0,09	0,01
Schiefe/Wölbung	0,37	1,17	0,56	3,18	0,55	3,03	0,49	2,84	0,50	2,89
SV	12,8%		10,6%		10,7%		10,7%		10,7%	
AW	43%		28%		29%		28%		28%	
$VaR_{95\%,10.000USD}$	1.916		1.328		1.319		1.270		1.293	
S&P GSCI / WMA	**B_0**		**WMA (10M)**		**WMA (12M)**		**WMA (15M)**		**WMA (18M)**	
Rendite	11,2%		11,7%		12,1%		12,2%		13,6%	
Standardabweichung	19,0%		15,7%		15,8%		15,8%		16,2%	
Sharpe-Ratio	1,23		1,61		1,69		1,70		1,97	
Korr.(Aktien,Anleihen)	-0,02	0,10	-0,13	-0,02	-0,12	-0,02	-0,12	0,00	-0,08	0,02
Schiefe/Wölbung	0,37	1,17	0,62	3,48	0,60	3,36	0,59	3,27	0,48	2,71
SV	12,8%		10,4%		10,5%		10,5%		10,9%	
AW	43%		27%		29%		29%		29%	
$VaR_{95\%,10.000USD}$	1.916		1.417		1.385		1.387		1.304	
S&P GSCI / EMA	**B_0**		**EMA (10M)**		**EMA (12M)**		**EMA (15M)**		**EMA (18M)**	
Rendite	11,2%		12,6%		12,9%		13,6%		12,9%	
Standardabweichung	19,0%		16,0%		16,0%		16,0%		16,2%	
Sharpe-Ratio	1,23		1,77		1,83		1,98		1,81	
Korr.(Aktien,Anleihen)	-0,02	0,10	-0,10	0,02	-0,09	0,01	-0,09	0,01	-0,09	0,01
Schiefe/Wölbung	0,37	1,17	0,54	3,00	0,51	2,92	0,48	2,75	0,49	2,75
SV	12,8%		10,8%		10,8%		10,8%		10,7%	
AW	43%		29%		29%		29%		30%	
$VaR_{95\%,10.000USD}$	1.916		1.375		1.350		1.280		1.384	

Tabelle 39: S&P GSCI – Gleitende Durchschnitte – Modell 2

In Modell 2 lag die Liquiditätshaltung im Durchschnitt leicht über der Liquiditätsquote in Modell 1: über die 12 Varianten lag die Spannweite zwischen 24% und 33% Liquidität im Gesamtzeitraum. Die Korrelationseigenschaften verbesserten sich gegenüber B_0 in allen Varianten, die negative Korrelation zu Aktien weitete sich aus (Maximum bei -0,13 WMA(10)), und die leicht positive Korrelation zu Anleihen sank und wurde in zwei Varianten sogar negativ. Die positive Schiefe der empirischen Renditeverteilung weitete sich über die 12 Varianten in Modell 2 leicht aus – das Ausmaß der leptokurtischen Verteilung der Renditen nahm ebenfalls zu. Das Verhältnis der Semivolatilität zur gesamten Volatilität veränderte sich gegenüber dem Basisfall B_0 nicht und lag bei 67%. Die Ausfallwahrscheinlichkeit sank gegenüber dem Basisfall B_0 von 43% auf Werte zwischen 27% und 30%. Der empirische Value at Risk für eine Position von 10.000 USD auf einem Konfidenzlevel von 95% bewegte sich im Durchschnitt pro Jahr zwischen 1.270 USD und 1.417 USD (im Vergleich zu 1.916 USD im Basisfall B_0).

Überprüfung der Ergebnisse auf statistische Signifikanz

Die Ergebnisse der beiden Strategien im Bereich gleitender Durchschnitte im Vergleich zu einer Buy-and-Hold Strategie S&P GSCI wurden mittels einfaktorieller ANOVA auf statistische Signifikanz getestet. Auf Basis aller Renditerealisierungen war $F_{krit} = 1{,}76 > F = 0{,}13$, P-Wert = 0,9998 (Strategie 1) und $F_{krit} = 1{,}76 > F = 0{,}08$, P-Wert = 0,9999 (Strategie 2); somit war der Unterschied der Mittelwerte in beiden Strategien nicht signifikant. Unterschied man jedoch Phasen positiver und negativer Entwicklung des S&P GSCI (TR), und ordnete jeweils die unter den vorgestellten Modellen zu erreichenden Renditen zu, gliederte sich das Spektrum charakteristisch auf (vgl. Abb.66 und 67).

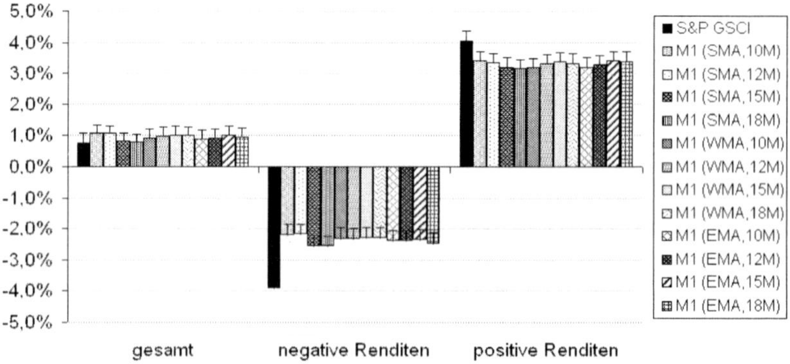

Abbildung 66: S&P GSCI – Gleitende Durchschnitte – Modell 1

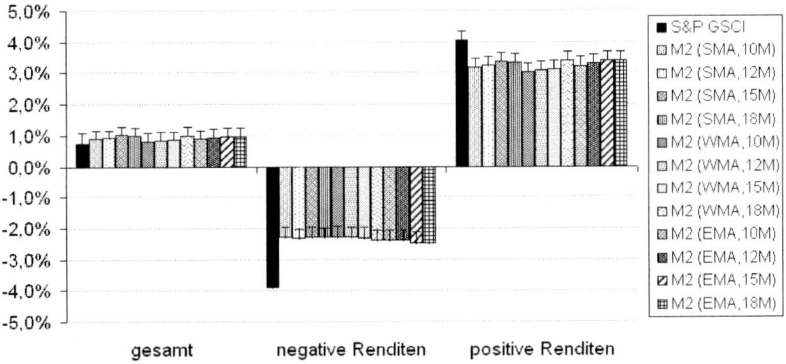

Abbildung 67: S&P GSCI – Gleitende Durchschnitte – Modell 2

So zeigten die Ergebnisse der positiven Renditerealisationen bei beiden Strategien im Vergleich zum S&P GSCI keine statistische Signifikanz (F_{krit} = 1,76 > F = 0,58 und P-Wert = 0,8594 [Strategie 1]), (F_{krit} = 1,76 > F = 0,78 und P-Wert = 0,6667 [Strategie 2]). Jedoch zeigten die Ergebnisse der negativen Renditerealisationen mit F_{krit} = 1,76 < F = 1,78 und P-Wert = 0,04712 [Strategie 1], F_{krit} = 1,76 < F = 1,77 und P-Wert = 0,0481 [Strategie 2] statistische Signifikanz. Es wurde also in Phasen allgemein positiver Renditen kein unterdurchschnittlicher Erfolg erzielt. In Phasen negativer Renditerealisationen fielen jedoch die entsprechenden Verluste, die mit den beiden Strategien gleitender Durchschnitte erzielt wurden, signifikant geringer aus.

Zwischenfazit S&P GSCI

Der durchschnittliche Anstieg der Sharpe Ratio gegenüber dem Basisfall B_0 war am stärksten in Strategie 1 ausgeprägt. Von den 24 getesteten Varianten über 2 Strategien wies keine Variante eine im Vergleich zum Basisfall B_0 geringere Sharpe Ratio auf. In Strategie 1 erzielten die Varianten basierend auf WMA leicht bessere Ergebnisse als die Varianten, die auf SMA und EMA basierten. Bezogen auf den Zeithorizont des gleitenden Durchschnitts zeigten die Varianten auf 12 Monats-Basis leicht bessere Ergebnisse als die Varianten auf 10, 15 und 18 Monats-Basis. In Strategie 2 wiesen die Varianten basierend auf SMA leicht bessere Ergebnisse auf als die Varianten, die auf WMA und EMA basierten. Bezogen auf den Zeithorizont des gleitenden Durchschnitts zeigten die Varianten auf 15 und 18 Monats-Basis leicht bessere Ergebnisse als die Varianten auf 10 und 12 Monats-Basis. Über beide Strategien und

24 getestete Varianten verbesserten sich die Portfolioeigenschaften in Form der Korrelation zu Aktien und Anleihen, d.h. die negative Korrelation zu Aktien weitete sich aus und die leicht positive Korrelation zu Anleihen nahm ab.

4.3.3.2 Gleitende Durchschnitte - Rohöl

Im Rahmen des Modells 1 wurde eine Rohstoffallokation von 100% aufrechterhalten, solange der aktuelle gleitende Durchschnitt (MA_t) größer als der gleitende Durchschnitt der Vorperiode (MA_{t-1}) war (komparatives System gleitender Durchschnitte). Fiel der der aktuelle gleitende Durchschnitt unter das Niveau der Vorperiode wurde zu 100% in Liquidität investiert. Hierbei wurden auf der Grundlage monatlicher Daten einfache gleitende Durchschnitte (SMA), gewichtete gleitende Durchschnitte (WMA), und exponentiell gewichtete Durchschnitte (EMA), jeweils mit den Periodenlängen 10, 12, 15 und 18 Monate untersucht. Die Abb.68 zeigt den Verlauf des S&P GSCI Rohöl Index im Vergleich zum langfristigen Durchschnitt und zum einfachen gleitenden Durchschnitt basierend auf 12 Monaten.

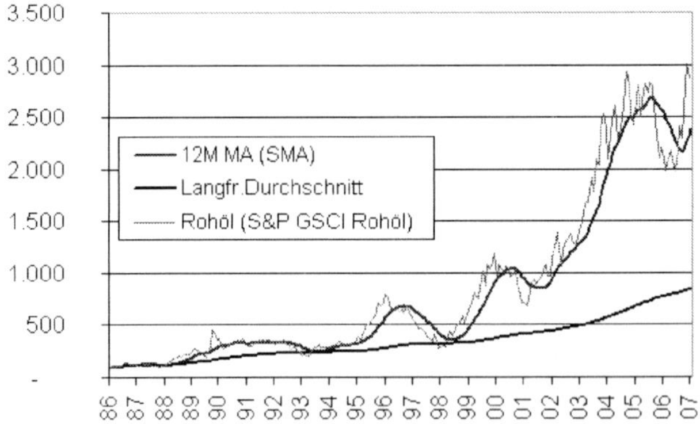

Abbildung 68: Rohöl – langfristige Durchschnitte

Die Tabelle 40 zeigt die Ergebnisse, die durch Anwendung des Modells 1 erzielt wurden. Gegenüber dem Basisfall B_0 (100% Rohöl) konnten in allen Varianten niedrigere durchschnittliche Volatilitäten per annum erzielt werden. Risikoadjustiert (Sharpe Ratio) wiesen lediglich drei Varianten eine niedrigere Performance gegenüber B_0 auf - die maximale Sharpe Ratio besaß das Modell basierend auf einem gewichteten gleitenden Durchschnitt und 12 Monaten (2,16). Im Durchschnitt stieg die Sharpe Ratio über alle Varianten des Modells 1 um 5% an, wobei die durchschnittlichen Ergebnisse des gewichteten und exponentiell gewichteten gleitenden Durchschnitts leicht über den Ergebnissen des einfachen gleitenden Durchschnitts lagen.

Rohöl / SMA	**B_0**		**SMA (10M)**		**SMA (12M)**		**SMA (15M)**		**SMA (18M)**	
Rendite	21,4%		20,2%		20,2%		16,5%		14,5%	
Standardabweichung	32,9%		27,0%		26,4%		26,9%		27,2%	
Sharpe-Ratio	1,79		2,03		2,07		1,56		1,29	
Korr.(Aktien,Anleihen)	-0,09	0,05	-0,15	-0,06	-0,15	-0,04	-0,11	-0,05	-0,12	-0,06
Schiefe/Wölbung	0,73	2,68	1,12	6,19	1,15	6,66	1,10	6,08	1,07	5,77
SV	21,6%		17,3%		17,1%		17,4%		17,7%	
AW	42%		28%		27%		29%		30%	
$VaR_{95\%,10.000USD}$	3.253		2.420		2.320		2.772		3.020	
Rohöl / WMA	**B_0**		**WMA (10M)**		**WMA (12M)**		**WMA (15M)**		**WMA (18M)**	
Rendite	21,4%		18,9%		21,3%		19,2%		18,2%	
Standardabweichung	32,9%		25,6%		27,1%		27,2%		27,1%	
Sharpe-Ratio	1,79		1,96		2,16		1,88		1,76	
Korr.(Aktien,Anleihen)	-0,09	0,05	-0,13	-0,06	-0,14	-0,05	-0,13	-0,05	-0,14	-0,04
Schiefe/Wölbung	0,73	2,68	0,99	6,63	1,08	5,95	1,03	5,70	1,04	5,87
SV	21,6%		16,9%		17,5%		17,8%		17,8%	
AW	42%		24%		26%		29%		29%	
$VaR_{95\%,10.000USD}$	3.253		2.329		2.320		2.562		2.642	
Rohöl / EMA	**B_0**		**EMA (10M)**		**EMA (12M)**		**EMA (15M)**		**EMA (18M)**	
Rendite	21,4%		20,0%		20,0%		20,3%		19,5%	
Standardabweichung	32,9%		27,2%		27,3%		27,4%		27,6%	
Sharpe-Ratio	1,79		1,98		1,98		2,01		1,89	
Korr.(Aktien,Anleihen)	-0,09	0,05	-0,13	-0,06	-0,13	-0,06	-0,14	-0,06	-0,14	-0,02
Schiefe/Wölbung	0,73	2,68	1,03	5,81	1,03	5,78	1,00	5,60	0,99	5,49
SV	21,6%		17,8%		17,9%		18,1%		18,1%	
AW	42%		27%		27%		29%		30%	
$VaR_{95\%,10.000USD}$	3.253		2.483		2.488		2.479		2.599	

Tabelle 40: Rohöl – Gleitende Durchschnitte – Modell 1

Durch die regelbasierte Investmententscheidung wurde zwischen 23% und 36% des Gesamtzeitraumes Liquidität gehalten. Die Korrelationseigenschaften verbesserten sich gegenüber B_0 in allen Varianten, die negative Korrelation zu Aktien weitete sich aus (Maximum bei -0,14 SMA(12)) und die leicht positive Korrelation zu Anleihen wurde in allen Varianten negativ. Die positive Schiefe der empirischen Renditeverteilung weitete sich über die 12 Varianten in Modell 1 leicht aus – das Ausmaß der leptokurtischen Verteilung der Renditen nahm ebenfalls zu. Der Anteil der Semivolatilität zur gesamten Volatilität veränderte sich gegenüber dem Basisfall B_0 kaum und lag bei 66%. Die Ausfallwahrscheinlichkeit sank gegenüber dem Basisfall B_0 von 42% auf 24% bis 30%. Der empirische Value at Risk für eine Position von 10.000

USD auf einem Konfidenzlevel von 95% bewegte sich im Durchschnitt pro Jahr zwischen 2.320 USD und 3.020 USD (im Vergleich zu 3.253 USD im Basisfall B_0).

Im Rahmen des Modells 2 wurden die Schlusskurse (P_t) der zugrunde liegenden Zeitreihe mit den gleitenden Durchschnitten (MA_t) der Zeitreihe verglichen: solange der aktuelle Preis (P_t) größer als der gleitende Durchschnitt (MA_t) war, wurde eine Rohstoff-Allokation von 100% aufrechterhalten. Wurde der Schlusskurs (P_t) dagegen kleiner als der gleitende Durchschnitt (MA_t), wurde zu 100% Liquidität gehalten. Hierbei wurden auf der Grundlage monatlicher Daten einfache gleitende Durchschnitte (SMA), gewichtete gleitende Durchschnitte (WMA), und exponentiell gewichtete Durchschnitte (EMA), jeweils mit den Periodenlängen 10, 12, 15 und 18 Monate untersucht.

Rohöl / SMA	**B_0**		**SMA (10M)**		**SMA (12M)**		**SMA (15M)**		**SMA (18M)**	
Rendite	21,4%		17,4%		18,2%		19,8%		18,0%	
Standardabweichung	32,9%		26,0%		25,8%		27,2%		27,3%	
Sharpe-Ratio	1,79		1,73		1,85		1,96		1,73	
Korr.(Aktien,Anleihen)	-0,09	0,05	-0,12	-0,05	-0,12	-0,05	-0,13	-0,04	-0,13	-0,05
Schiefe/Wölbung	0,73	2,68	0,95	6,30	0,96	6,28	1,07	5,91	1,05	5,72
SV	21,6%		17,2%		17,1%		17,7%		17,8%	
AW	42%		25%		26%		28%		29%	
$VaR_{95\%,10.000USD}$	3.253		2.535		2.431		2.492		2.684	
Rohöl / WMA	**B_0**		**WMA (10M)**		**WMA (12M)**		**WMA (15M)**		**WMA (18M)**	
Rendite	21,4%		17,6%		17,2%		16,7%		19,6%	
Standardabweichung	32,9%		25,7%		25,8%		26,1%		27,2%	
Sharpe-Ratio	1,79		1,78		1,72		1,63		1,94	
Korr.(Aktien,Anleihen)	-0,09	0,05	-0,11	-0,05	-0,11	-0,05	-0,11	-0,05	-0,13	-0,06
Schiefe/Wölbung	0,73	2,68	0,97	6,66	0,97	6,52	0,92	6,05	1,04	5,82
SV	21,6%		17,0%		17,1%		17,4%		17,8%	
AW	42%		23%		24%		27%		27%	
$VaR_{95\%,10.000USD}$	3.253		2.466		2.530		2.621		2.517	
Rohöl / EMA	**B_0**		**EMA (10M)**		**EMA (12M)**		**EMA (15M)**		**EMA (18M)**	
Rendite	21,4%		19,8%		19,8%		20,1%		19,4%	
Standardabweichung	32,9%		27,2%		27,3%		27,4%		27,6%	
Sharpe-Ratio	1,79		1,96		1,96		1,99		1,87	
Korr.(Aktien,Anleihen)	-0,09	0,05	-0,13	-0,06	-0,13	-0,06	-0,14	-0,06	-0,15	-0,03
Schiefe/Wölbung	0,73	2,68	1,04	5,82	1,03	5,79	1,00	5,61	0,30	5,50
SV	21,6%		17,8%		17,9%		18,1%		18,1%	
AW	42%		27%		27%		29%		30%	
$VaR_{95\%,10.000USD}$	3.253		2.496		2.502		2.492		2.612	

Tabelle 41: Rohöl – Gleitende Durchschnitte – Modell 2

Die Tabelle 41 zeigt die Ergebnisse, die durch Anwendung des Modells 2 erzielt wurden. Gegenüber dem Basisfall B_0 (100% Rohöl) wiesen im Modell 2 alle Realisationen eine niedrigere durchschnittliche Volatilität per annum auf, die durchschnittliche jährliche Rendite sank aber gegenüber B_0 ebenfalls in allen Varianten. Risikoadjustiert (Sharpe Ratio) wiesen 8 von 12 Varianten eine gegenüber B_0 bessere Performance auf. Im Durchschnitt stieg die Sharpe Ratio über alle Varianten des Modells 2 um lediglich 3% an, wobei die durchschnittlichen Ergebnisse des exponentiell gewichteten gleitenden Durchschnitts deutlich besser abschnitten als einfacher und gewichteter gleitender Durchschnitt. In Modell 2 lag die Liquiditätshaltung im Durchschnitt leicht über der Liquiditätsquote in Modell 1: über die 12 Varianten lag die Spannweite zwischen 23% und 39% Liquidität im Gesamtzeitraum. Die Korrelationseigenschaften verbesserten sich gegenüber B_0 in allen Varianten, die negative Korrelation zu Aktien weitete sich aus (Maximum bei -0,15 EMA(18)), und die leicht positive Korrelation zu Anleihen wurde in allen Varianten negativ. Die positive Schiefe der empirischen Renditeverteilung weitete sich über die 12 Varianten in Modell 1 leicht aus – das Ausmaß der leptokurtischen Verteilung der Renditen nahm ebenfalls zu. Der Anteil der Semivolatilität zur gesamten Volatilität lag bei allen Varianten auf dem Niveau des Basisfalls B_0 (66%). Die Ausfallwahrscheinlichkeit sank gegenüber dem Basisfall B_0 von 42% auf Werte zwischen 23% und 30%. Der empirische Value at Risk für eine Position von 10.000 USD auf einem Konfidenzlevel von 95% bewegte sich im Durchschnitt pro Jahr zwischen 2.431 USD und 2.684 USD (im Vergleich zu 3.253 USD im Basisfall B_0).

Überprüfung der Ergebnisse auf statistische Signifikanz

Die Ergebnisse der beiden Strategien im Bereich gleitender Durchschnitte im Vergleich zu einer Buy-and-Hold Strategie Rohöl (S&P GSCI Rohöl (TR) Subindex) wurden mittels einfaktorieller ANOVA auf statistische Signifikanz getestet. Auf Basis aller Renditerealisierungen war $F_{krit} = 1{,}76 > F = 0{,}04$, P-Wert = 0,9999 (Strategie 1) und $F_{krit} = 1{,}76 > F = 0{,}07$, P-Wert = 0,9999 (Strategie 2); somit war der Unterschied der Mittelwerte in beiden Strategien nicht signifikant. Unterschied man jedoch Phasen positiver und negativer Entwicklung des S&P GSCI Rohöl (TR), und ordnete jeweils die unter den vorgestellten Modellen zu erreichenden Renditen zu, gliederte sich das Spektrum charakteristisch auf (vgl. Anhang 4.3.3 Gleitende Durchschnitte (Rohöl)). So zeigten die Ergebnisse der positiven Renditerealisationen bei beiden Strategien im Vergleich zum S&P GSCI Rohöl (TR) Subindex keine statistische Signifikanz (F_{krit}

= 1,76 > F = 1,60 und P-Wert = 0,0860 [Strategie 1]), (F_{krit} = 1,76 > F = 1,15 und P-Wert = 0,3109 [Strategie 2]). Jedoch zeigten die Ergebnisse der negativen Renditerealisationen mit F_{krit} = 1,76 < F = 2,19 und P-Wert = 0,0104 [Strategie 1], F_{krit} = 1,76 < F = 2,24 und P-Wert = 0,0084 [Strategie 2] statistische Signifikanz. Es wurde also in Phasen allgemein positiver Renditen kein unterdurchschnittlicher Erfolg erzielt. In Phasen negativer Renditerealisationen fielen jedoch die entsprechenden Verluste, die mit den beiden Strategien gleitender Durchschnitte erzielt wurden, signifikant geringer aus.

Zwischenfazit Rohöl

Analog zu den Ergebnissen des S&P GSCI schnitt auf der Grundlage der risikoadjustierten Performance das Modell 1 (komparatives System gleitender Durchschnitte) am besten gegenüber dem Basisfall B_0 ab. Von den 24 getesteten Varianten wiesen 17 Varianten eine gegenüber dem Basisfall B_0 höhere Sharpe Ratio auf. In Modell 1 ergaben die Varianten basierend auf EMA und WMA leicht bessere Ergebnisse als die Varianten, die auf SMA basierten. Bezogen auf den Zeithorizont des gleitenden Durchschnitts zeigten die Varianten auf 10 und 12 Monats-Basis leicht bessere Ergebnisse als die auf 15 und 18 Monats-Basis. In Modell 2 wiesen die Varianten basierend auf EMA die besten Ergebnisse auf. Bezogen auf den Zeithorizont des gleitenden Durchschnitts lagen die Varianten in diesem Modell auf 10, 12, 15 und 18 Monats-Basis nah beieinander. Über beide Strategien und 24 getestete Varianten verbesserten sich die Portfolioeigenschaften in Form der Korrelation zu Aktien und Anleihen, d.h. die negative Korrelation zu Aktien weitete sich aus und die leicht positive Korrelation zu Anleihen wurde über alle Varianten negativ.

4.3.3.3 Gleitende Durchschnitte - Gold

Im Rahmen des Modells 1 wurde eine Rohstoffallokation von 100% aufrechterhalten, solange der aktuelle gleitende Durchschnitt (MA_t) größer als der gleitende Durchschnitt der Vorperiode (MA_{t-1}) war (komparatives System gleitender Durchschnitte). Fiel der der aktuelle gleitende Durchschnitt unter das Niveau der Vorperiode, wurde zu 100% in Liquidität investiert. Hierbei wurden auf der Grundlage monatlicher Daten einfache gleitende Durchschnitte (SMA), gewichtete gleitende Durchschnitte (WMA), und exponentiell gewichtete Durchschnitte (EMA), jeweils mit den Periodenlängen

10, 12, 15 und 18 Monate untersucht. Die Abb.69 zeigt den Verlauf des S&P GSCI Gold (TR) Index im Vergleich zum langfristigen Durchschnitt und zum einfachen gleitenden Durchschnitts basierend auf 12 Monaten.

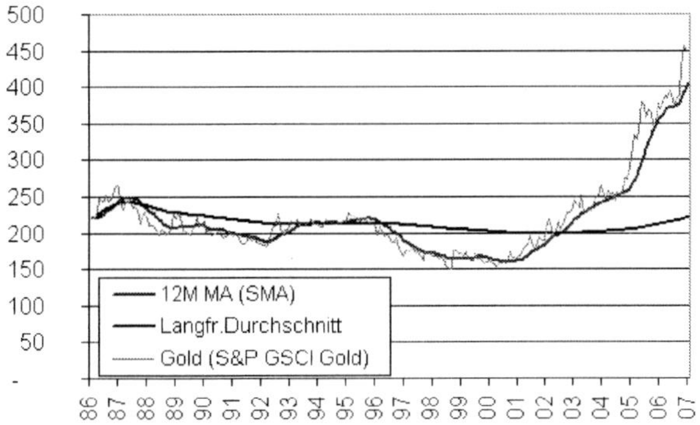

Abbildung 69: Gold – langfristige Durchschnitte

Die Tabelle 42 zeigt die Ergebnisse, die durch Anwendung des Modells 1 erzielt wurden. Gegenüber dem Basisfall B_0 (100% Gold) wiesen alle Realisationen eine höhere durchschnittliche Rendite sowie eine niedrigere durchschnittliche Volatilität per annum auf. Im Basisfall B_0 (100% Gold) wies ein Goldinvestment keine positive Sharpe Ratio auf; dagegen zeigten alle Varianten in Modell 1 eine positive Sharpe Ratio. Hier wiesen die Ergebnisse einer kürzeren Periodenlänge sowie eines einfachen gleitenden Durchschnitts bessere Ergebnisse auf als längere Periodenlängen und Ergebnisse basierend auf WMA und EMA. Durch die regelbasierte Investmententscheidung wurde zwischen 43% und 49% des Gesamtzeitraumes Liquidität gehalten. Die Korrelationseigenschaften verbesserten sich gegenüber B_0 in allen Varianten, die leicht positive Korrelation zu Aktien wird in allen Varianten negativ (Maximum bei -0,06 SMA(15)), und die mit 0,24 hohe Korrelation zu Anleihen sank deutlich und halbierte sich in 9 von 12 Varianten.

Gold / SMA	B_0		SMA (10M)		SMA (12M)		SMA (15M)		SMA (18M)	
Rendite	3,6%		6,9%		6,5%		6,3%		5,9%	
Standardabweichung	13,6%		10,6%		10,5%		10,4%		10,6%	
Sharpe-Ratio	neg.		0,83		0,71		0,64		0,49	
Korr.(Aktien,Anleihen)	0,04	0,24	-0,02	0,17	-0,00	0,16	-0,06	0,14	-0,03	0,12
Schiefe/Wölbung	0,58	1,35	0,41	2,48	0,39	2,73	0,44	2,59	0,31	2,56
SV	8,7%		6,9%		6,9%		6,8%		7,1%	
AW	51%		28%		27%		27%		27%	
$VaR_{95\%,10.000USD}$	1.752		1.045		1.067		1.082		1.153	
Gold / WMA	**B_0**		**WMA (10M)**		**WMA (12M)**		**WMA (15M)**		**WMA (18M)**	
Rendite	3,6%		5,5%		5,2%		5,6%		5,5%	
Standardabweichung	13,6%		10,4%		10,5%		10,6%		10,6%	
Sharpe-Ratio	neg.		0,37		0,25		0,41		0,36	
Korr.(Aktien,Anleihen)	0,04	0,24	-0,02	0,11	-0,05	0,10	-0,04	0,12	-0,05	0,11
Schiefe/Wölbung	0,58	1,35	0,38	3,12	0,38	2,93	0,34	2,73	0,34	2,65
SV	8,7%		6,9%		7,0%		7,0%		7,1%	
AW	51%		27%		28%		28%		29%	
$VaR_{95\%,10.000USD}$	1.752		1.152		1.206		1.172		1.194	
Gold / EMA	**B_0**		**EMA (10M)**		**EMA (12M)**		**EMA (15M)**		**EMA (18M)**	
Rendite	3,6%		5,3%		5,4%		5,1%		5,0%	
Standardabweichung	13,6%		10,5%		10,5%		10,6%		10,5%	
Sharpe-Ratio	neg.		0,30		0,33		0,22		0,19	
Korr.(Aktien,Anleihen)	0,04	0,24	-0,04	0,11	-0,04	0,11	-0,05	0,11	-0,03	0,10
Schiefe/Wölbung	0,58	1,35	0,39	2,87	0,38	2,83	0,37	2,75	0,37	2,84
SV	8,7%		6,9%		7,0%		7,0%		7,0%	
AW	51%		28%		29%		29%		29%	
$VaR_{95\%,10.000USD}$	1.752		1.194		1.188		1.230		1.232	

Tabelle 42: Gold – Gleitende Durchschnitte – Modell 1

Die positive Schiefe der empirischen Renditeverteilung nahm über die 12 Varianten in Modell 1 leicht ab – das Ausmaß der leptokurtischen Verteilung der Renditen nahm dagegen zu. Das Verhältnis der Semivolatilität zur gesamten Volatilität veränderte sich gegenüber dem Basisfall B_0 nicht und lag bei rd. 66%. Die Ausfallwahrscheinlichkeit sank gegenüber dem Basisfall B_0 von 51% auf 27% bis 29%. Der empirische Value at Risk für eine Position von 10.000 USD auf einem Konfidenzlevel von 95% bewegte sich im Durchschnitt pro Jahr zwischen 1.045 USD und 1.232 USD (im Vergleich zu 1.752 USD im Basisfall B_0).

Im Rahmen des Modells 2 wurden die Schlusskurse (P_t) der zugrunde liegenden Zeitreihe mit den gleitenden Durchschnitten (MA_t) der Zeitreihe verglichen: solange der aktuelle Preis (P_t) größer als der gleitende Durchschnitt (MA_t) war, wurde eine Rohstoff-Allokation von 100% aufrechterhalten. Wurde der Schlusskurs (P_t) dagegen kleiner als der gleitende Durchschnitt ist (MA_t), wurde zu 100% Liquidität gehalten. Hierbei wurden auf der Grundlage monatlicher Daten einfache gleitende Durchschnitte (SMA), gewichtete gleitende Durchschnitte (WMA), und exponentiell gewichtete Durchschnitte (EMA), jeweils mit den Periodenlängen 10, 12, 15 und 18 Monate untersucht.

Die Tabelle 43 zeigt die Ergebnisse, die durch Anwendung des Modells 2 erzielt wurden. Gegenüber dem Basisfall B_0 (100% Gold) wiesen im Modell 2 alle Realisationen eine höhere durchschnittliche Rendite sowie eine niedrigere durchschnittliche Volatilität per annum auf. Im Basisfall B_0 (100% Gold) zeigte ein Goldinvestment keine positive Sharpe Ratio; die Anwendung der Methodik des gleitenden Durchschnitts nach der Strategie 2 führte in 11 von 12 Varianten zu einer positiven Sharpe Ratio.

Gold / SMA	**B_0**		**SMA (10M)**		**SMA (12M)**		**SMA (15M)**		**SMA (18M)**	
Rendite	3,6%		5,3%		5,7%		5,5%		5,5%	
Standardabweichung	13,6%		10,5%		10,4%		10,5%		10,6%	
Sharpe-Ratio	neg.		0,28		0,44		0,35		0,36	
Korr.(Aktien,Anleihen)	0,04	0,24	-0,01	0,11	-0,03	0,11	-0,04	0,11	-0,05	0,11
Schiefe/Wölbung	0,58	1,35	0,46	3,00	0,38	2,96	0,36	2,79	0,33	2,65
SV	8,7%		6,9%		6,9%		7,0%		7,1%	
AW	51%		27%		27%		29%		29%	
$VaR_{95\%,10.000USD}$	1.752		1.201		1.144		1.186		1.193	
Gold / WMA	**B_0**		**WMA (10M)**		**WMA (12M)**		**WMA (15M)**		**WMA (18M)**	
Rendite	3,6%		4,3%		5,5%		5,7%		5,7%	
Standardabweichung	13,6%		10,5%		10,6%		10,4%		10,4%	
Sharpe-Ratio	neg.		neg.		0,35		0,45		0,43	
Korr.(Aktien,Anleihen)	0,04	0,24	-0,05	0,11	-0,03	0,11	-0,04	0,10	-0,04	0,10
Schiefe/Wölbung	0,58	1,35	0,46	3,08	0,45	2,73	0,37	3,00	0,37	3,05
SV	8,7%		6,9%		7,0%		6,9%		6,9%	
AW	51%		27%		27%		26%		27%	
$VaR_{95\%,10.000USD}$	1.752		1.292		1.200		1.137		1.138	
Gold / EMA	**B_0**		**EMA (10M)**		**EMA (12M)**		**EMA (15M)**		**EMA (18M)**	
Rendite	3,6%		5,3%		5,4%		5,1%		5,0%	
Standardabweichung	13,6%		10,5%		10,5%		10,6%		10,5%	
Sharpe-Ratio	neg.		0,30		0,33		0,23		0,20	
Korr.(Aktien,Anleihen)	0,04	0,24	-0,04	0,11	-0,04	0,11	-0,05	0,11	-0,03	0,11
Schiefe/Wölbung	0,58	1,35	0,39	2,87	0,38	2,83	0,36	2,75	0,37	2,84
SV	8,7%		6,9%		7,0%		7,0%		7,0%	
AW	51%		28%		29%		29%		29%	
$VaR_{95\%,10.000USD}$	1.752		1.193		1.186		1.228		1.231	

Tabelle 43: Gold – Gleitende Durchschnitte – Modell 2

In Modell 2 lag die Liquiditätshaltung im Durchschnitt leicht über der Liquiditätsquote in Modell 1: über die 12 Varianten lag die Spannweite zwischen 45% und 52% Liquidität im Gesamtzeitraum. Die Korrelationseigenschaften verbesserten sich gegenüber B_0 in allen Varianten, die leicht positive Korrelation zu Aktien wurde in allen Varianten negativ und die mit 0,24 hohe Korrelation zu Anleihen sank im Durchschnitt um 50%. Die positive Schiefe der empirischen Renditeverteilung nahm über die 12 Varianten in Modell 2 leicht ab – das Ausmaß der leptokurtischen Verteilung der Renditen nahm dagegen zu. Das Verhältnis der Semivolatilität zur gesamten Volatilität stieg von 66% gegenüber dem Basisfall B_0 leicht an. Die Ausfallwahrscheinlichkeit sank gegenüber dem Basisfall B_0 von 51% auf Werte zwischen 27% und 29%. Der empirische Value at Risk für eine Position von 10.000 USD auf einem Konfidenzlevel von 95% bewegte sich im Durchschnitt pro Jahr zwischen 1.137 USD und 1.231 USD (im Vergleich zu 1.752 USD im Basisfall B_0).

Überprüfung der Ergebnisse auf statistische Signifikanz

Die Ergebnisse der beiden Strategien im Bereich gleitender Durchschnitte im Vergleich zu einer Buy-and-Hold Strategie Gold (S&P GSCI Gold (TR) Subindex) wurden mittels einfaktorieller ANOVA auf statistische Signifikanz getestet. Auf Basis aller Renditerealisierungen war $F_{krit} = 1,76 > F = 0,12$, P-Wert = 0,9999 (Strategie 1) und $F_{krit} = 1,76 > F = 0,06$, P-Wert = 0,9999 (Strategie 2); somit war der Unterschied der Mittelwerte in beiden Strategien nicht signifikant. Unterschied man jedoch Phasen positiver und negativer Entwicklung des S&P GSCI Gold (TR) Subindex, und ordnete jeweils die unter den vorgestellten Modellen zu erreichenden Renditen zu, gliederte sich das Spektrum charakteristisch auf (vgl. Anhang 4.3.3 Gleitende Durchschnitte (Gold)). So zeigten die Ergebnisse der positiven Renditerealisationen bei beiden Strategien im Vergleich zum S&P GSCI Gold (TR) Subindex keine statistische Signifikanz ($F_{krit} = 1,76 > F = 1,52$ und P-Wert = 0,1110 [Strategie 1]), ($F_{krit} = 1,76 > F = 1,60$ und P-Wert = 0,0849 [Strategie 2]). Jedoch zeigten die Ergebnisse der negativen Renditerealisationen mit $F_{krit} = 1,76 < F = 3,02$ und P-Wert = 0,0003 [Strategie 1], $F_{krit} = 1,76 < F = 2,96$ und P-Wert = 0,0004 [Strategie 2] statistische Signifikanz. Es wurde also in Phasen allgemein positiver Renditen kein unterdurchschnittlicher Erfolg erzielt. In Phasen negativer Renditerealisationen fielen jedoch die entsprechenden Verluste, die mit den beiden Strategien gleitender Durchschnitte erzielt wurden, signifikant geringer aus.

Zwischenfazit Gold

Analog zu den Ergebnissen des S&P GSCI und Rohöl in der Form des S&P GSCI Rohöl (TR) Subindex schnitt auch bei Gold auf der Grundlage der risikoadjustierten Performance das Modell 1 (komparatives System gleitender Durchschnitte) am besten gegenüber dem Basisfall B_0 ab. In beiden Strategien schnitten die Varianten basierend auf SMA im Durchschnitt leicht besser ab als die Varianten, die auf WMA und EMA basierten. In beiden Strategien erzielten Periodenlängen von 10 Monaten (Modell 1) und 12 Monaten (Modell 2) leicht bessere Ergebnisse als längere Periodenlängen. Über beide Strategien und 24 getestete Varianten verbesserten sich darüber hinaus die Portfolioeigenschaften in Form der Korrelation zu Aktien und Anleihen, d.h. die negative Korrelation zu Aktien weitete sich aus und die positive Korrelation zu Anleihen sank deutlich.

Fazit Gleitende Durchschnitte Strategien S&P GSCI, Rohöl und Gold

Die Strategien 1 und 2 basierend auf gleitenden Durchschnitten zeigten im Durchschnitt sowohl für den S&P GSCI, Rohöl und zum Teil auch für Gold eine im Vergleich zum Basisfall B_0 deutlich bessere risikoadjustierte Performance. Die Strategie 1 schnitt dabei im Durchschnitt leicht besser ab als Strategie 2. Eine Überprüfung auf Signifikanz der Ergebnisse ergab, dass beide Strategien in Phasen allgemein positiver Renditen keinen signifikant unterdurchschnittlichen Anlageerfolg erzielten. In Phasen negativer Renditerealisationen fielen jedoch die entsprechenden Verluste, die mit den beiden Strategien gleitender Durchschnitte erzielt wurden, signifikant geringer aus. Dabei waren weder in Strategie 1 oder 2 die Mittelwerte abhängig von der Art des verwendeten gleitenden Durchschnitts signifikant unterschiedlich (S&P GSCI $F_{krit} = 2{,}02 > F = 0{,}17$ und P-Wert = 0,9909 [Strategie 1]), ($F_{krit} = 2{,}02 > F = 0{,}01$ und P-Wert = 0,9999 [Strategie 2]). Ebenso zeigte strategieübergreifend die Länge der gleitenden Durchschnitte keinen signifikanten Unterschied auf die Ergebnisse (S&P GSCI $F_{krit} = 2{,}22 > F$ =[0,04 (10M), 0,06 (12M), 0,09 (15M), 0,11 (18M)] und P-Wert > 0,99). So zeigten beide Strategien gegenüber der Buy-and-Hold S&P GSCI Strategie deutliche Vorteile, die nicht primär von der Art des verwendeten gleitenden Durchschnitts oder von der Periodenlänge abhängig ist.

4.3.4 Systeme gleitender Durchschnitte

Analog zu Kapitel 4.3.3 ist es vor dem Hintergrund der Mean Reversion Eigenschaften von Rohstoffen Ziel, in positiven Trendphasen im Rohstoffbereich investiert zu sein, Reversionslevel zu identifizieren und in negativen Trendphasen das Exposure zum Rohstoffbereich zugunsten des Haltens von Kasse abzubauen. Aufbauend auf den Ausführungen der Kapitel 3.5.3 und 4.3.3 werden an dieser Stelle Systeme verschiedener gleitender Durchschnitte getestet.

Systeme verschiedener gleitender Durchschnitte

Das Modell ist an ein Handelssystem gleitender Durchschnitte angelehnt (Crossover Trading System): es wird ein kurz-, mittel- und langfristiger gleitender Durchschnitt (MA_1, MA_2, MA_3) verwendet. Solange MA_1 und $MA_2 > MA_3$ wird eine Rohstoff-Allokation von 100% aufrechterhalten. Fallen MA_1 und MA_2 unter das Niveau von MA_3 wird zu 100% in Liquidität investiert.

Die Untersuchung umfasst einfache gleitende Durchschnitte (SMA), gewichtete gleitende Durchschnitte (WMA), und exponentiell gewichtete Durchschnitte (EMA). Für das System verschiedener gleitender Durchschnitte wird für den kurz-, mittel-, und langfristigen gleitenden Durchschnitt eine Periodenlänge von (a) 3, 6 und 12 Monaten, (b) 3, 6 und 18 Monaten, sowie (c) 3, 12, 36 Monate verwendet. Im Folgenden werden die Ergebnisse bezogen auf den S&P Goldman Sachs Commodity Index (S&P GSCI), Rohöl und Gold separat diskutiert.

4.3.4.1 Systeme gleitender Durchschnitte - S&P GSCI

Gegenüber dem Basisfall B_0 (100% S&P GSCI) wiesen im betrachteten Modell alle Varianten eine gleich hohe oder höhere Rendite auf (vgl. Tabelle 44). Allen Varianten war eine deutliche Reduzierung der Volatilität gegenüber dem Basisfall gemein. Die maximale Sharpe Ratio wies mit 1,94 die Variante basierend auf einem einfachen gleitenden Durchschnitt SMA 3-6-12 auf. Im Durchschnitt stieg die Sharpe Ratio über alle Varianten des Modells um 30% an, wobei die durchschnittlichen Ergebnisse des gewichteten gleitenden Durchschnitts über den Ergebnissen des einfachen und exponentiell gewichteten gleitenden Durchschnitts lagen. Anhand des Kriteriums der durchschnittlichen Sharpe Ratio kann ebenfalls interpretiert werden, dass die Varianten basierend auf einem 3-6-12 System den Ansätzen basierend auf 3-6-18 und 3-12-36 Monaten überlegen waren.

S&P GSCI / SMA	B_0		SMA (3-6-12)		SMA (3-6-18)		SMA (3-12-36)	
Rendite	11,2%		13,4%		12,0%		9,8%	
Standardabweichung	19,0%		16,1%		16,0%		16,1%	
Sharpe-Ratio	1,23		1,94		1,64		1,17	
Korr.(Aktien,Anleihen)	-0,02	0,10	-0,10	-0,01	-0,07	0,01	-0,04	0,01
Schiefe/Wölbung	0,37	1,17	0,54	3,08	0,53	2,95	0,52	3,05
SV	12,8%		10,5%		10,5%		10,7%	
AW	43%		26%		28%		30%	
$VaR_{95\%,10.000USD}$	1.916		1.308		1.428		1.663	
S&P GSCI / WMA	B_0		**WMA (3-6-12)**		**WMA (3-6-18)**		**WMA (3-12-18)**	
Rendite	11,2%		12,5%		13,1%		11,0%	
Standardabweichung	19,0%		16,2%		16,3%		15,9%	
Sharpe-Ratio	1,23		1,73		1,85		1,45	
Korr.(Aktien,Anleihen)	-0,02	0,10	-0,12	0,01	-0,09	0,01	-0,02	0,00
Schiefe/Wölbung	0,37	1,17	0,57	3,07	0,49	2,74	0,51	3,21
SV	12,8%		10,5%		10,8%		10,6%	
AW	43%		27%		29%		28%	
$VaR_{95\%,10.000USD}$	1.916		1.415		1.376		1.506	
S&P GSCI / EMA	B_0		**EMA (3-6-12)**		**EMA (3-6-18)**		**EMA (3-12-18)**	
Rendite	11,2%		12,5%		11,6%		10,2%	
Standardabweichung	19,0%		16,2%		16,4%		16,7%	
Sharpe-Ratio	1,23		1,74		1,53		1,21	
Korr.(Aktien,Anleihen)	-0,02	0,10	-0,08	0,01	-0,05	0,01	-0,07	0,02
Schiefe/Wölbung	0,37	1,17	0,49	2,80	0,45	2,75	0,51	2,83
SV	12,8%		10,8%		11,0%		11,0%	
AW	43%		29%		30%		32%	
$VaR_{95\%,10.000USD}$	1.916		1.411		1.526		1.720	

Tabelle 44: S&P GSCI – Systeme gleitender Durchschnitte

Im Modell lag die Liquiditätsquote im Zeitverlauf zwischen 23% und 33%. Die Korrelationseigenschaften verbesserten sich gegenüber B_0 in allen Modell-Varianten: die positive Korrelation zu Anleihen sank deutlich; die im Basisfall leicht negative durchschnittliche Korrelation zu Aktien (-0,02) weitete sich in 8 von 9 Varianten aus und lag zwischen -0,02 und -0,12. Die leicht positive Schiefe nahm durch die Strategie leicht zu; ebenfalls stieg der Wölbungskoeffizient an. Der Anteil der empirischen Semivolatilität (SV) lag leicht unter dem Niveau des Basisfalls, für alle Varianten aber deutlich über 50% der Gesamtvolatilität. Die Ausfallwahrscheinlichkeit sank von 43% im Basisfall auf 26% bis 32%. Der empirische Value at Risk für eine Position von 10.000 USD auf einem Konfidenzlevel von 95% bewegte sich im Durchschnitt pro

Jahr zwischen 1.308 USD und 1.720 USD (im Vergleich zu 1.916 USD im Basisfall B_0).

Überprüfung der Ergebnisse auf statistische Signifikanz

Die Ergebnisse aller Systeme gleitender Durchschnitte im Vergleich zu einer Buy-and-Hold Strategie S&P GSCI wurden mittels einfaktorieller ANOVA auf statistische Signifikanz getestet. Auf Basis aller Renditerealisierungen war $F_{krit} = 1,88 > F = 0,11$ und P-Wert = 0,9995, somit war der Unterschied der Mittelwerte nicht signifikant (vgl. Abb.70 „gesamt"). Unterschied man jedoch Phasen positiver und negativer Entwicklung des S&P GSCI, und ordnete jeweils die unter den vorgestellten Modellen zu erreichenden Renditen zu, gliederte sich das Spektrum charakteristisch auf (vgl. Abb.70 „negative" bzw. „positive Renditen"). So blieben die Ergebnisse der positiven Renditerealisationen bei den Systemen gleitender Durchschnitte im Vergleich zum S&P GSCI nicht statistisch signifikant ($F_{krit} = 1,88 > F = 0,84$ und P-Wert = 0,5774), es wurde also in Phasen allgemein positiver Renditen kein unterdurchschnittlicher Erfolg erzielt.

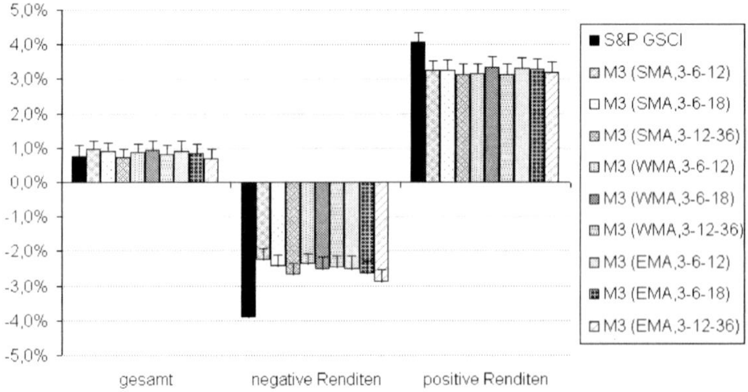

Abbildung 70: Systeme gleitender Durchschnitte (S&P GSCI)

In Phasen negativer Renditerealisationen fielen jedoch die entsprechenden Verluste, die mit den Systemen gleitender Durchschnitte erzielt wurden, signifikant geringer aus $F_{krit} = 1,88 < F = 1,89$ und P-Wert = 0,0487. Hierdurch zeigt sich die Stärke der Systeme gleitender Durchschnitte, die in Phasen einer negativen Entwicklung des

S&P GSCI diese signifikant abfedern können, während sie sich in Phasen einer positiven Renditeentwicklung des S&P GSCI nicht unterscheiden.

4.3.4.2 Systeme gleitender Durchschnitte - Rohöl

Gegenüber dem Basisfall B_0 (100% Rohöl) wiesen alle Realisationen eine niedrigere durchschnittliche Volatilität per annum auf, die durchschnittliche jährliche Rendite sank aber gegenüber B_0 ebenfalls in allen Varianten (vgl. Tabelle 45). Risikoadjustiert (Sharpe Ratio) wiesen keine Varianten eine gegenüber B_0 bessere Performance auf.

Rohöl / SMA	**B_0**		**SMA (3-6-12)**		**SMA (3-6-18)**		**SMA (3-12-36)**	
Rendite	21,4%		14,4%		15,6%		15,1%	
Standardabweichung	32,9%		22,8%		25,2%		27,3%	
Sharpe-Ratio	1,79		1,52		1,54		1,36	
Korr.(Aktien,Anleihen)	-0,09	0,05	-0,08	-0,07	-0,13	-0,05	-0,15	-0,03
Schiefe/Wölbung	0,73	2,68	0,01	1,26	1,03	6,87	1,08	5,76
SV	21,6%		15,9%		16,5%		17,7%	
AW	42%		24%		27%		32%	
$VaR_{95\%,10.000USD}$	3.253		2.314		2.584		2.973	
Rohöl / WMA	**B_0**		**WMA (3-6-12)**		**WMA (3-6-18)**		**WMA (3-12-18)**	
Rendite	21,4%		16,9%		16,5%		16,5%	
Standardabweichung	32,9%		25,4%		25,5%		26,6%	
Sharpe-Ratio	1,79		1,71		1,64		1,58	
Korr.(Aktien,Anleihen)	-0,09	0,05	-0,15	-0,05	-0,14	-0,06	-0,11	-0,04
Schiefe/Wölbung	0,73	2,68	1,08	7,14	1,01	6,73	1,16	6,38
SV	21,6%		16,3%		16,7%		17,1%	
AW	42%		23%		24%		28%	
$VaR_{95\%,10.000USD}$	3.253		2.487		2.551		2.727	
Rohöl / EMA	**B_0**		**EMA (3-6-12)**		**EMA (3-6-18)**		**EMA (3-12-18)**	
Rendite	21,4%		15,1%		17,5%		16,5%	
Standardabweichung	32,9%		26,0%		27,6%		27,8%	
Sharpe-Ratio	1,79		1,43		1,64		1,51	
Korr.(Aktien,Anleihen)	-0,09	0,05	-0,11	-0,03	-0,14	-0,03	-0,15	-0,03
Schiefe/Wölbung	0,73	2,68	0,93	6,20	1,02	5,47	1,05	5,49
SV	21,6%		17,2%		18,0%		18,0%	
AW	42%		29%		32%		32%	
$VaR_{95\%,10.000USD}$	3.253		2.763		2.792		2.928	

Tabelle 45: Rohöl – Systeme gleitender Durchschnitte

Im Modell lag die Liquiditätsquote im Zeitverlauf zwischen 24% und 39%. Die Korrelationseigenschaften verbesserten sich gegenüber B_0 in allen Varianten; die negative Korrelation zu Aktien weitete sich aus und die leicht positive Korrelation zu Anleihen wurde in allen Varianten negativ. Die leicht positive Schiefe nahm durch die

Handelsstrategie leicht zu; ebenfalls stieg der Wölbungskoeffizient an. Eine Ausnahme hiervon bildete die Variante SMA 3-6-12. Der Anteil der empirischen Semivolatilität (SV) an der Gesamtvolatilität schwankte zwischen 65% und 70% gegenüber 66% im Basisfalls; lag aber für alle Varianten deutlich über 50% der Gesamtvolatilität. Die Ausfallwahrscheinlichkeit, die monatlichen Renditerealisationen kleiner 0%, wurde von 42% im Basisfall auf Werte zwischen 23% und 32% reduziert. Der empirische Value at Risk für eine Position von 10.000 USD auf einem Konfidenzlevel von 95% bewegte sich im Durchschnitt pro Jahr zwischen 2.314 USD und 2.973 USD (im Vergleich zu 3.253 USD im Basisfall B_0).

Überprüfung der Ergebnisse auf statistische Signifikanz

Die Ergebnisse aller Systeme gleitender Durchschnitte im Vergleich zu einer Buy-and-Hold Strategie Rohöl wurden mittels einfaktorieller ANOVA auf statistische Signifikanz getestet. Auf Basis aller Renditerealisierungen war $F_{krit} = 1{,}88 > F = 0{,}03$ und P-Wert = 0,9999, somit war der Unterschied der Mittelwerte nicht signifikant (vgl. Abb.71 „gesamt"). Unterschied man jedoch Phasen positiver und negativer Entwicklung von Rohöl, und ordnete jeweils die unter den vorgestellten Modellen zu erreichenden Renditen zu, gliederte sich das Spektrum charakteristisch auf (vgl. Abb.71 „negative" bzw. „positive Renditen").

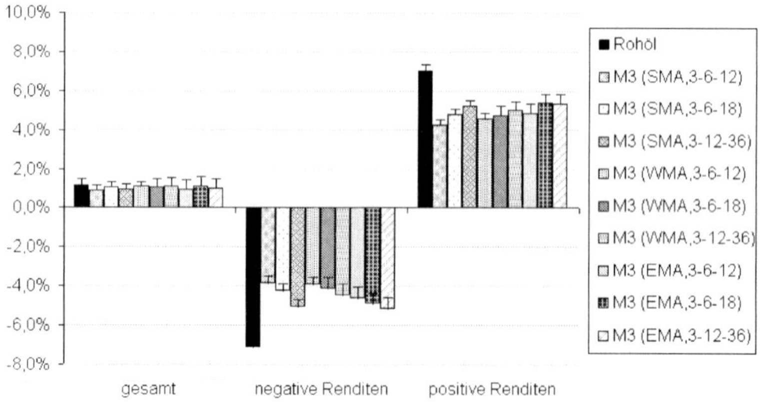

Abbildung 71: Systeme gleitender Durchschnitte (Rohöl)

So unterschieden sich die Ergebnisse der positiven Renditerealisationen bei den Systemen gleitender Durchschnitte im Vergleich zu Rohöl statistisch signifikant ($F_{krit} = 1{,}88 < F = 2{,}60$ und P-Wert = 0,0056), es wurde also in Phasen allgemein positiver Renditen ein unterdurchschnittlicher Erfolg erzielt. In Phasen negativer Renditerealisationen fielen jedoch die entsprechenden Verluste, die mit den Systemen gleitender Durchschnitte erzielt wurden, signifikant geringer aus $F_{krit} = 1{,}88 < F = 3{,}20$ und P-Wert = 0,0007. Angewendet auf Rohöl als Einzelrohstoff bewirkten alle Systeme gleitender Durchschnitte, dass in Phasen positiver Performance von Rohöl der Anlageerfolg zwar auch positiv, aber signifikant niedriger ausfällt. Dies sollte im Zusammenhang gesehen werden mit Phasen negativer Rohölpreisentwicklung: hier kann ein signifikant höherer Anlageerfolg erreicht werden.

4.3.4.3 Systeme gleitender Durchschnitte - Gold

Gegenüber dem Basisfall B_0 (100% Gold) wiesen im Modell alle Realisationen eine höhere durchschnittliche Rendite sowie eine niedrigere durchschnittliche Volatilität per annum auf (vgl. Tabelle 46). Im Basisfall B_0 (100% Gold) wies ein Goldinvestment keine positive Sharpe Ratio auf; die Anwendung der unterschiedlichen Handelssysteme führte in allen Varianten zu einer positiven Sharpe Ratio - die maximale Sharpe Ratio wies mit 0,88 die Variante basierend auf einem gewichteten gleitenden Durchschnitt (WMA) 3-6-18 auf. Anhand des Kriteriums der durchschnittlichen Sharpe Ratio kann interpretiert werden, dass die Varianten basierend auf einem 3-12-18 System, den Ansätzen basierend auf 3-6-18 und 3-6-12 Monaten überlegen waren sowie durch die Anwendung des WMA bessere Ergebnisse erzielt wurden als durch SMA und EMA. Im Modell lag die Liquiditätsquote im Zeitverlauf zwischen 48% und 54% im Gesamtzeitraum. Die leicht positive Korrelation zu Aktien (0,04) sank im Durchschnitt. Die positive Korrelation zu Anleihen im Basisfall B_0 (0,24) sank ebenfalls. Die positive Schiefe der empirischen Renditeverteilung nahm über die 12 Varianten im Modell im Durchschnitt leicht ab – das Ausmaß der leptokurtischen Verteilung der Renditen nahm dagegen zu.

Gold / SMA	B_0		SMA (3-6-12)		SMA (3-6-18)		SMA (3-12-18)	
Rendite	3,6%		5,6%		6,1%		6,9%	
Standardabweichung	13,6%		9,9%		10,2%		9,8%	
Sharpe-Ratio	neg.		0,41		0,59		0,88	
Korr.(Aktien,Anleihen)	0,04	0,24	0,02	0,16	0,04	0,15	0,01	0,15
Schiefe/Wölbung	0,58	1,35	0,34	4,03	0,34	3,36	0,43	4,05
SV	8,7%		6,5%		6,8%		6,3%	
AW	51%		24%		24%		24%	
$VaR_{95\%,10.000USD}$	1.752		1.065		1.064		917	
Gold / WMA	**B_0**		**WMA (3-6-12)**		**WMA (3-6-18)**		**WMA (3-12-18)**	
Rendite	3,6%		5,6%		6,3%		7,7%	
Standardabweichung	13,6%		9,8%		10,1%		9,5%	
Sharpe-Ratio	neg.		0,41		0,66		1,21	
Korr.(Aktien,Anleihen)	0,04	0,24	-0,01	0,16	0,03	0,15	0,02	0,17
Schiefe/Wölbung	0,58	1,35	0,35	3,86	0,34	3,55	0,64	4,27
SV	8,7%		6,5%		6,7%		5,9%	
AW	51%		24%		24%		22%	
$VaR_{95\%,10.000USD}$	1.752		1.064		1.030		793	
Gold / EMA	**B_0**		**EMA (3-6-12)**		**EMA (3-6-18)**		**EMA (3-12-18)**	
Rendite	3,6%		5,6%		6,1%		7,0%	
Standardabweichung	13,6%		10,3%		10,1%		9,5%	
Sharpe-Ratio	neg.		0,39		0,60		0,94	
Korr.(Aktien,Anleihen)	0,04	0,24	0,01	0,13	0,02	0,14	0,03	0,18
Schiefe/Wölbung	0,58	1,35	0,33	3,26	0,36	3,49	0,63	4,36
SV	8,7%		6,8%		6,7%		6,0%	
AW	51%		27%		25%		23%	
$VaR_{95\%,10.000USD}$	1.752		1.133		1.053		862	

Tabelle 46: Gold – Systeme gleitender Durchschnitte

Das Verhältnis der Semivolatilität zur gesamten Volatilität blieb gegenüber dem Basisfall B_0 unverändert und lag für alle Varianten im Durchschnitt bei 66%. Die Ausfallwahrscheinlichkeit sank gegenüber dem Basisfall B_0 von 51% auf Werte zwischen 22% und 27%. Der empirische Value at Risk für eine Position von 10.000 USD auf einem Konfidenzlevel von 95% bewegte sich im Durchschnitt pro Jahr zwischen 793 USD und 1.133 USD (im Vergleich zu 1.752 USD im Basisfall B_0).

Überprüfung der Ergebnisse auf statistische Signifikanz

Die Ergebnisse aller Systeme gleitender Durchschnitte im Vergleich zu einer Buy-and-Hold Strategie Gold wurden mittels einfaktorieller ANOVA auf statistische Signifikanz getestet. Auf Basis aller Renditerealisierungen war $F_{krit} = 1,88 > F = 0,24$ und P-Wert = 0,9883, somit war der Unterschied der Mittelwerte nicht signifikant (vgl. Abb.72 „gesamt“).

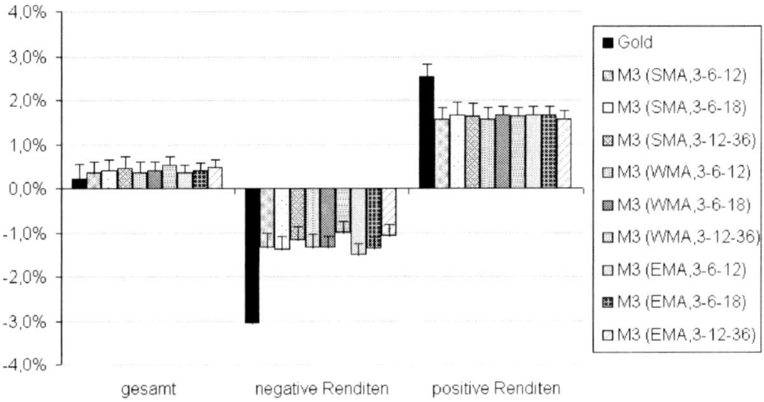

Abbildung 72: Systeme gleitender Durchschnitte (Gold)

Unterschied man jedoch Phasen positiver und negativer Entwicklung von Gold, und ordnete jeweils die unter den vorgestellten Modellen zu erreichenden Renditen zu, gliederte sich das Spektrum charakteristisch auf (vgl. Abb.72 „negative" bzw. „positive Renditen"). So unterschieden sich die Ergebnisse der positiven Renditerealisationen bei den Systemen gleitender Durchschnitte im Vergleich zu Gold statistisch signifikant (F_{krit} = 1,88 < F = 2,62 und P-Wert = 0,0052), es wurde also in Phasen allgemein positiver Renditen ein unterdurchschnittlicher Erfolg erzielt. In Phasen negativer Renditerealisationen fielen jedoch die entsprechenden Verluste, die mit den Systemen gleitender Durchschnitte erzielt wurden, signifikant geringer aus F_{krit} = 1,88 < F = 6,43 und P-Wert = 5,53E. Angewendet auf Gold als Einzelrohstoff bewirkten alle Systeme gleitender Durchschnitte, dass in Phasen positiver Performance von Gold der Anlageerfolg zwar auch positiv, aber signifikant niedriger ausfällt. Dies sollte analog zu Rohöl im Zusammenhang gesehen werden mit Phasen negativer Goldpreisentwicklung: hier kann ein signifikant höherer Anlageerfolg erreicht werden.

Fazit Systeme gleitender Durchschnitte S&P GSCI, Rohöl und Gold

Die Strategien der Systeme gleitender Durchschnitte zeigten im Durchschnitt für den S&P GSCI eine im Vergleich zum Basisfall B_0 deutlich bessere risikoadjustierte Performance. Die Varianten basierend auf der Systematik 3-6-12 und zeigten dabei bessere Ergebnisse als Varianten basierend auf 3-6-18 und 3-12-18. Die Varianten basierend auf WMA wiesen bessere Ergebnisse als die Varianten basierend auf SMA und EMA auf. Eine Überprüfung auf Signifikanz der Ergebnisse ergab, dass alle Strategien in Phasen allgemein positiver Renditen keinen signifikant unterdurchschnittlichen Anlageerfolg erzielten. In Phasen negativer Renditerealisationen fielen jedoch die entsprechenden Verluste, die mit den beiden Strategien gleitender Durchschnitte erzielt wurden, signifikant geringer aus. Dieser Zusammenhang gilt auch für Rohöl, wobei hier weder absolut noch risikoadjustiert gegenüber dem Basisfall ein Mehrwert festzustellen war. Für Gold zeigte sich, dass durch alle Handelsmodelle eine höhere durchschnittliche Rendite und eine niedrigere durchschnittliche Volatilität erzielt werden konnte. Hier schnitten analog zum S&P GSCI die WMA Varianten im Durchschnitt deutlich besser ab als die Varianten basierend auf SMA und EMA. Gleichzeitig zeigte sich im Ergebnis die 3-12-18 Systematik erfolgreicher als die restlichen Varianten.

4.3.5 Standardwerte Strategien

Das Konzept und die Berechnung von Standardwerten (Z-Werten) wurde in Kapitel 3.5.4 eingeführt. Auf der Grundlage des jeweiligen Z-Wertes wird dem verwendeten Rohstoff-Underlying (S&P GSCI, Rohöl und Gold) eine spezifische Gewichtung zugewiesen, der verbleibende Bestandteil wird im Geldmarkt (Liquidität) investiert. Die Allokation zwischen Rohstoffinvestment und Geldmarkt wird also anhand des Z-Wertes variiert. Hierzu wurden auf monatlicher Basis die Standardwerte für die Zeitreihen des S&P GSCI, Rohöl und für Gold zwischen 12/1987 und 12/2007 auf der Grundlage eines einfachen gleitenden Durchschnitts über 12 Monate berechnet.

Es wurden drei Modelle konstruiert, die in der Lage, Anzahl und Bandbreite der Z-Werte sowie in der zugewiesenen Gewichtung der Underlyings U_{1-3} variieren. Die

Aufgliederung für die jeweiligen Modelle gibt Tab. 47 wieder. U_{1-3} beziehen sich auf die zugrunde liegenden Underlyings S&P GSCI (U_1), Rohöl (U_2) und Gold (U_3), die für jedes Modell analog analysiert wurden.

Modell 1	**Contrarian**		**Momentum**	
Z-Wert	U_{1-3}	Cash	U_{1-3}	Cash
>3	0%	0%	100%	0%
2 bis 3	25%	25%	75%	25%
0 bis 2	50%	50%	50%	50%
-2 bis 0	75%	75%	25%	75%
<-2	100%	100%	0%	100%
Modell 2	**Contrarian**		**Momentum**	
Z-Wert	U_{1-3}	Cash	U_{1-3}	Cash
>3	0%	100%	100%	0%
2 bis 3	17%	83%	83%	17%
1 bis 2	33%	67%	67%	33%
0 bis 1	50%	50%	50%	50%
-1 bis 0	67%	33%	33%	67%
-2 bis -1	83%	17%	17%	83%
<-2	100%	0%	0%	100%
Modell 3	**Contrarian**		**Momentum**	
Z-Wert	U_{1-3}	Cash	U_{1-3}	Cash
>2,5	0%	100%	100%	0%
2 bis 2,5	14%	86%	86%	14%
1,5 bis 2	29%	71%	71%	29%
1 bis 1,5	43%	57%	57%	43%
-1 bis 1	57%	43%	43%	57%
-1,5 bis -1	71%	29%	29%	71%
-2 bis -1,5	86%	14%	14%	14%
<-2	100%	0%	0%	100%

Tabelle 47: Standardwerte – Modelle 1-3

Innerhalb jeden Modells werden zwei Strategien unterschieden. Innerhalb der Contrarian Strategie wurde die Rohstoff-Gewichtung erhöht, wenn die Merkmalsausprägung unter dem langfristigen Mittelwert lag, und reduziert, wenn sie darunter lag. So wurde beispielsweise in Modell 3 bei einem Z-Wert größer 2,5 eine Rohstoffallokation von 0% vorgeschlagen, bei einem Z-Wert kleiner -2 eine Allokation von 100%. Im Vergleich hierzu wurden die Gewichtungen bei der Momentum Strategie gespiegelt: hier wurde während eines positiven Preismomentum die Investitionsquote weiter erhöht und vice versa. Im Folgenden wird jeweils getrennt für den S&P GSCI, Rohöl und Gold untersucht, wie die Modelle im Beobachtungszeitraum von 12/1987 bis 12/2007 in Bezug auf die Parameter Rendite (μ), Standardabweichung (σ) und

Sharpe Ratio im Vergleich zu einem Buy & Hold Rohstoffinvestment abschnitten. Hierbei wird ebenfalls beachtet, ob sich die Korrelationseigenschaften zu Aktien und Anleihen im Vergleich zum Direktinvestment in den S&P GSCI, Rohöl und Gold änderten, was eine deutliche Änderung der Portfolio-Rohstoffallokation bedeuten könnte.

4.3.5.1 Standardwerte - S&P GSCI

Die Abbildungen 73 und 74 zeigen die Entwicklung des S&P GSCI und die Spannweite der realisierten Z-Werte, sowie die Korrelation zwischen der Performance des S&P GSCI und dem Niveau der Z-Werte.

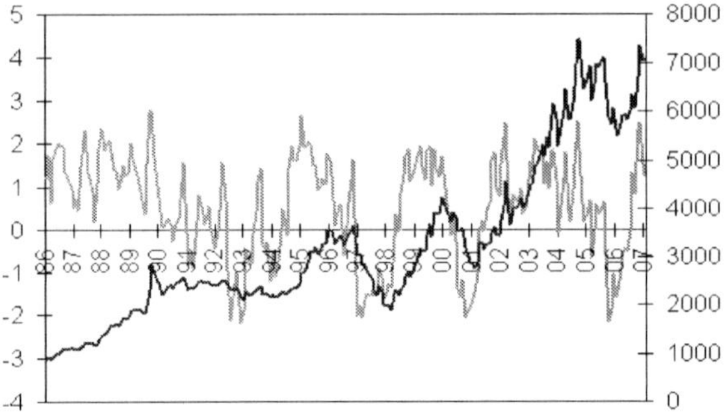

Abbildung 73: S&P GSCI – Performance vs. Z-Werte (1)

Die monatlichen Z-Werte lagen dabei zwischen -2,2 und 2,8 (vgl. Abb.73). Wie in der Abb.74 zu erkennen, bestand ein leicht positiver Zusammenhang zwischen der monatlichen Performance des S&P GSCI und des realisierten Z-Wertes.

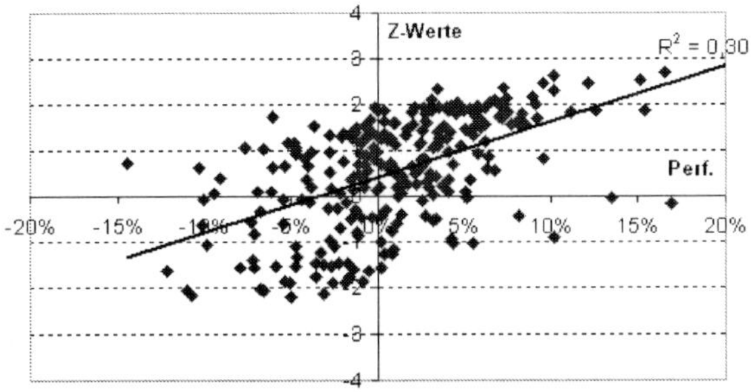

Abbildung 74: S&P GSCI – Performance vs. Z-Werte (2)

Das Ausgangsmodell S&P GSCI Buy & Hold wies über den Beobachtungszeitraum eine Rendite und Volatilität von durchschnittlich 11,2% bzw. 19,0% p.a. auf (vgl. Tab.48). Die Korrelation zu Aktien und Anleihen lag im Durchschnitt bei -0,02 bzw. 0,10. Unabhängig vom Modell bewies sich die Contrarian Strategie gegenüber der Buy & Hold Strategie als nicht effizient: die Rendite sank deutlich stärker als die Volatilität, und die Sharpe Ratio lag gegenüber dem Referenzfall von 1,23 zwischen 0,56 und 0,92. Darüber hinaus verschlechterten sich auch die Korrelationseigenschaften.

Modell 1	Rendite	Std.Abw.	Sharpe		K(Akt.)	K(Anl.)	Schiefe	Wölbung
Buy&Hold S&P GSCI	11,2%	19,0%	1,23		-0,02	0,10	0,37	1,17
Contrarian	7,2%	10,4%	0,92		0,04	0,07	0,23	1,49
Momentum	8,9%	9,3%	1,70		-0,08	0,04	0,91	7,24
Modell 2	Rendite	Std.Abw.	Sharpe		K(Akt.)	K(Anl.)	Schiefe	Wölbung
Buy&Hold GSCI	11,2%	19,0%	1,23		-0,02	0,10	0,37	1,17
Contrarian	6,0%	9,7%	0,56		0,07	0,09	0,28	4,09
Momentum	10,1%	10,9%	1,83		-0,09	0,02	0,85	6,04
Modell 3	Rendite	Std.Abw.	Sharpe		K(Akt.)	K(Anl.)	Schiefe	Wölbung
Buy&Hold GSCI	11,2%	19,0%	1,23		-0,02	0,10	0,37	1,17
Contrarian	6,2%	9,5%	0,68		0,09	0,09	0,22	2,32
Momentum	9,9%	11,2%	1,69		-0,10	0,02	1,32	10,36

Tabelle 48: S&P GSCI – Standardwerte Strategien (Modelle 1-3)

Deutlich bessere Ergebnisse lieferte die Momentum Strategie über alle drei Modelle. In Modell 1 sank zwar die durchschnittliche per annum Rendite von 11,2% (Buy & Hold) auf 9,3%, jedoch halbierte sich die Volatilität von 19,0% auf 9,3%. Die Sharpe Ratio verbesserte sich von 1,23 auf 1,7. Gleichzeitig sank die Korrelation der Strategie zu Aktien und Anleihen von -0,02 und 0,10 auf -0,08 und 0,04 deutlich. Die Koeffizienten für Schiefe und Wölbung stiegen im Durchschnitt an. Abbildung 75 zeigt die Gewichtung des S&P GSCI in den verschiedenen Momentum-Strategien im Zeitverlauf des Beobachtungszeitraums von 12/1987 bis 12/2007. Je enger die Bandbreiten der Z-Werte, desto häufiger traten Gewichtungs-Anpassungen auf, wie an dem Verlauf der Gewichtungen für Modell 1, 2 und 3 zu sehen ist.

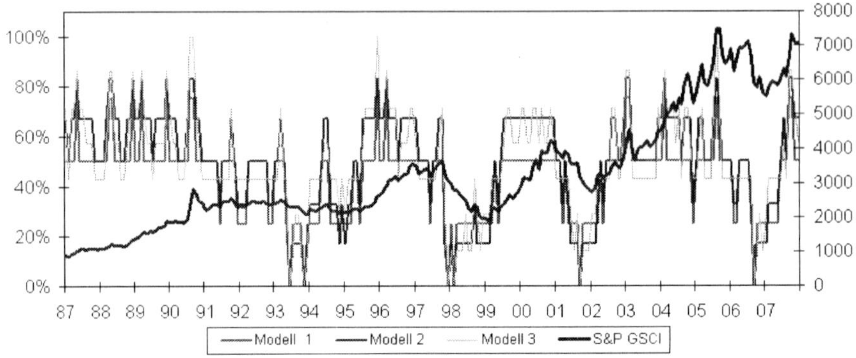

Abbildung 75: S&P GSCI – Gewichtungen der Momentum Strategien

Modellübergreifend erwies sich auf risikoadjustierter Basis die Momentum Strategie der Buy & Hold Strategie und der Contrarian Strategie als überlegen. Die Ausfallwahrscheinlichkeit sank auf Werte zwischen 37% und 38% [Momentum] bzw. 38% und 39% [Contrarian]. Die Semivarianz wies Werte zwischen 6,1% und 7,1% [Momentum] bzw. 6,5% und 7,1% auf. Der empirische Value-at-Risk sank gegenüber dem Basisfall auf Werte zwischen 629 USD und 850 USD [Momentum] bzw. 931 USD und 1000 USD [Contrarian]. Die Contrarian Strategie schnitt dabei schlechter ab als der Referenzfall der S&P GSCI Buy & Hold Strategie.

Überprüfung der Ergebnisse auf statistische Signifikanz

Die Ergebnisse aller drei Standardwerte Strategiemodelle im Vergleich zu einer Buy-and-Hold Strategie S&P GSCI wurden mittels einfaktorieller ANOVA auf statistische Signifikanz getestet. Auf Basis aller Renditerealisierungen war $F_{krit} = 2{,}61 > F = 0{,}05$ und P-Wert = 0,9864 [Momentum], bzw. $F_{krit} = 2{,}61 > F = 0{,}05$ und P-Wert = 0,6554 [Contrarian], somit war der Unterschied der Mittelwerte nicht signifikant. Unterschied man jedoch Phasen positiver und negativer Entwicklung des S&P GSCI, und ordnete jeweils die unter den vorgestellten Modellen zu erreichenden Renditen zu, gliederte sich das Spektrum charakteristisch auf (vgl. Abb. 76 und 77). So unterschieden sich die Ergebnisse der positiven Renditerealisationen im Vergleich zum S&P GSCI statistisch signifikant ($F_{krit} = 2{,}61 < F = 16{,}37$ und P-Wert = 0,0000) [Momentum], bzw. $F_{krit} = 2{,}61 < F = 23{,}73$ und P-Wert = 0,0000) [Contrarian]), es wurde also in Phasen allgemein positiver Renditen ein unterdurchschnittlicher Erfolg erzielt.

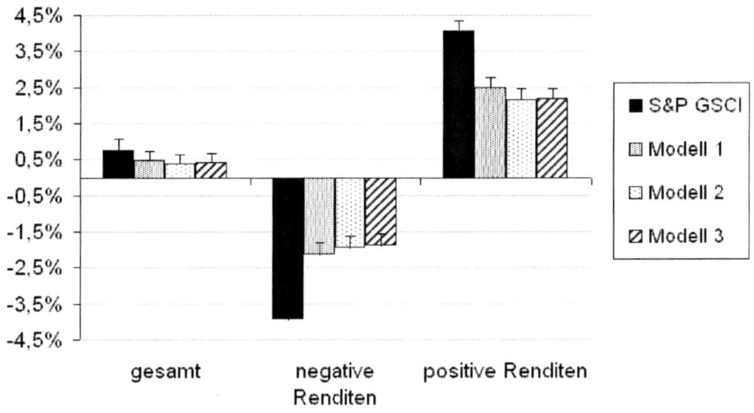

Abbildung 76: Standardwerte Strategien - S&P GSCI – Contrarian

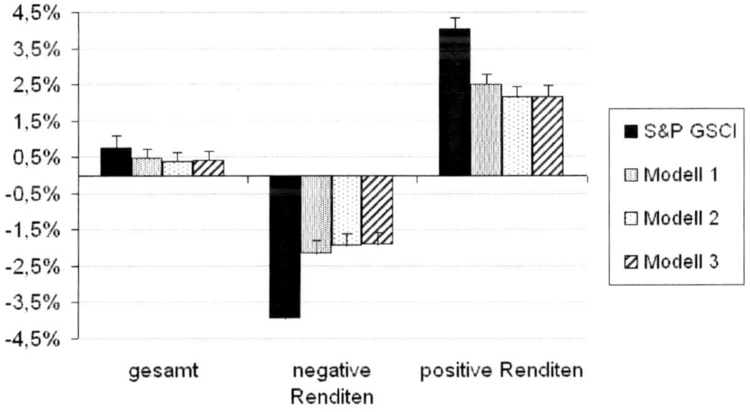

Abbildung 77: Standardwerte Strategien - S&P GSCI - Momentum

In Phasen negativer Renditerealisationen fielen jedoch die entsprechenden Verluste, die mit den Standardwerte Modellen erzielt wurden, signifikant geringer aus (F_{krit} = 2,61 < F = 25,43 und P-Wert = 0,0000 [Momentum], bzw. F_{krit} = 2,61 < F = 17,1 und P-Wert = 0,0000 [Contrarian]). Angewendet auf den S&P GSCI bewirkten alle Modelle, dass in Phasen positiver Performance des S&P GSCI der Anlageerfolg zwar auch positiv, aber signifikant niedriger ausfällt. Dies sollte im Zusammenhang gesehen werden mit Phasen negativer Entwicklung des S&P GSCI: hier konnte ein signifikant höherer Anlageerfolg erreicht werden.

4.3.5.2 Standardwerte - Rohöl

Die Abbildungen 78 und 79 zeigen die Entwicklung des S&P GSCI Rohöl und die Spannweite der realisierten Z-Werte, sowie die Korrelation zwischen der Performance des S&P GSCI Rohöl und dem Niveau der Z-Werte.

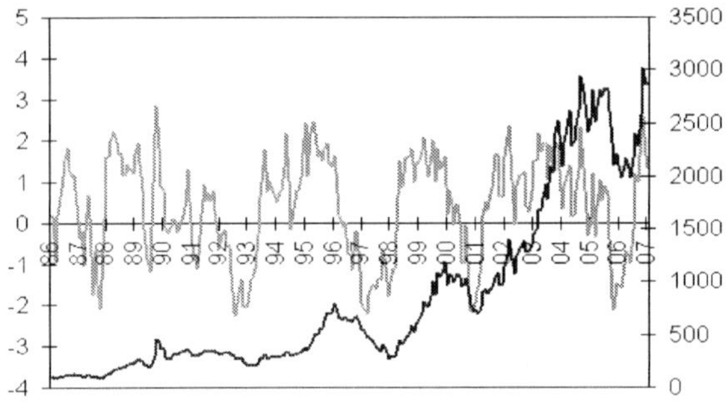

Abbildung 78: Rohöl – Performance vs. Z-Werte (1)

Die monatlichen Z-Werte lagen dabei zwischen -2,3 und 2,8 (vgl. Abb.78). Wie in Abb.79 zu erkennen bestand ein positiver Zusammenhang zwischen der monatlichen Performance des S&P GSCI Rohöl und des realisierten Z-Wertes.

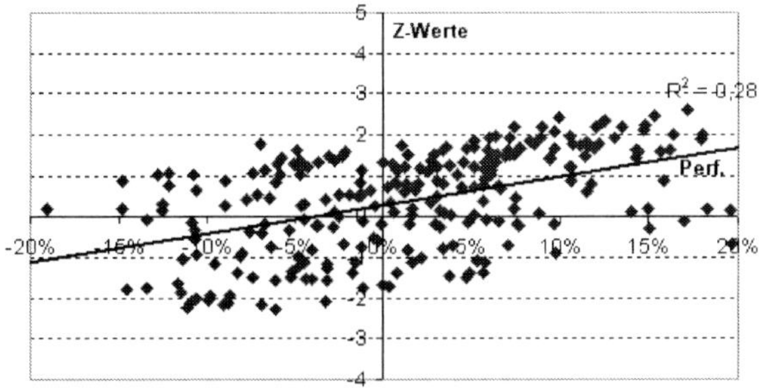

Abbildung 79: Rohöl – Performance vs. Z-Werte (2)

Das Ausgangsmodell S&P GSCI Rohöl Buy & Hold wies über den Beobachtungszeitraum eine Rendite und Volatilität von durchschnittlich 21,4% bzw. 32,9% p.a. auf. Die Korrelation zu Aktien und Anleihen lagt im Durchschnitt bei -0,09 bzw. 0,05. Unabhängig vom Modell bewies sich hier ebenfalls die Contrarian Strategie gegenüber der Buy & Hold Strategie als nicht effizient: die Rendite sank von durchschnittlich 21,4% auf 12,4% p.a. (Modell 1), 10,5% (Modell 2) und 10,3% (Modell 3) deutlich stärker als die ebenfalls zurückgehende Volatilität. Gegenüber dem Referenzfall verschlechterten sich auch die Korrelationseigenschaften gegenüber Aktien und Anleihen (vgl. Tab.49).

Modell 1	Rendite	Std.Abw.	Sharpe		K(Akt.)	K(Anl.)	Schiefe	Wölbung
Buy&Hold Rohöl	21,4%	32,9%	1,79		-0,09	0,06	0,73	2,68
Contrarian	12,4%	19,2%	1,45		-0,05	0,03	0,66	3,47
Momentum	13,0%	15,6%	1,92		-0,12	-0,02	1,97	15,39
Modell 2	Rendite	Std.Abw.	Sharpe		K(Akt.)	K(Anl.)	Schiefe	Wölbung
Buy&Hold Rohöl	21,4%	32,9%	1,79		-0,09	0,06	0,73	2,68
Contrarian	10,5%	17,9%	1,17		-0,02	0,06	0,86	6,19
Momentum	15,0%	18,3%	2,01		-0,13	-0,04	1,66	12,11
Modell 3	Rendite	Std.Abw.	Sharpe		K(Akt.)	K(Anl.)	Schiefe	Wölbung
Buy&Hold Rohöl	21,4%	32,9%	1,79		-0,09	0,06	0,73	2,68
Contrarian	10,3%	17,1%	1,20		-0,02	0,05	0,49	3,71
Momentum	15,2%	18,5%	2,02		-0,14	-0,03	1,83	13,55

Tabelle 49: Rohöl – Standardwerte Strategien (Modelle 1-3)

Überlegende Ergebnisse lieferte die Momentum Strategie über alle drei Modelle. Über die Modelle 1-3 sank zwar die durchschnittliche per annum Rendite von 21,4% (Buy & Hold) auf 13,0%, 15,0% und 15,2%; die Volatilität ging jedoch von 32,9% auf

Werte zwischen 15,6% und 18,5% zurück. Die Sharpe Ratio verbesserte sich von 1,79 im Referenzfall leicht auf Werte zwischen 1,9 und 2,0. Gleichzeitig sank die Korrelation der Strategie zu Aktien und Anleihen im Durchschnitt. Die Parameter für Schiefe und Wölbung stiegen ggü. dem Basisfall an. Abbildung 80 zeigt die Gewichtung des S&P GSCI Rohöl in den verschiedenen Momentum-Strategien im Zeitverlauf des Beobachtungszeitraums von 1987 bis 2007. Je enger die Bandbreiten der Z-Werte, desto häufiger traten Gewichtungs-Anpassungen auf, wie an dem Verlauf der Gewichtungen für Modell 1, 2 und 3 zu erkennen ist.

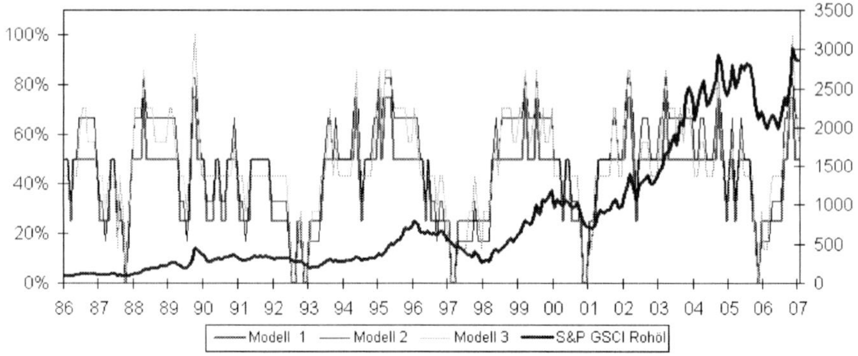

Abbildung 80: Rohöl – Gewichtungen der Momentum Strategien

Modellübergreifend erwies sich auf risikoadjustierter Basis die Momentum Strategie der Buy & Hold Strategie und der Contrarian Strategie als überlegen. Die Ausfallwahrscheinlichkeit sank auf Werte zwischen 37% und 38% [Momentum] bzw. 40% und 41% [Contrarian]. Die Semivarianz wies Werte zwischen 9,8% und 11,6% [Momentum] bzw. 11,7% und 12,9% auf. Der empirische Value-at-Risk sank gegenüber dem Basisfall auf Werte zwischen 1262 USD und 1519 USD [Momentum] bzw. 1777 USD und 1918 USD [Contrarian]. Die Contrarian Strategie schnitt dabei schlechter ab als der Referenzfall der S&P GSCI Rohöl Buy & Hold Strategie.

Überprüfung der Ergebnisse auf statistische Signifikanz

Die Ergebnisse aller drei Standardwerte Strategiemodelle im Vergleich zu einer Buy-and-Hold Strategie S&P GSCI Rohöl wurden mittels einfaktorieller ANOVA auf statistische Signifikanz getestet. Auf Basis aller Renditerealisierungen war $F_{krit} = 2{,}61 > F = 0{,}14$ und P-Wert = 0,9344 [Momentum], bzw. $F_{krit} = 2{,}61 > F = 0{,}51$ und P-Wert = 0,6752 [Contrarian], somit war der Unterschied der Mittelwerte nicht signifikant. Unterschied man jedoch Phasen positiver und negativer Entwicklung des S&P GSCI Rohöl Subindex, und ordnete jeweils die unter den vorgestellten Modellen zu erreichenden Renditen zu, gliederte sich das Spektrum charakteristisch auf (vgl. Anhang 4.3.5 Standardwerte Strategien (Rohöl)). So unterschieden sich die Ergebnisse der positiven Renditerealisationen im Vergleich zum S&P GSCI Rohöl statistisch signifikant ($F_{krit} = 2{,}61 < F = 22{,}3$ und P-Wert = 0,0000) [Momentum], bzw. $F_{krit} = 2{,}61 < F = 21{,}6$ und P-Wert = 0,0000) [Contrarian]), es wurde also in Phasen allgemein positiver Renditen ein unterdurchschnittlicher Erfolg erzielt. In Phasen negativer Renditerealisationen fielen jedoch die entsprechenden Verluste, die mit den Standardwerte Modellen erzielt wurden, signifikant geringer aus ($F_{krit} = 2{,}61 < F = 34{,}2$ und P-Wert = 0,0000 [Momentum], bzw. $F_{krit} = 2{,}61 < F = 17{,}6$ und P-Wert = 0,0000 [Contrarian]). Angewendet auf den S&P GSCI Rohöl Subindex bewirkten alle Modelle, dass in Phasen positiver Performance von Rohöl der Anlageerfolg zwar auch positiv, aber signifikant niedriger ausfällt. Dies sollte im Zusammenhang gesehen werden mit Phasen negativer Entwicklung von Rohöl: hier konnte ein signifikant höherer Anlageerfolg erreicht werden.

4.3.5.3 Standardwerte - Gold

Die Abbildungen 81 und 82 zeigen die Entwicklung des S&P GSCI Gold Subindex und die Spannweite der realisierten Z-Werte, sowie die Korrelation zwischen der Performance des S&P GSCI Gold Subindex und dem Niveau der Z-Werte.

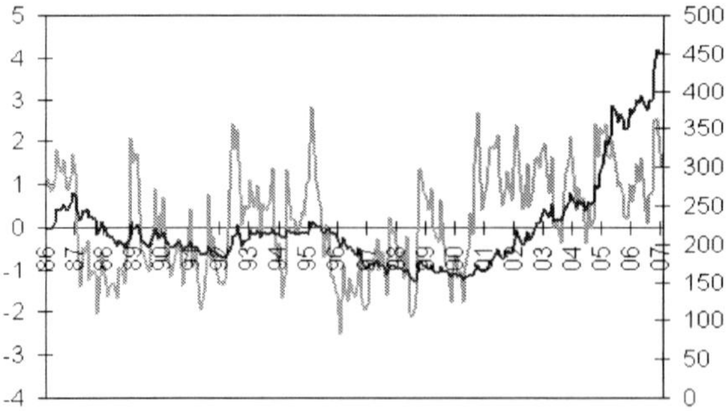

Abbildung 81: Gold – Performance vs. Z-Werte (1)

Die monatlichen Z-Werte lagen hierbei zwischen -2,5 und 2,8 (vgl. Abb.81). Wie in der Abb.82 zu erkennen, bestand ein positiver Zusammenhang zwischen der monatlichen Performance des S&P GSCI Gold Subindex und des realisierten Z-Wertes vor.

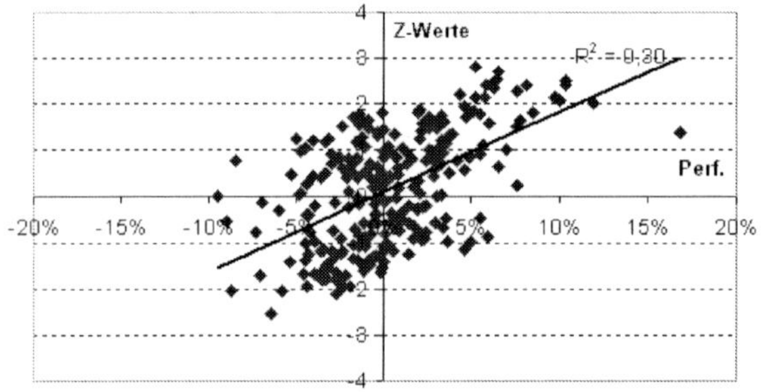

Abbildung 82: Gold – Performance vs. Z-Werte (2)

Das Ausgangsmodell S&P GSCI Gold Buy & Hold wies über den Beobachtungszeitraum eine Rendite und Volatilität von durchschnittlich 3,6% bzw. 13,3% p.a. auf. Die Korrelation zu Aktien und Anleihen lag im Durchschnitt bei 0,04 bzw. 0,24. Die Sharpe Ratio war im Referenzfall sowie über vier von sechs Modellvarianten negativ. Unabhängig vom Modell wiesen alle drei Contrarian Strategien gegenüber der Buy & Hold Strategie höhere durchschnittliche Renditen und eine geringere Standardabweichung auf. Über alle Momentum Strategien lag die durchschnittliche realisierte Rendite ebenfalls über dem Referenzfall und im Durchschnitt auf gleichem Niveau wie die der Contrarian Strategien (vgl. Tab.50).

Modell 1	Rendite	Std.Abw.	Sharpe		K(Akt.)	K(Anl.)	Schiefe	Wölbung
Buy&Hold Gold	3,6%	13,3%	neg.		0,04	0,24	0,58	1,35
Contrarian	4,1%	7,9%	neg.		0,02	0,25	0,77	3,35
Momentum	4,5%	6,1%	0,05		-0,01	0,15	0,41	2,88
Modell 2	Rendite	Std.Abw.	Sharpe		K(Akt.)	K(Anl.)	Schiefe	Wölbung
Buy&Hold Gold	3,6%	13,3%	neg.		0,04	0,24	0,58	1,35
Contrarian	4,3%	7,5%	neg.		0,01	0,24	1,05	6,37
Momentum	4,3%	6,9%	neg.		0,00	0,15	0,37	3,29
Modell 3	Rendite	Std.Abw.	Sharpe		K(Akt.)	K(Anl.)	Schiefe	Wölbung
Buy&Hold Gold	3,6%	13,3%	neg.		0,04	0,24	0,58	1,35
Contrarian	4,6%	7,5%	0,11		0,00	0,24	1,28	7,42
Momentum	4,0%	6,9%	neg.		0,02	0,16	0,43	3,64

Tabelle 50: Gold - Standardwerte Strategien (Modelle 1-3)

Die Volatilität lag ebenfalls über alle sechs Varianten unter dem Niveau des Referenzfalles. Hier waren die Momentum Strategien gegenüber den restlichen Strategien überlegen. Die Ergebnisse der Korrelationseigenschaften waren dagegen heterogen. Über alle Contrarian Modelle konnten sich die Korrelationseigenschaften gegenüber Anleihen im Durchschnitt nicht verbessern, über alle Momentum Modelle verbesserten sie sich deutlich. Gegenüber Aktien verbesserten sich die Korrelationseigenschaften sowohl in den Contrarian als auch in den Momentum Varianten. Der Wölbungskoeffizient nimmt über alle Varianten zu. Abbildung 83 zeigt die Gewichtung des S&P GSCI Gold in den verschiedenen Momentum-Strategien im Zeitverlauf des Beobachtungszeitraums von 12/1987 bis 12/2007. Je enger die Bandbreiten der Z-Werte, desto häufiger traten Gewichtungs-Anpassungen auf, wie an dem Verlauf der Gewichtungen für Modell 1, 2 und 3 zu sehen ist.

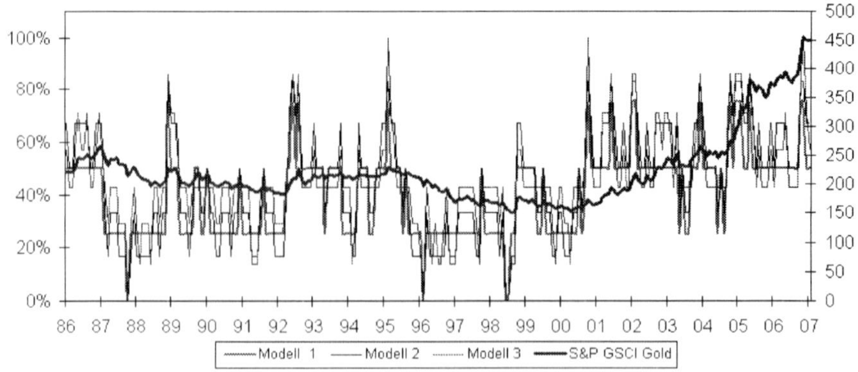

Abbildung 83: Gold – Gewichtungen der Momentum Strategien

Modellübergreifend zeigten sich sowohl Momentum und Contrarian Strategien auf der Ebene der ersten zwei Verteilungsmodelle gegenüber dem Referenzfall überlegen. Unter Einbezug der Korrelationseigenschaften gegenüber Aktien und Anleihen sind die Momentum Strategien zu bevorzugen. Hier sank die Ausfallwahrscheinlichkeit auf Werte zwischen 39% und 42% [Momentum] gegenüber 45% und 46% [Contrarian]. Die Semivarianz wies Werte zwischen 4,0% und 4,7% [Momentum] bzw. 4,8% und 5,3% auf. Der empirische Value-at-Risk sank gegenüber dem Basisfall auf Werte zwischen 547 USD und 736 USD [Momentum] bzw. 771 USD und 887 USD [Contrarian].

Überprüfung der Ergebnisse auf statistische Signifikanz

Die Ergebnisse aller drei Standardwerte Strategiemodelle im Vergleich zu einer Buy-and-Hold Strategie S&P GSCI Gold wurden mittels einfaktorieller ANOVA auf statistische Signifikanz getestet. Auf Basis aller Renditerealisierungen war $F_{krit} = 2{,}61 > F = 0{,}06$ und P-Wert = 0,9789 [Momentum], bzw. $F_{krit} = 2{,}61 > F = 0{,}05$ und P-Wert = 0,9867 [Contrarian], somit war der Unterschied der Mittelwerte nicht signifikant. Unterschied man jedoch Phasen positiver und negativer Entwicklung des S&P GSCI Gold Subindex, und ordnete jeweils die unter den vorgestellten Modellen zu erreichenden Renditen zu, gliederte sich das Spektrum charakteristisch auf (vgl. Anhang 4.3.5 Standardwerte Strategien (Gold)). So unterschieden sich die Ergebnisse der positiven Renditerealisationen im Vergleich zum S&P GSCI Gold statistisch signifikant (F_{krit} = 2,61 < F = 14,3 und P-Wert = 0,0000) [Momentum], bzw. F_{krit} = 2,61 < F = 11,1 und P-Wert = 0,0000) [Contrarian]), es wurde also in Phasen allgemein positiver Renditen ein unterdurchschnittlicher Erfolg erzielt. In Phasen negativer Renditerealisationen fielen jedoch die entsprechenden Verluste, die mit den Standardwerte Modellen erzielt wurden, signifikant geringer aus (F_{krit} = 2,61 < F = 35,9 und P-Wert = 0,0000 [Momentum], bzw. F_{krit} = 2,61 < F = 22,5 und P-Wert = 0,0000 [Contrarian]). Angewendet auf den S&P GSCI Gold Subindex bewirkten alle Modelle, dass in Phasen positiver Performance von Gold der Anlageerfolg zwar auch positiv, aber signifikant niedriger ausfällt. Dies sollte im Zusammenhang gesehen werden mit Phasen negativer Entwicklung von Gold: hier konnte ein signifikant höherer Anlageerfolg erreicht werden.

Fazit Standardwerte Strategien S&P GSCI, Rohöl und Gold

Sowohl die Contrarian als auch die Momentum Strategien zeigten gegenüber dem Basisfall übereinstimmend einen signifikant niedrigeren Anlageerfolg in Phasen positiver Rohstoffperformance (S&P GSCI, Rohöl, Gold), sowie einen signifikant höheren durchschnittlichen Anlageerfolg in Phasen negativer Rohstoffperformance. Alle Standardwerte Strategien bezogen auf S&P GSCI und Rohöl wiesen über den Gesamtzeitraum gegenüber dem Basisfall eine geringere durchschnittliche Rendite und Volatilität auf. Auf Grundlage der risikoadjustierten Performance zeigten die Momentum Modelle Ergebnisse, die denen des Basisfalls und der Contrarian Modelle deutlich überlegen waren; für S&P GSCI und Rohöl zeigten dabei die Modelle 2 und 3 bessere Ergebnisse als Modell 1. Alle Standardwerte Strategien bezogen auf Gold führten sowohl zu höheren durchschnittlichen Renditen als auch zu niedrigeren durchschnittlichen Volatilitäten; die Sharpe Ratio blieb für alle Modelle bis auf zwei Varianten negativ. Die Korrelationsergebnisse zeigten dabei über alle Modellvarianten eine Verbesserung der Portfolioeigenschaften.

4.3.6 Backwardation Momentum

Basierend auf den Ausarbeitungen des Kapitels 2.2 zu Rohstoff Terminkontrakten sollte hier untersucht werden, ob durch eine dynamische Allokationsregel basierend auf dem Momentum der Roll Renditen, die als Ergebnis schwankender Risikoprämien interpretiert werden können, eine risikoadjustierte Outperformance gegenüber dem Referenzfall einer Rohstoff Buy & Hold Strategie erzielt werden kann. Zur Berechnung des monatlichen Roll Ertrags des am nächsten gelegenen Terminkontraktes wurde die Spot Preis Performance vom Excess Return abgezogen. Dann wurde nach den Ausführungen des Kapitels 3.5 das Momentum der Rollerträge basierend auf Time Lags von 1, 3, 6, 9 und 12 Monaten gebildet. Wenn die Roll Rendite ein positives Momentum aufwies ($M_B>0$), wurde eine Rohstoffallokation zu S&P GSCI, Rohöl und Gold von 100% aufrechterhalten; ansonsten wurde zu 100% Liquidität gehalten.

4.3.6.1 Backwardation Momentum – S&P GSCI

Im Rahmen des Modells wurde eine Rohstoffallokation von 100% aufrechterhalten, solange die Zeitreihe des S&P GSCI (TR) ein positives Momentum der Roll-Renditen aufwies – gesondert werden dabei Lags von 1, 3, 6, 9 und 12 Monaten betrachtet. Gegenüber dem Basisfall B_0 (100% S&P GSCI) konnte keine Momentumvariante eine Überperformance aufweisen (vgl. Tab.51). Allen Momentumvarianten war jedoch eine deutliche Reduzierung der Volatilität gegenüber der Ausgangslage gemein. Lediglich die Varianten M_B (9M) und M_B (12M) wiesen gegenüber B_0 eine höhere Sharpe Ratio auf - die maximale Sharpe Ratio zeigte das Momentum Modell basierend auf 12 Monaten (1,71).

	B_0		M_B (1M)		M_B (3M)		M_B (6M)		M_B (9M)		M_B (12M)	
Rendite	11,2%		5,2%		7,0%		9,1%		10,5%		11,1%	
Standardabweichung	19,0%		14,0%		14,4%		14,9%		14,9%		13,6%	
Sharpe-Ratio	1,23		0,20		0,64		1,09		1,42		1,71	
Korr.(Aktien,Anleihen)	-0,02	0,10	-0,01	0,08	-0,07	0,04	-0,08	0,04	-0,11	0,04	-0,12	0,03
Schiefe/Wölbung	0,37	1,17	0,72	6,08	0,80	6,23	0,93	6,03	0,97	5,68	1,35	8,06
SV	12,8%		9,0%		9,0%		9,1%		9,0%		7,7%	
AW	43%		25%		22%		20%		20%		19%	
$VaR_{95\%,10.000USD}$	1.916		1.779		1.662		1.544		1.398		1.123	

Tabelle 51: Backwardation Momentum – S&P GSCI

Die Backwardation Strategie führte zu einer durchschnittlichen Liquiditätshaltung zwischen 46% und 52%. Die Korrelationseigenschaften verbesserten sich gegenüber B_0 in vier von fünf Varianten: lediglich MB (1M) wies gegenüber B_0 unvorteilhaftere Korrelationseigenschaften zu Aktien und Anleihen auf. Die positive Schiefe der Verteilung weitete sich über die fünf Varianten mit zunehmendem Timelag des Momentum aus – das Ausmaß der leptokurtischen Verteilung der Renditen nahm ebenfalls zu. Die Semivolatilität hatte im Basisfall B_0 einen Anteil von 66%, dieser Anteil lag bei den fünf Modellvarianten zwischen 57% und 64%.

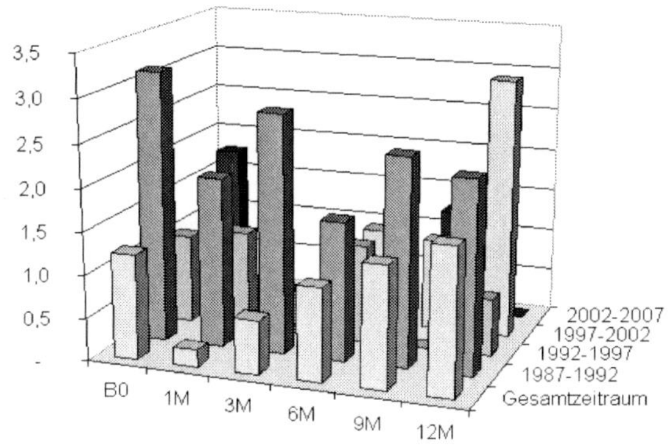

Abbildung 84: Sharpe Ratios und Backwardation Momentum (S&P GSCI)

Die empirische Ausfallwahrscheinlichkeit von 43% im Basisfall B_0 lag in allen Varianten zwischen 19% und 25%. Der empirische Value at Risk für eine Position von 10.000 USD auf einem Konfidenzlevel von 95% bewegte sich im Durchschnitt pro Jahr zwischen 1.123 USD und 1.779 USD (im Vergleich zu 1.916 USD im Basisfall B_0). Die Balkendiagramme in Abb.84 zeigen die unterschiedlichen realisierten Sharpe Ratios (y-Achse), in Relation zur Modellvariante (x-Achse) und des zugrunde liegenden Zeitraums (z-Achse). Auffällig sind die modellübergreifend überdurchschnittlichen Sharpe Ratios im Zeitraum 12/1987 bis 12/1992. Modellabhängig kann gefolgert werden, dass die Varianten 9M und 12M im Zeitverlauf den Varianten 1M, 3M und 6M sowie dem Referenzfall überlegen waren.

Überprüfung der Ergebnisse auf statistische Signifikanz

Die Ergebnisse aller Backwardation Momentum Strategievarianten im Vergleich zu einer Buy-and-Hold Strategie S&P GSCI (TR) wurden mittels einfaktorieller ANOVA auf statistische Signifikanz getestet. Auf Basis aller Renditerealisierungen war F_{krit} = 2,22 > F = 0,64 und P-Wert = 0,6653, somit war der Unterschied der Mittelwerte nicht signifikant. Unterschied man jedoch Phasen positiver und negativer Entwicklung des S&P GSCI, und ordnete jeweils die unter den vorgestellten Modellen zu erreichenden Renditen zu, gliederte sich das Spektrum charakteristisch auf (vgl. Abb.85).

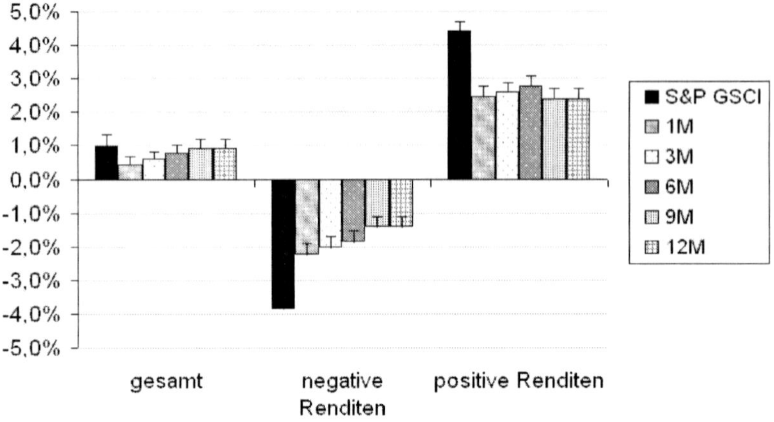

Abbildung 85: S&P GSCI – Backwardation Momentum

So unterschieden sich die Ergebnisse der positiven Renditerealisationen im Vergleich zum S&P GSCI statistisch signifikant (F_{krit} = 2,22 < F = 6,51 und P-Wert = 0,0001), es wurde also in Phasen allgemein positiver Renditen ein unterdurchschnittlicher Erfolg erzielt. In Phasen negativer Renditerealisationen fielen jedoch die entsprechenden Verluste, die mit den Modellvarianten erzielt wurden, signifikant geringer aus (F_{krit} = 2,22 < F = 9,06 und P-Wert = 0,0000). Angewendet auf den S&P GSCI bewirkten alle Modelle, dass in Phasen positiver Performance der Anlageerfolg zwar auch positiv, aber signifikant niedriger ausfällt. Dies sollte im Zusammenhang gesehen werden mit Phasen negativer Entwicklung: hier konnte ein signifikant höherer Anlageerfolg erreicht werden.

4.3.6.2 Backwardation Momentum – Rohöl

Im Rahmen des Modells wurde eine Rohstoffallokation von 100% aufrechterhalten, solange die Zeitreihe des S&P GSCI Rohöl-Subindex (TR) ein positives Momentum der Roll-Renditen aufwies – gesondert wurden dabei Lags von 1, 3, 6, 9 und 12 Monaten betrachtet.

Gegenüber dem Basisfall B_0 (100% Rohöl) konnten zwei Momentumvariante (M_B (9M) und M_B (12M)) eine Mehrperformance aufweisen (vgl. Tab.52). Allen Momentumvarianten war eine deutliche Reduzierung der Volatilität gegenüber der Ausgangslage gemein. Analog zu den Ergebnissen zum S&P GSCI wiesen lediglich die Varianten M_B (9M) und M_B (12M) gegenüber B_0 eine höhere Sharpe Ratio auf - die maximale Sharpe Ratio zeigte das Momentum Modell basierend auf 12 Monaten auf (2,71).

	B_0		M_B (1M)		M_B (3M)		M_B (6M)		M_B (9M)		M_B (12M)	
Rendite	21,4%		11,2%		15,8%		14,1%		23,6%		24,0%	
Standardabweichung	32,9%		23,3%		26,2%		25,6%		25,3%		24,2%	
Sharpe-Ratio	1,79		1,00		1,51		1,31		2,62		2,81	
Korr.(Aktien,Anleihen)	-0,09	0,06	-0,06	0,05	-0,05	0,04	-0,11	0,03	-0,08	-0,01	-0,09	-0,01
Schiefe/Wölbung	0,73	2,68	1,51	11,86	1,50	8,75	1,41	9,39	1,49	9,51	1,92	10,78
SV	21,6%		14,6%		15,9%		15,7%		15,1%		13,8%	
AW	42%		21%		21%		18%		14%		15%	
$VaR_{95\%,10.000USD}$	3.253		2.717		2.723		2.803		1.803		1.573	

Tabelle 52: Backwardation Momentum – Rohöl

Die Backwardation Strategie führte zu einer durchschnittlichen Liquiditätshaltung zwischen 48% und 53%. Die Korrelationseigenschaften verbesserten sich im Durchschnitt gegenüber B_0 gegenüber Aktien und Anleihen. Die positive Schiefe der Verteilung weitete sich über die fünf Varianten aus – das Ausmaß der leptokurtischen Verteilung der Renditen nahm ebenfalls zu. Die Semivolatilität hatte im Basisfall B_0 einen Anteil von 66%, dieser Anteil lag bei den fünf Modellvarianten zwischen 57%

und 61%. Die empirische Ausfallwahrscheinlichkeit von 42% im Basisfall B_0 lag über alle Varianten zwischen 14% und 21%. Der empirische Value at Risk für eine Position von 10.000 USD auf einem Konfidenzlevel von 95% bewegte sich im Durchschnitt pro Jahr zwischen 1.573 USD und 2.803 USD (im Vergleich zu 3.253 USD im Basisfall B_0). Die Balkendiagramme in Abb.86 zeigen die unterschiedlichen realisierten Sharpe Ratios (y-Achse), in Relation zur Modellvariante (x-Achse) und des zugrunde liegenden Zeitraums (z-Achse). Modellabhängig kann gefolgert werden, dass die Varianten 9M und 12M im Zeitverlauf den Varianten 1M, 3M und 6M sowie dem Referenzfall überlegen waren.

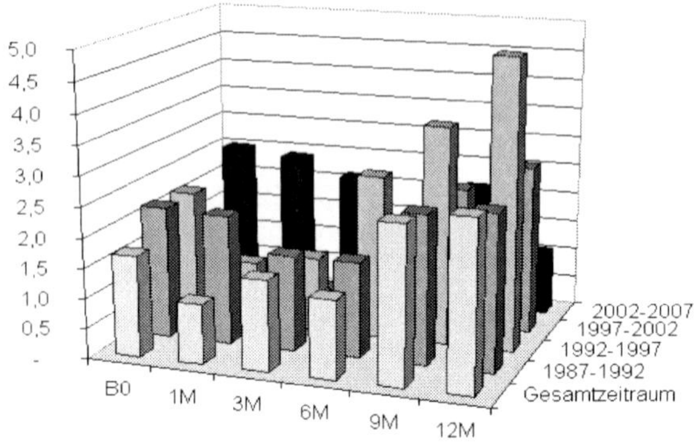

Abbildung 86: Sharpe Ratios und Backwardation Momentum (Rohöl)

Überprüfung der Ergebnisse auf statistische Signifikanz

Die Ergebnisse aller Backwardation Momentum Strategievarianten im Vergleich zu einer Buy-and-Hold Strategie S&P GSCI Rohöl (TR) wurden mittels einfaktorieller ANOVA auf statistische Signifikanz getestet. Auf Basis aller Renditerealisierungen war $F_{krit} = 2{,}22 > F = 0{,}87$ und P-Wert = 0,5021, somit war der Unterschied der Mittelwerte nicht signifikant. Unterschied man jedoch Phasen positiver und negativer Entwicklung des S&P GSCI Rohöl, und ordnete jeweils die unter den vorgestellten Modellen zu erreichenden Renditen zu, gliederte sich das Spektrum charakteristisch auf (vgl. Abb.87).

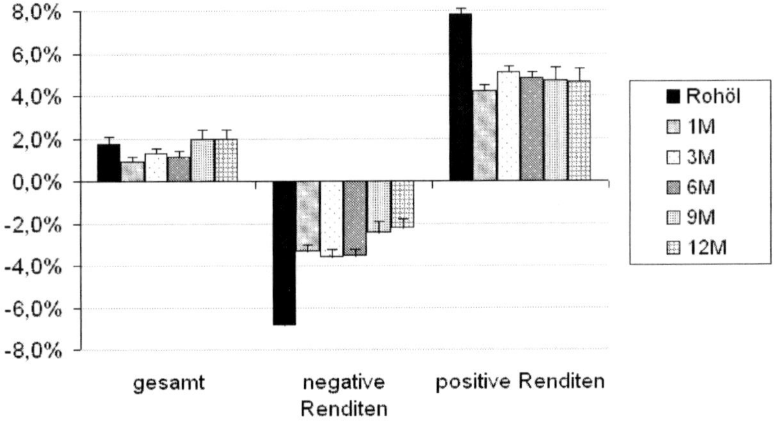

Abbildung 87: Rohöl – Backwardation Momentum

So unterschieden sich die Ergebnisse der positiven Renditerealisationen im Vergleich zum S&P GSCI statistisch signifikant (F_{krit} = 2,22 < F = 5,86 und P-Wert = 0,0001), es wurde also in Phasen allgemein positiver Renditen ein unterdurchschnittlicher Erfolg erzielt. In Phasen negativer Renditerealisationen fielen jedoch die entsprechenden Verluste, die mit den Modellvarianten erzielt wurden, signifikant geringer aus (F_{krit} = 2,22 < F = 11,84 und P-Wert = 0,0000). Angewendet auf den S&P GSCI Rohöl Subindex bewirkten alle Modelle, dass in Phasen positiver Performance der Anlageerfolg zwar auch positiv, aber signifikant niedriger ausfällt. Dies sollte im Zusammenhang gesehen werden mit Phasen negativer Entwicklung: hier konnte ein signifikant höherer Anlageerfolg erreicht werden.

4.3.6.3 Backwardation Momentum – Gold

In den Kapiteln 2.2.3 und 4.1.4 wurde gezeigt, dass sich Terminkontrakte auf Gold ähnlich zu Finanzterminkontrakten verhalten, und beinahe ausschließlich in Contango Struktur handeln. Aus diesem Grund würde in einem Gold Momentum Modell, das auf Backwardation Renditen basiert, ausschließlich Liquidität gehalten.

Fazit Backwardation Momentum S&P GSCI, Rohöl und Gold

Alle Backwardation Momentum Strategien auf S&P GSCI und Rohöl zeigten gegenüber dem Basisfall einen signifikant niedrigeren Anlageerfolg in Phasen positiver Rohstoffperformance, sowie einen signifikant höheren durchschnittlichen Anlageerfolg in Phasen negativer Rohstoffperformance. Alle Backwardation Momentum Strategien bezogen auf S&P GSCI und Rohöl wiesen über den Gesamtzeitraum gegenüber dem Basisfall eine geringere durchschnittliche Rendite und Volatilität auf. Auf Grundlage der risikoadjustierten Performance zeigten sich die Varianten 9M und 12M den anderen Varianten und dem Basisfall überlegen. Die Backwardation Momentum Strategien sind auf Gold nicht anzuwenden. Die Korrelationsergebnisse zeigten über alle Modellvarianten jedoch nur eine moderate Verbesserung der Portfolioeigenschaften; mit Ausnahme der sinkenden Korrelation des S&P GSCI zu Aktien.

4.3.7 Modellvergleich

In Abschnitt 4.1 wurde gezeigt, dass ein regelbasiertes Rebalancing bei annähernd unveränderter durchschnittlich realisierter Rendite zu einer Senkung des Risikos in Form der durchschnittlichen Standardabweichung der Renditen führen kann. Schiefe und Wölbung der Renditeverteilung sowie die Korrelationseigenschaften blieben vom Rebalancing unverändert. Im Folgenden sollen nun die in den Abschnitten 4.3.2 bis 4.3.6 erarbeiteten und getesteten dynamischen Allokationsmodelle beruhend auf Momentum (M), gleitenden Durchschnitten (GDS, SGD), Standardwerten (SWS) und Backwardation Momentum (BM) miteinander verglichen werden. Hierfür wurden die Durchschnittswerte der Renditen, Volatilitäten, Sharpe Ratios und Korrelationskennzahlen aller Varianten innerhalb eines Models verwendet.

4.3.7.1 Modellvergleich - S&P GSCI

Im Beobachtungszeitraum 1987 bis 2007 wies der S&P GSCI eine durchschnittliche Rendite von 11,2% bei einer jährlichen Standardabweichung von 18,7% auf. Im

Durchschnitt wiesen die dynamischen Allokationsmodelle eine durchschnittliche Rendite von 11,4% bei einer jährlichen Standardabweichung von 15,0% auf; wurde ausschließlich nur die beste Variante innerhalb eines Modells verwendet, stieg die durchschnittliche Rendite über alle Modelle auf 12,9% während die Volatilität auf 14,9% zurückging. Werden die einzelnen Modelldurchschnitte untereinander verglichen, so fiel zum einen die unterdurchschnittliche Rendite der Standardwerte Strategien sowie der Backwardation Momentum Strategien auf (vgl. Abb. 88). Am höchsten fielen die durchschnittlichen Renditen aus, die auf gleitenden Durchschnitten (Modell 1 und 2) beruhten.

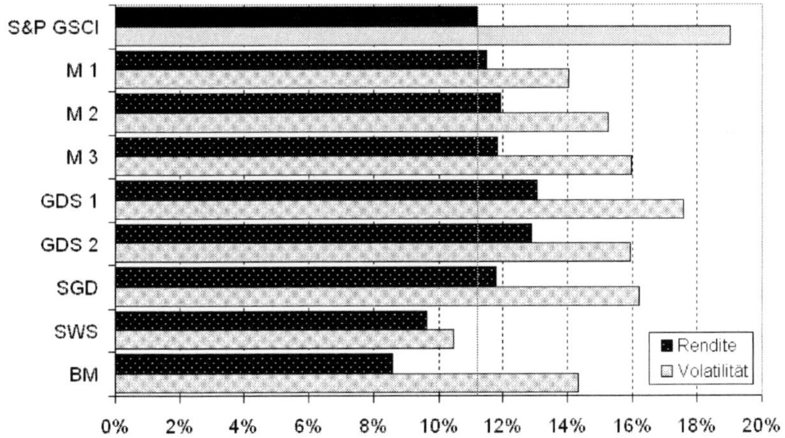

Abbildung 88: Modellvergleich S&P GSCI - Rendite und Volatilität

In Abbildung 89 sind die durchschnittlichen Sharpe Ratios je Modell im Vergleich zum S&P GSCI dargestellt. Neben den durchschnittlichen Sharpe Ratios je Modell sind auch die schlechtesten Varianten (Sharpe Ratio**) sowie die besten Varianten je Modell (Sharpe Ratio*) abgebildet.

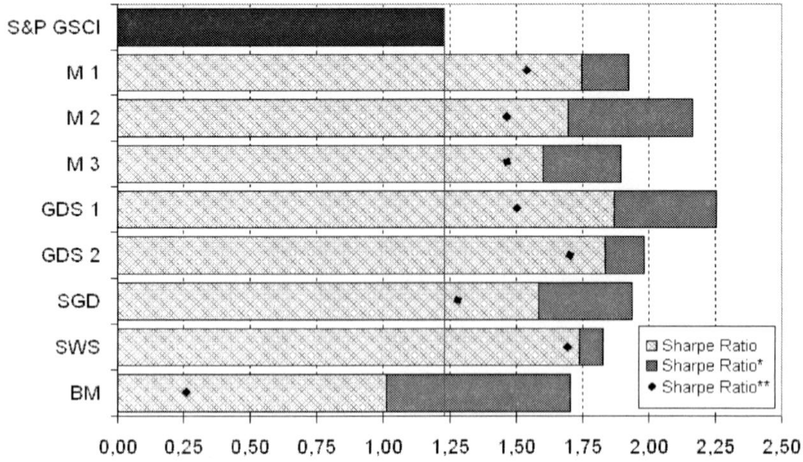

Abbildung 89: Modellvergleich S&P GSCI - Sharpe Ratio

Der S&P GSCI wies im Beobachtungszeitraum von 1987 bis 2007 eine durchschnittliche Sharpe Ratio von 1,23 auf. Von allen Modellen lag lediglich die Sharpe Ratio der Backwardation Momentum Strategie mit durchschnittlich 1,01 auf einem niedrigeren Niveau. Besonders vorteilhafte Ergebnisse wiesen Modelle beruhend auf gleitenden Durchschnitten (GDS 1 = 1,87, GDS 2 = 1,83) und Standardwerten (1,74) auf. Die Standardwerte Strategien zeigten in ihren Ausprägungen konsistente Ergebnisse, deren Sharpe Ratio Ausprägungen (Sharpe Ration*, Sharpe Ration**) nah zusammen lagen. Die unter risikoadjustierten Gesichtspunkten besten Varianten-Ausprägungen wiesen eine gleitende Durchschnittsstrategie (GDS 1, Sharpe Ratio* = 2,26) sowie eine Momentum Variante (M 2, Sharpe Ratio* = 2,17) auf. Im Durchschnitt wiesen die dynamischen Allokationsmodelle eine durchschnittliche Sharpe Ratio von 1,64 auf; wurde ausschließlich nur die beste Variante innerhalb eines Modells verwendet, stieg die durchschnittliche Sharpe Ratio über alle Modelle auf 1,97.

Werden in einem weiteren Schritt die durchschnittlichen Korrelationseigenschaften betrachtet, so fällt eine Verbesserung der Korrelationseigenschaften gegenüber Aktien und Anleihen über alle Modelle auf (vgl. Abb. 90). Der S&P GSCI zeigte im Beobachtungszeitraum von 1987 bis 2007 eine durchschnittliche Korrelation zur Wertentwicklung von Aktien von -0,02 und zu Anleihen von 0,10.

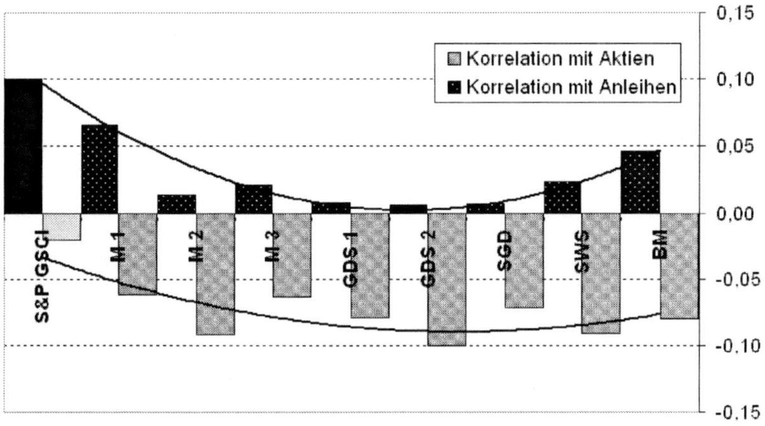

Abbildung 90: Modellvergleich S&P GSCI - Korrelationen

Im Durchschnitt wiesen die dynamischen Allokationsmodelle gegenüber dem Referenzfall mit einer durchschnittliche Korrelation zu Aktien von -0,08 und zu Anleihen von 0,02 eine leichte Verbesserung auf. Die besten Werte zur negativen Korrelation zu Aktien (-0,02) wiesen die Modelle basierend auf gleitenden Durchschnitten (GDS 2, -0,10) und Momentum (M 2, -0,09) auf. Die geringe Korrelation zur Wertentwicklung von Anleihen (0,10) sinkt in vier Modellen (M 2, GDS 1, GDS 2, SGD) auf Werte von 0,01.

Die Ergebnisse der unterschiedlichen Modellausprägungen wurden im Vergleich zu einer passiven Buy & Hold S&P GSCI Strategie mittels einfaktorieller ANOVA auf statistische Signifikanz getestet. Auf Basis aller Renditerealisierungen war $F_{krit} = 4{,}60 > F = 0{,}13$ und P-Wert = 0,7268, somit war der Unterschied der Mittelwerte nicht signifikant. Es wurde also gegenüber dem Referenzfall keine signifikant höhere oder geringere Rendite erzielt. Die Volatilität ließ sich jedoch durch die Anwendung der dynamischen Allokationsmodelle signifikant senken ($F_{krit} = 4{,}60 < F = 28{,}24$ und P-Wert = 0,0001). Als Ergebnis kann festgehalten werden, dass durch die verwendeten Modelle im Beobachtungszeitraum von 12/1987 bis 12/2007 der risikoadjustierte Ertrag in Form der Sharpe Ratio signifikant höher ausfiel, als im Referenzfall Buy & Hold S&P GSCI ($F = 17{,}98 > F_{krit} = 4{,}60$ und P-Wert = 0,0008).

4.3.7.2 Modellvergleich – Rohöl

Im Beobachtungszeitraum 1987 bis 2007 wies Rohöl (S&P GSCI Rohöl Subindex TR) eine durchschnittliche Preissteigerung von 21,4% bei einer jährlichen Standardabweichung von 32,9% auf. Im Durchschnitt wiesen die dynamischen Allokationsmodelle eine durchschnittliche Rendite von 18,2% bei einer jährlichen Standardabweichung von 25,1% auf. Beim Vergleich der einzelnen Modelldurchschnitte untereinander fällt auf, das lediglich ein Momentum Modell (M 3) eine höhere durchschnittliche Rendite als der Referenzfall aufwies (vgl. Abb. 91). Am schlechtesten fielen die Ergebnisse bei Systemen gleitender Durchschnitte und Standardwert Strategien aus. Die Volatilität ließ sich jedoch über alle Modelle deutlich senken; Standardwert Strategien wiesen im Durchschnitt lediglich 50% der Volatilität des Basismodells auf.

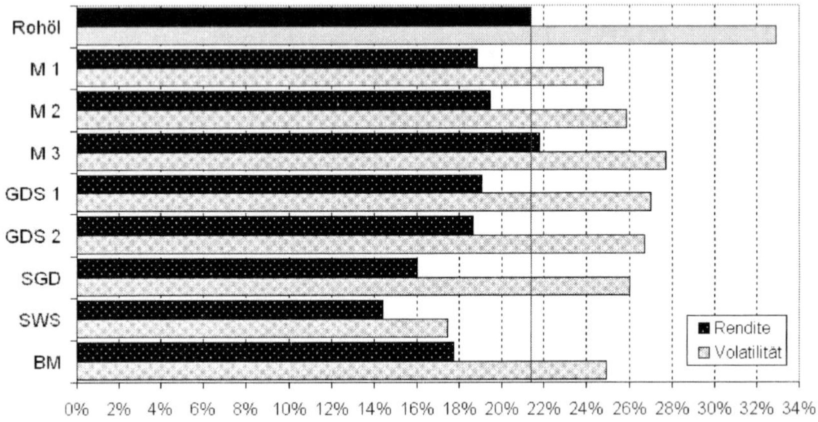

Abbildung 91: Modellvergleich Rohöl - Rendite und Volatilität

In Abbildung 92 sind die durchschnittlichen Sharpe Ratios je Modell im Vergleich zum S&P GSCI Rohöl TR dargestellt. Neben den durchschnittlichen Sharpe Ratios je Modell sind auch die schlechtesten Varianten (Sharpe Ratio**) sowie die besten Varianten je Modell (Sharpe Ratio*) abgebildet.

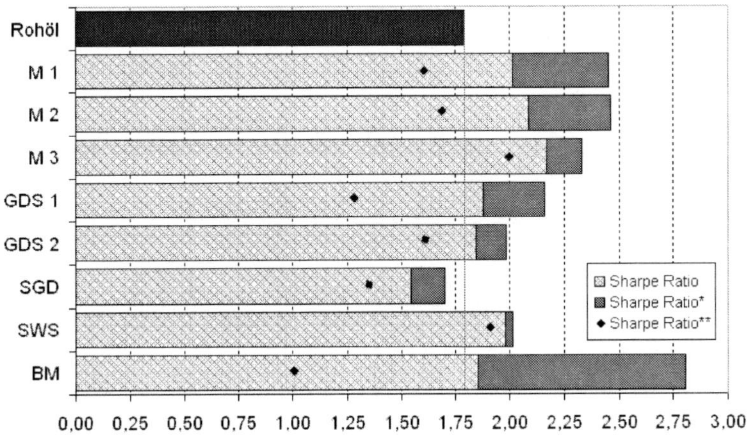

Abbildung 92: Modellvergleich Rohöl - Sharpe Ratio

Der S&P GSCI Rohöl TR wies im Beobachtungszeitraum von 1987 bis 2007 eine durchschnittliche Sharpe Ratio von 1,79 auf. Von allen Modellen lag lediglich die Sharpe Ratio der Strategie basierend auf Systemen gleitender Durchschnitte niedriger als der Referenzfall. Besonders fällt die Spannweite der Ergebnisse der Backwardation Momentum Strategie auf; hier lagen die Ausprägungen der Sharpe Ratio zwischen 1,0 und 2,8. Von allen Modellen lieferten die Momentum Strategien mit durchschnittlichen Sharpe Ratios zwischen 2,02 und 2,17 die besten Ergebnisse. Werden in einem weiteren Schritt die durchschnittlichen Korrelationseigenschaften betrachtet, so fällt eine Verbesserung der Korrelationseigenschaften gegenüber Aktien und Anleihen über alle Modelle auf (vgl. Abb. 93). Rohöl zeigte im Beobachtungszeitraum von 1987 bis 2007 eine durchschnittliche Korrelation zur Wertentwicklung von Aktien von -0,09 und zu Anleihen von 0,06. Im Durchschnitt wiesen die dynamischen Allokationsmodelle gegenüber dem Referenzfall mit einer durchschnittliche Korrelation zu Aktien von -0,12 und zu Anleihen von -0,03 eine leichte Verbesserung auf. Alle Strategien mit der Ausnahme von M 1 und BM wiesen eine negative Korrelation mit Anleihen auf; die vorteilhaftesten Werte zeigten hier Modelle, die auf gleitenden Durchschnitten basieren. Bei fünf von acht Strategien lag die Korrelation zu Aktien geringer als -0,10.

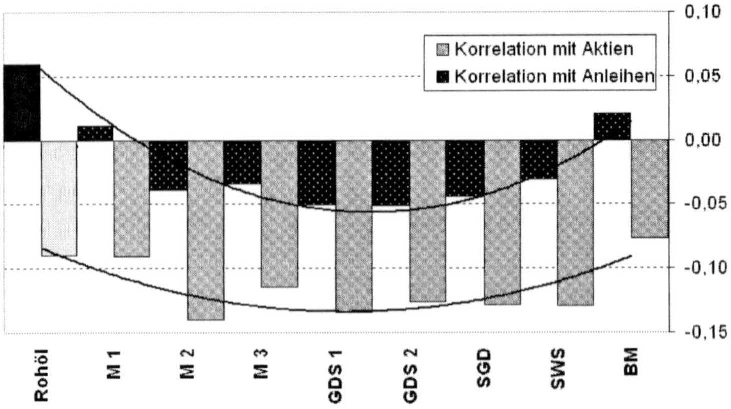

Abbildung 93: Modellvergleich Rohöl - Korrelationen

Die Ergebnisse der unterschiedlichen Modellausprägungen wurden im Vergleich zu einer passiven Buy & Hold Rohöl Strategie mittels einfaktorieller ANOVA auf statistische Signifikanz getestet. Auf Basis aller Renditerealisierungen war $F = 16{,}02 > F_{krit} = 4{,}60$ und P-Wert = 0,0013, somit war der Unterschied der Mittelwerte signifikant. Es wurden also gegenüber dem Referenzfall signifikant niedrigere Renditen erzielt. Die Volatilität ließ sich jedoch durch die Anwendung der dynamischen Allokationsmodelle signifikant senken ($F = 46{,}89 > F_{krit} = 4{,}60$ > und P-Wert = 0,0000). Die Senkung der Volatilität reichte jedoch nicht aus, um das gesunkene Renditeniveau zu kompensieren: der Unterschied der Sharpe Ratios fiel mit $F = 3{,}84 < F_{krit} = 4{,}60$ > und P-Wert = 0,0702 nicht signifikant aus.

4.3.7.3 Modellvergleich – Gold

Gold in Form des S&P GSCI Gold Index verteuerte sich im Beobachtungszeitraum um durchschnittlich 3,6% p.a. bei einer jährlichen Standardabweichung von 13,3%. Im Durchschnitt wiesen die dynamischen Allokationsmodelle eine durchschnittliche Rendite von 4,2% bei einer jährlichen Standardabweichung von 8,6% auf. Es konnten also im Durchschnitt über alle Modelle sowohl die jährliche Rendite gesteigert als auch die Schwankungsbreite der Renditerealisationen reduziert werden (vgl. Abb. 94). Beim Vergleich der einzelnen Modelldurchschnitte untereinander fällt auf, dass lediglich ein Momentum Modell (M 1) eine niedrigere durchschnittliche Rendite als der Referenzfall aufwies. Modelle, die auf gleitenden Durchschnitten bzw. Systemen gleitender Durchschnitte basieren, wiesen ggü. den restlichen Modellen deutlich bessere Ergebnisse auf.

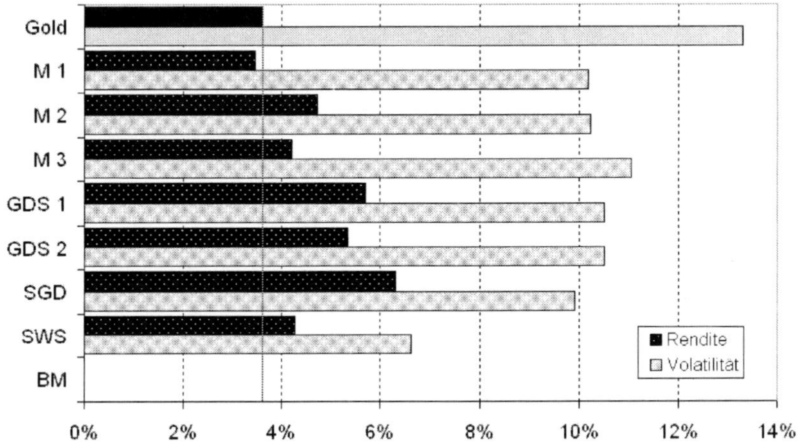

Abbildung 94: Modellvergleich Gold - Rendite und Volatilität

Den deutlichsten Rückgang der Volatilität wiesen die Standardwert Strategien auf: hier lag die Standardabweichung der Renditen bei weniger als 50% ggü. dem Referenzfall. Backwardation Momentum Strategien konnten bei Gold nicht angewandt werden. Ebenso wies sowohl der Referenzfall als auch die überwiegende Anzahl der Modellvariationen keine positive Sharpe Ratio auf. Gold zeigte im Beobachtungszeitraum von 1987 bis 2007 eine durchschnittliche Korrelation zur Wertentwicklung von Aktien von 0,04 und zu Anleihen von 0,24. Im Durchschnitt wiesen die dynamischen Allokationsmodelle gegenüber dem Referenzfall mit einer durchschnittlichen Korrelation zu Aktien von -0,02 und zu Anleihen von 0,14 eine leichte Verbesserung auf. Alle Strategien mit der Ausnahme von SGD und SWS wiesen eine negative Korrelation mit Aktien auf. Die vergleichbar hohe Korrelation zu Anleihen wurde in beiden gleitenden Durchschnitte Strategien sowie einer Momentum Strategie (M 2) halbiert (vgl. Abb. 95).

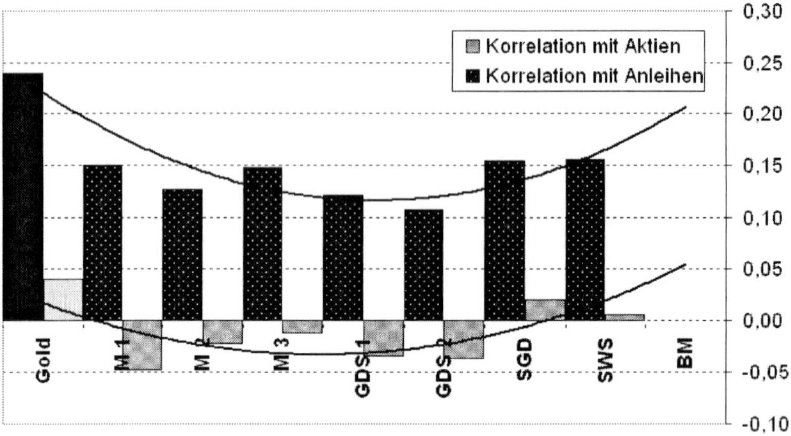

Abbildung 95: Modellvergleich Gold - Sharpe Ratio

Die Ergebnisse der unterschiedlichen Modellausprägungen wurden im Vergleich zu einer passiven Buy & Hold Gold Strategie mittels einfaktorieller ANOVA auf statistische Signifikanz getestet. Auf Basis aller Renditerealisierungen war $F = 11{,}21 > F_{krit} = 4{,}74$ und P-Wert = 0,0058, somit war der Unterschied der Mittelwerte signifikant. Es wurden also gegenüber dem Referenzfall signifikant höhere Renditen erzielt. Ebenfalls ließ sich die Volatilität durch die Anwendung der dynamischen Allokationsmodelle signifikant ($F = 38{,}61 > F_{krit} = 4{,}74$ > und P-Wert = 0,0000) senken.

Fazit Kapitel 4

Das Kapitel 4 umfasst die Abschnitte der empirischen Analyse der Asset Klassen sowie Rohstoffe als passiver und aktiver Bestandteil der Asset Allokation. Einem positiven Test auf Normalverteilung folgen in Kapitel 4.1 Analysen zu Renditen, Volatilitäten, Korrelationen sowie höheren Momenten der Renditeverteilung. Hier werden die Ergebnisse bereits geleisteter Untersuchungen mit den eigenen Analysen verglichen. Renditen und Volatilitäten von Rohstoffen sind mit Aktien vergleichbar. Die

Korrelation der drei Rohstoffkomponenten S&P GSCI, Rohöl und Gold mit Anleihen lag unter 0,1, zu Aktien war die Korrelation zum Teil sogar negativ. Rohstoffe und Anleihen wiesen eine positiven Schiefekoeffizienten auf; die Erträge unterlagen einer für den Investor günstigen rechtsschiefen Verteilung. Der Ertrag eines Investments in besicherte Rohstofftermingeschäfte ging über die reine Preisentwicklung von Rohstoffen hinaus – neben der Preiskomponente nahmen im Zeitverlauf die Komponenten Roll Erträge und Besicherungszinsen an Bedeutung zu. Die Ergebnisse aus Variance Ratio Analyse, Autokorrelationsanalyse sowie der Ergebnisse des Mean Reversion Preismodells induzieren, dass die Erträge eines Rohstoffinvestments in Form des S&P GSCI, Rohöl und Gold sowie Rohstoffpreisen einer größeren Tendenz zu Mean Reversion unterlagen als Aktien und Anleihen. Im Vergleich von besicherten Rohstoffterminkontrakten zu korrespondierenden Aktiensektoren zeigten im Beobachtungszeitraum die direkten Rohstoffinvestments die attraktiveren Ergebnisse. In Kapitel 4.2 wurden Rohstoffe als strategischer (passiver) Teil der Asset Allokation analysiert. Hierfür wurde in einem ersten Schritt (Abschnitt 4.2.1) das Minimum Varianz Portfolio sowie das Tangentialportfolio untersucht. Die Allokation des S&P GSCI nahm zwischen 7% (MVP) und 23% (TP) eines globalen Aktien-Anleihe-Portfolios ein. S&P GSCI und Rohöl bildeten bei beiden Portfolio Modellen auch unter Berücksichtigung einer Sensitivitätsanalyse einen deutlichen Allokations-Anteil, während Gold nur Bestandteil der strategischen Asset Allokation zur Minimierung der Portfoliovarianz wurde. Der Einbezug von Rohstoffen in Form des S&P GSCI, Rohöl und Gold als Teil der strategischen Asset Allokation bewirkt eine Verbesserung der Aktien-Anleihen-Effizienzkurve: alle drei Effizienzkurven waren im Vergleich zur ursprünglichen Effizienzkurve um ihren Scheitelpunkt nach links außen gedreht. In einem zweiten Schritt (Abschnitt 4.2.2) wurden Rohstoffe zu proportionalen Anteilen zu Lasten des Aktien- und Anleihenanteils der Asset Allokation bestehender Portfolio Modelle beigemischt. Für S&P GSCI und Rohöl konnten lokale Maxima der Sharpe Ratio bestimmt werden. Mit Ausnahme der Beimischung von Gold führten die strategischen Allokationen zu S&P GSCI und Rohöl zu höheren durchschnittlichen Renditen über alle Portfolio-Modelle. Diese Ergebnisse wurden mittels einfaktorieller ANOVA auf statistische Signifikanz getestet. In Kapitel 4.3 wurden Rohstoffe als dynamischer (aktiver) Bestandteil der Asset Allokation untersucht. Das Beispiel von Rebalancing Effekten zeigt, dass bereits eine einfache Allokationsregel in der Lage ist, bei unveränderten durchschnittlichen Renditen das Risiko deutlich zu reduzieren.

Die Strategien basierend auf Momentum, gleitenden Durchschnitten, Systemen gleitender Durchschnitte, Standardwerten und Backwardation zeigen, das dynamische Allokationsmodelle in der Lage sind die risikoadjustierte Rendite eines Rohstoffinvestments in der Form von S&P GSCI und Rohöl deutlich zu erhöhen. Bei Gold stieg die durchschnittliche Rendite und die Volatilität sank; die Sharpe Ratio wurde im Durchschnitt jedoch auch durch die dynamischen Allokationsmodelle nicht positiv. Die Portfolio-Eigenschaften in Form der durchschnittlichen Korrelation zu Aktien und Anleihen verbesserten sich durch die Anwendung der unterschiedlichen Allokationsmodelle. Für S&P GSCI, Rohöl und Gold schnitten Strategien basierend auf gleitenden Durchschnitten und Momentum im Vergleich zu Systemen gleitender Durchschnitte, Standardwerten und Backwardation gut ab. Die Ergebnisse wurden getrennt für S&P GSCI, Rohöl und Gold mittels einfaktorieller ANOVA auf statistische Signifikanz getestet.

5. Zusammenfassung und Ausblick

Der Kapitalallokation in Alternative Investments wie Hedge Funds, Private Equity, Rohstoffe, Währungen sowie Immobilien ist in den letzten Jahren eine gesteigerte Aufmerksamkeit zugekommen. Begründet wurde dies durch die Suche nach alternativen Ertragsquellen zum Aktien- und Anleihenmarkt. Hier boten die Anlageentscheidungen und der -erfolg der großen US Stiftungsvermögen wie Yale und Harvard ein wichtiges Beispiel. Die jüngste Periode steigender Rohstoffpreise weckte das Interesse vieler Anleger an dieser Asset Klasse, ohne dass oft auf die Unterschiede und Besonderheiten zu traditionellen Asset Klassen wie Aktien und Anleihen hinreichend eingegangen wurde. Mit der Kapitalallokation in eine Gruppe vollständig besicherter Rohstoffterminkontrakte wurde dabei eine neue Asset Klasse begründet, die sich deutlich von Investments in physische Rohstoffe oder Rohstoffaktien abgrenzt. Die Charakteristika einer Asset Klasse wurden durch die Berücksichtigung der Ertragskomponenten Spot, Roll und Collateral Erträge erfüllt. Die Struktur der Terminkurve (Backwardation oder Contango) ist dabei ein bestimmender Faktor der Gesamtperformance eines Rohstoffinvestments. In der Eigenschaft der vollständigen Besicherung unterscheidet sich diese Asset Klasse u.a. auch von Akteuren auf den Terminmärkten, die in direkter Form oder durch Intermediäre wie Commodity Trading Advisors (CTAs) bzw. spezialisierte Hedge Funds an den Rohstoffterminmärkten investieren. Weitere Arbeiten auf diesem Gebiet können dazu beitragen, den Rohstoffmarkt näher zu definieren und eine geeignete Benchmark für die Kapitalanlage zu identifizieren. Denn im Gegensatz zum Aktien- und Anleihenmarkt fehlen hier Kriterien wie z.B. Marktkapitalisierung, um einzelne Komponenten des Marktes zu gewichten. Derzeit ist am Markt eine Vielzahl von investierbaren Indexkonzepten verfügbar, die sich u.a. in der Anzahl der Komponenten, Gewichtung der Sektoren, sowie in Kurvenpositionierung und Roll-Mechanismus unterscheiden. Weiteren Analysen obliegt es hier eine Abgrenzung zwischen rohstoffbasierter Investmentstrategie und Indexkonstruktion festzulegen.

Bedeutende Arbeiten zur Analyse der Asset Klasse Rohstoffe im Allgemeinen wurden von Gorton/Rouwenhorst (2005), Erb/Harvey (2006) sowie Kat/Oomen (2006) geleistet. Die vorliegende Arbeit untersucht den Einsatz besicherter Rohstoffterminkontrakte im Asset Management. Im Beobachtungszeitraum 1987 bis 2007 wurden die Indices MSCI World, JPM Global Government Bond, S&P GSCI sowie dessen Subindices inkl. Rohöl und Gold für die Beobachtung ausgewählt. Als Basis wurden zunächst ein Minimum Varianz Portfolio sowie ein Tangentialportfolio hergeleitet, zusätzlich wurden verschiedene Portfolio Modelle der Asset Management Praxis beobachtet. Einen besonderen Stellenwert kam der Risikomessung zu: hier wurden allgemeine Risikomaße wie Varianz, Standardabweichung, Spannweite der Erträge, Drawdown sowie Sharpe Ratio und Downside Risikomaße wie Ausfallwahrscheinlichkeit, Semi-Varianz und Value at Risk vorgestellt. Als Kursverlaufshypothesen wurden die Modelle des Random Walk und der Mean Reversion verwendet. Im Mean Reversion Modell wurde ein Schwerpunkt auf die Messung durch Variance Ratios, Autokorrelation, sowie Mean Reversion Grad und Geschwindigkeit gelegt, bevor die beiden Modelle integriert wurden. Mit Rebalancing Effekten, Momentum, gleitenden Durchschnitten und Standardwerten wurden die Grundlagen für dynamische Allokationsregeln gelegt, auf welchen verschiedene Modelle aufgebaut und getestet wurden. In einer empirischen Analyse verschiedener Asset Klassen wurden zunächst Renditen, Volatilitäten, Korrelationen sowie höhere Momente der Renditeverteilung analysiert, und es wurden die Ergebnisse bereits geleisteter Untersuchungen mit den eigenen Analysen verglichen. Renditen und Volatilitäten von Rohstoffen (S&P GSCI) waren mit denen von Aktien vergleichbar. Die Korrelation der drei Rohstoffkomponenten S&P GSCI, Rohöl und Gold mit Anleihen lag unter 0,1, zu Aktien war die Korrelation zum Teil sogar negativ. Rohstoffe und Anleihen wiesen dabei einen positiven Schiefekoeffizienten auf; die Erträge unterlagen einer für den Investor günstigen rechtsschiefen Verteilung. Der Ertrag eines Investments in besicherte Rohstofftermingeschäfte ging über die reine Preisentwicklung von Rohstoffen hinaus – neben der Preiskomponente nahmen im Zeitverlauf die Komponenten Roll Erträge und Besicherungszinsen an Bedeutung zu. Die Ergebnisse aus Variance Ratio Analyse, Autokorrelationsanalyse sowie der Ergebnisse des Mean Reversion Preismodells implizieren, dass die Erträge eines Rohstoffinvestments in Form von S&P GSCI, Rohöl und Gold sowie Rohstoffpreisen einer größeren Tendenz zu Mean Reversion unterlagen als Aktien und Anleihen. Im Vergleich von besicherten Rohstoffterminkontrakten zu korrespondierenden Aktiensektoren zeigten im Beobachtungszeitraum die direkten Rohstoffinvestments die attraktiveren Ergebnisse. Weiterhin wurden Rohstoffe als passiver und dynamischer Bestandteil der Asset Allokation analysiert. In einem ersten Schritt wurden die Effekte einer Rohstoff Allokation auf das Minimum

Varianz Portfolio sowie das Tangentialportfolio untersucht. Die Allokation des S&P GSCI nahm zwischen 7% (MVP) und 23% (TP) eines globalen Aktien-Anleihe-Portfolios ein. S&P GSCI und Rohöl bildeten bei beiden Portfolio Modellen auch unter Berücksichtigung einer Sensitivitätsanalyse einen deutlichen Allokations-Anteil, während Gold nur Bestandteil der strategischen Asset Allokation zur Minimierung der Portfoliovarianz wurde. Der Einbezug von Rohstoffen in Form des S&P GSCI, Rohöl und Gold als Teil der strategischen Asset Allokation bewirkte eine Verbesserung der Aktien-Anleihen-Effizienzkurve: alle drei Effizienzkurven waren im Vergleich zur ursprünglichen Effizienzkurve um ihren Scheitelpunkt nach links außen gedreht. In einem zweiten Schritt wurden Rohstoffe zu proportionalen Anteilen der Asset Allokation bestehender Portfolio Modelle beigemischt. Für S&P GSCI und Rohöl konnten lokale Maxima der Sharpe Ratio bestimmt werden. Mit Ausnahme der Beimischung von Gold führten die strategischen Allokationen zu S&P GSCI und Rohöl zu höheren durchschnittlichen Renditen über alle Portfolio-Modelle. Diese Ergebnisse wurden mittels einfaktorieller ANOVA auf ihre statistische Signifikanz getestet. Anschließend wurden Rohstoffe als dynamischer (aktiver) Bestandteil der Asset Allokation untersucht. Bereits eine einfache Rebalancing-Regel war in der Lage, das Risiko deutlich zu senken ohne das Ertragsniveau signifikant zu beeinflussen. Die dynamischen Allokationsmodelle basierend auf Momentum, gleitenden Durchschnitten, Systemen gleitender Durchschnitte, Standardwerten und Backwardation zeigten, dass dynamische Allokationsmodelle in der Lage sind die risikoadjustierte Rendite eines Rohstoffinvestments in der Form von S&P GSCI und Rohöl deutlich zu erhöhen. Bei Gold stieg die durchschnittliche Rendite während die Volatilität sank; die Sharpe Ratio wurde im Durchschnitt jedoch auch durch die dynamischen Allokationsmodelle nicht positiv. Die Portfolio-Eigenschaften in Form der durchschnittlichen Korrelation zu Aktien und Anleihen verbesserten sich durch die Anwendung der unterschiedlichen Allokationsmodelle. Für S&P GSCI, Rohöl und Gold schnitten Strategien basierend auf gleitenden Durchschnitten und Momentum im Vergleich zu Systemen gleitender Durchschnitte, Standardwerten und Backwardation gut ab. Die Ergebnisse wurden getrennt für S&P GSCI, Rohöl und Gold mittels einfaktorieller ANOVA auf statistische Signifikanz getestet. Die Analyse zeigte, dass dynamische Allokationsmodelle in der Lage sind, die Mean Reversion Eigenschaften von Rohstoffen zu kapitalisieren und signifikante risikoadjustierte Excess-Renditen zu generieren. Kritisch anzumerken bleibt in der Methodik die Verwendung ausschließlich historischer Daten, die Beschränkung auf eine monatliche Datenfrequenz, sowie die Ausklammerung von Transaktionskosten. Die Aufhebung dieser Beschränkungen sowie die Verfeinerung der verwendeten dynamischen Allokationsmodelle bieten Raum für weitere Untersuchungen. In Betracht käme ebenfalls eine genauere Untersuchung der Veränderung der Volatilität der Underlyings. Die gleichen Prinzipien könnten in einem weiteren Schritt auf Sektor- bzw. Einzelrohstoffebene angewendet werden.

Ein weiteres Forschungsfeld bietet die Anpassung des Capital Asset Pricing Model (CAPM) an die spezifischen Vorgaben eines Rohstoffinvestments. Zu diskutieren bleibt ebenfalls die Identifizierung geeigneter Parameter zur Modellierung eines Faktormodells, das auf eine homogene Gruppe von Rohstoffen anzuwenden ist. Weiteren Untersuchungen obliegt es ebenfalls, mehr Evidenz zu der Frage eines regelbasierten Investment Ansatzes versus dem einer passiven Halteposition zu liefern. Daneben wird das aktive diskretionäre Asset Klassen Management im Rohstoffsektor aufgrund der finanzstatistischen Eigenschaften zunehmend an Bedeutung gewinnen und Raum für empirische Studien bieten.

Anhangsverzeichnis

2.3.3 Rohstoff Future Indices

Reuters-CRB - Sektorzusammensetzung

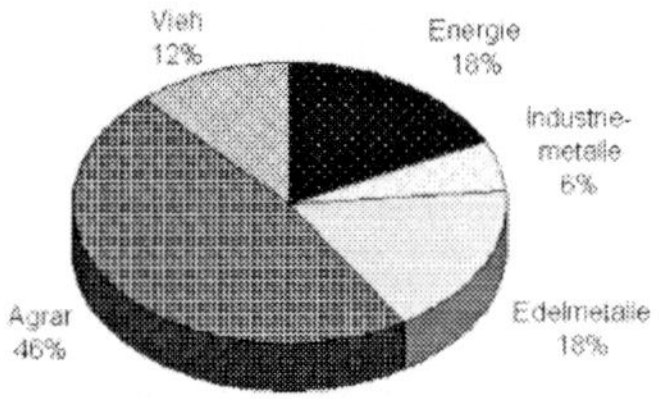

Quelle: CRB, www.crbtrader.com, Dezember 2007

S&P GSCI - Sektorzusammensetzung

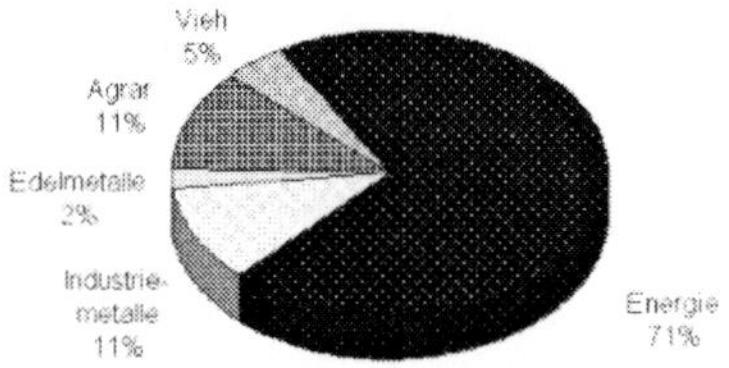

Quelle: Goldman Sachs, www.gs.com/gsci, Dezember 2007

RICI - Sektorzusammensetzung

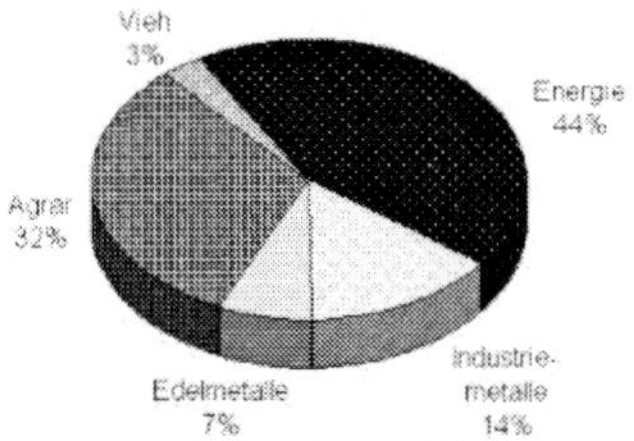

Quelle: www.rogersrawmaterials.com, Dezember 2007

DJ-AIGCI - Sektorzusammensetzung

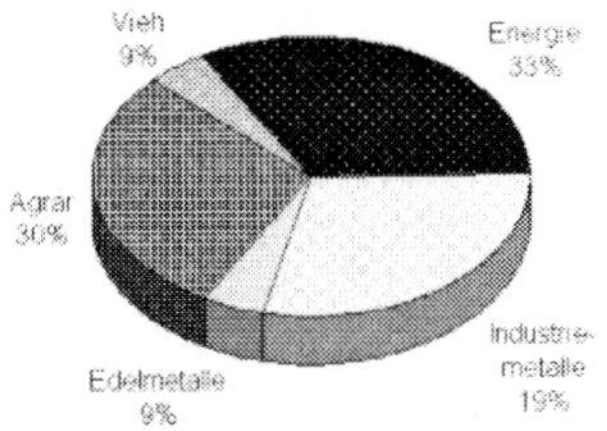

Quelle: Dow Jones Indexes, www.djindexes.com, Dezember 2007

SPCI - Sektorzusammensetzung

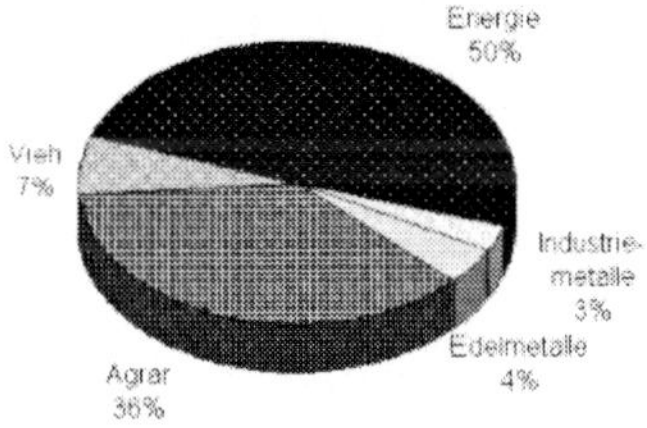

Quelle: S&P, www.standardandpoors.com, Dezember 2007

DBLCI - Sektorzusammensetzung

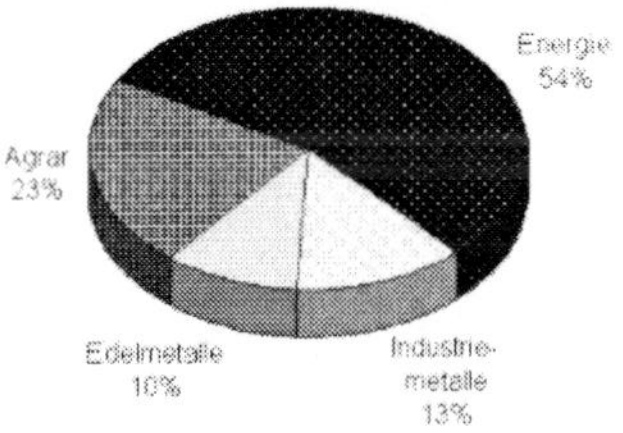

Quelle: Deutsche Bank, http://dbfunds.db.com, Dezember 2007

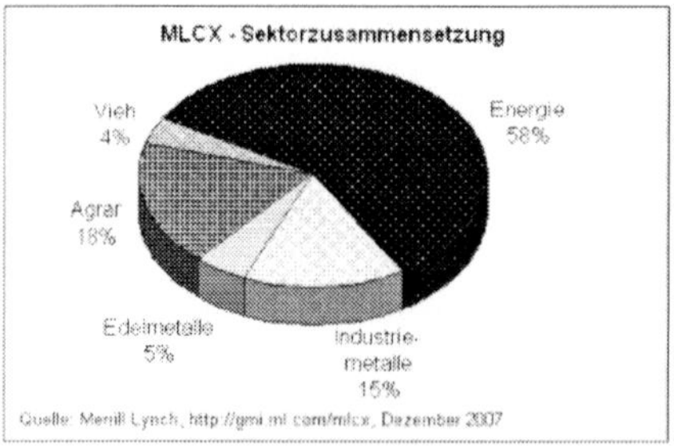

Quelle: Merrill Lynch, http://gmi.ml.com/mlcx, Dezember 2007

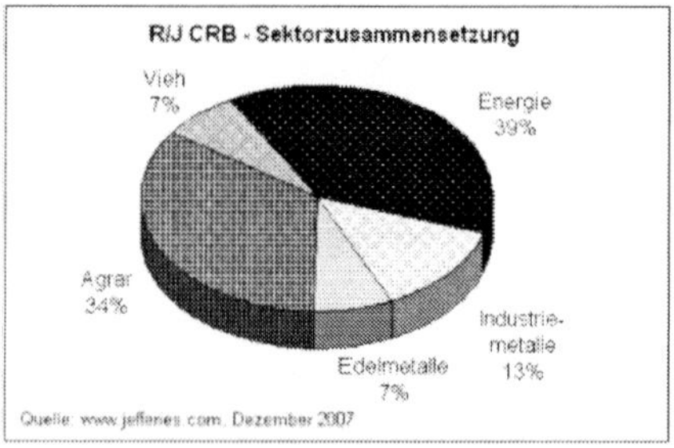

Quelle: www.jefferies.com, Dezember 2007

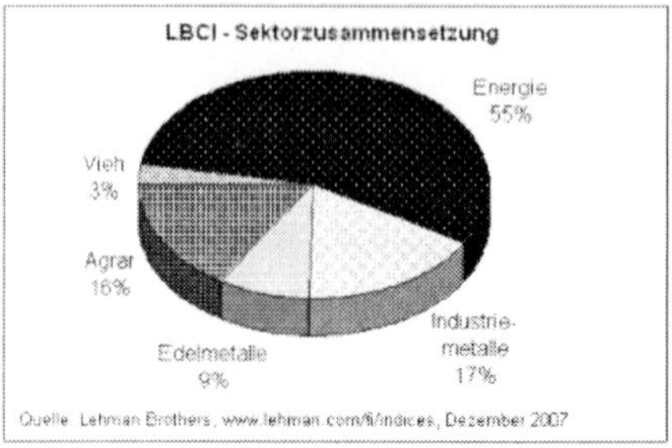

Quelle: Lehman Brothers, www.lehman.com/fi/indices, Dezember 2007

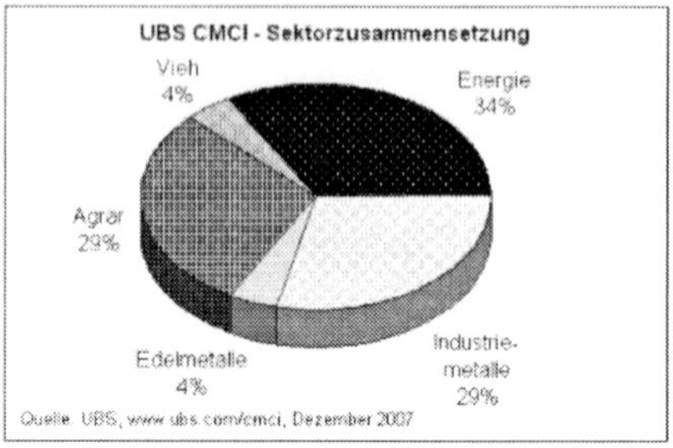

Quelle: UBS, www.ubs.com/cmci, Dezember 2007

4.1.1 Test auf Normalverteilung

	Kolmogorov-Smirnov[a]			Shapiro-Wilk		
	Statistik	df	Signifikanz	Statistik	df	Signifikanz
MSCI	,065	240	,015	,985	240	,014
JPMBonds	,056	240	,068	,992	240	,201
GSCI	,053	240	,200*	,982	240	,003
Rohöl	,056	240	,068	,962	240	,000
Gold	,072	240	,005	,978	240	,001

*. Dies ist eine untere Grenze der echten Signifikanz.

a. Signifikanzkorrektur nach Lilliefors

4.1.5 Untersuchung des Preisverhaltens

	Tages-daten, Lag 1	Tages-daten, Lag 2	Tages-daten, Lag 3	Wochen-daten, Lag 1	Wochen-daten, Lag 2	Wochen-daten, Lag 3	Monats-daten, Lag 1	Monats-daten, Lag 2	Monats-daten, Lag 3
Aktien	0,165	-0,024	-0,021	-0,013	0,032	-0,004	-0,019	-0,060	0,001
Anleihen	0,052	0,007	-0,022	-0,003	0,033	0,047	0,172	-0,048	0,028
S&P GSCI	0,002	-0,002	-0,021	-0,020	-0,012	0,068	0,111	-0,138	0,039
Rohöl	0,008	-0,036	-0,040	-0,030	0,006	0,059	0,155	-0,043	0,045
Gold	-0,022	-0,005	0,006	-0,001	-0,027	-0,012	-0,091	-0,103	0,116

4.2.2 Variation des Rohstoffanteils bei bestehenden Portfolio-Modellen

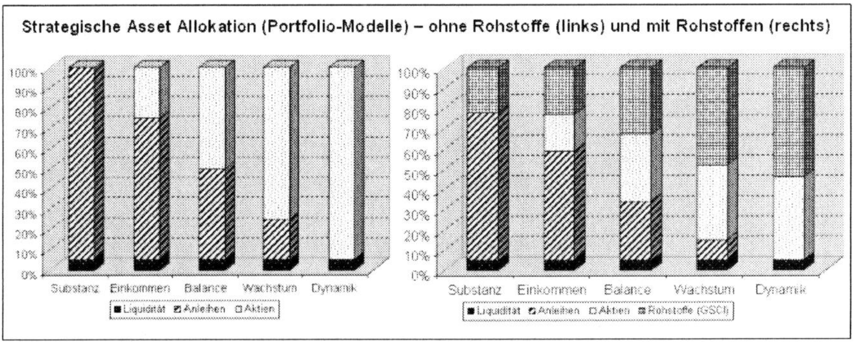

4.3.1 Portfolio Rebalancing Effekte

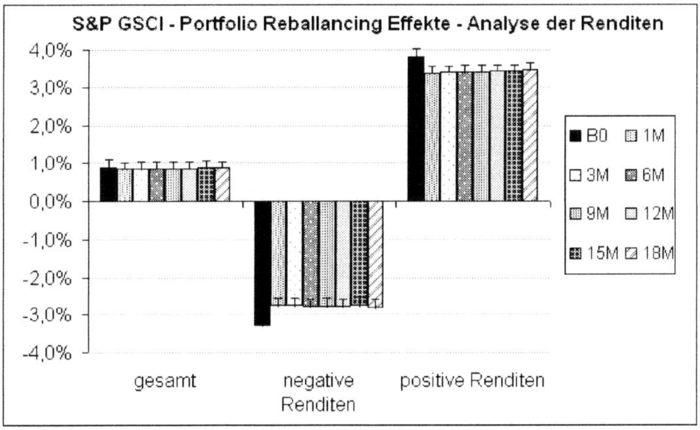

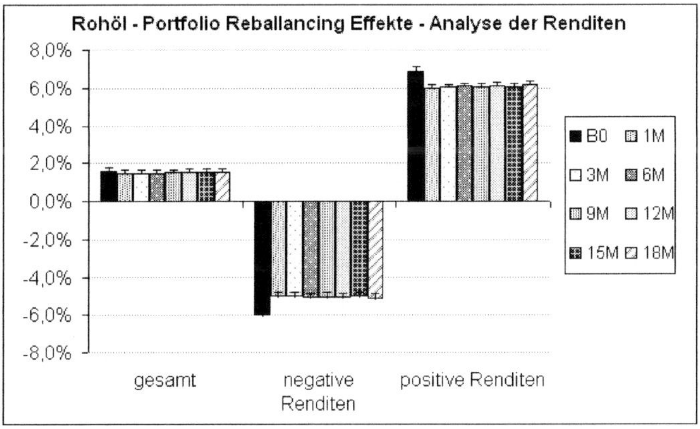

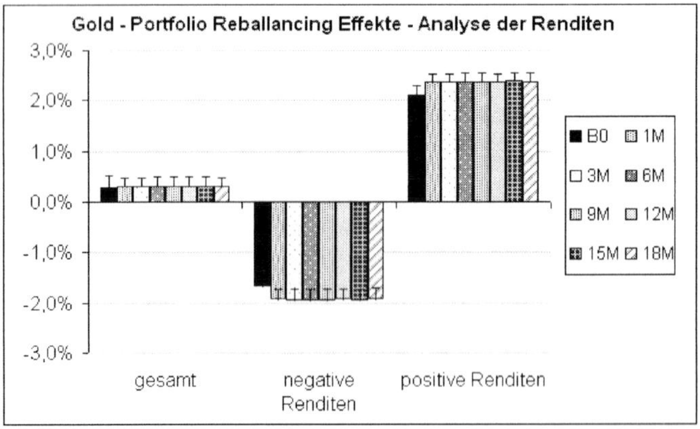

4.3.2 Momentum Strategien (Rohöl)

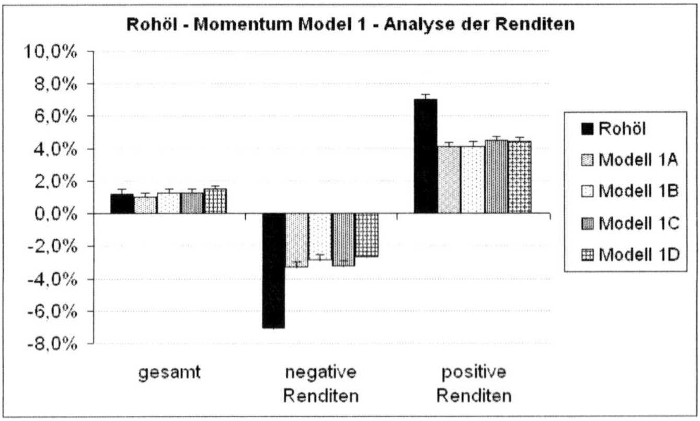

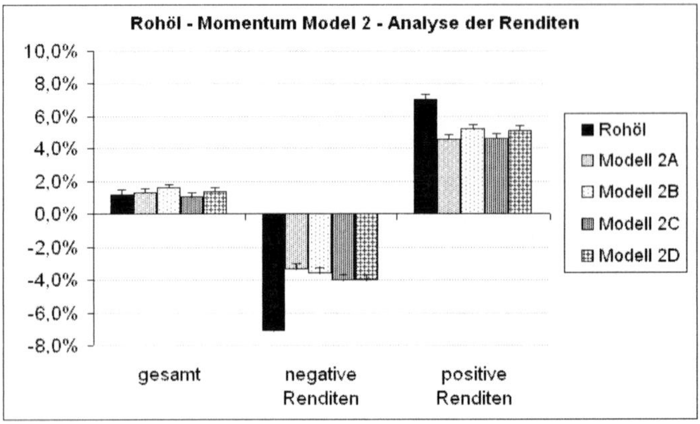

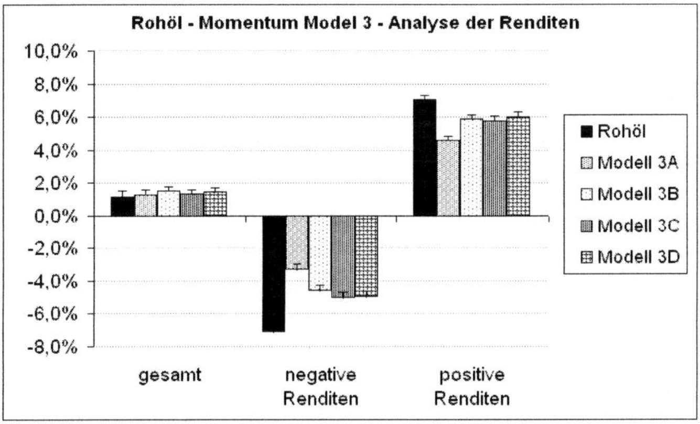

4.3.2 Momentum Strategien (Gold)

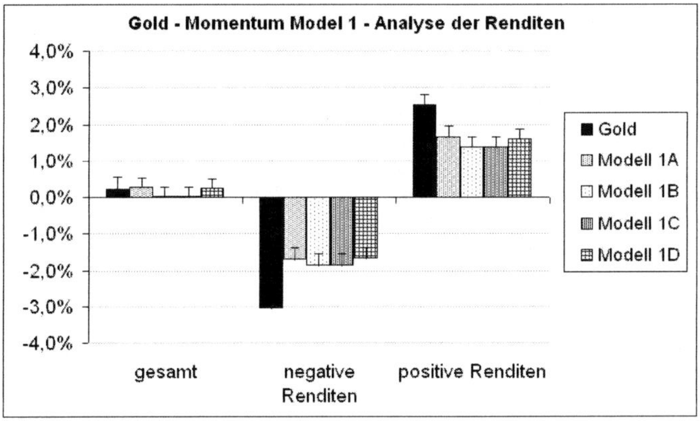

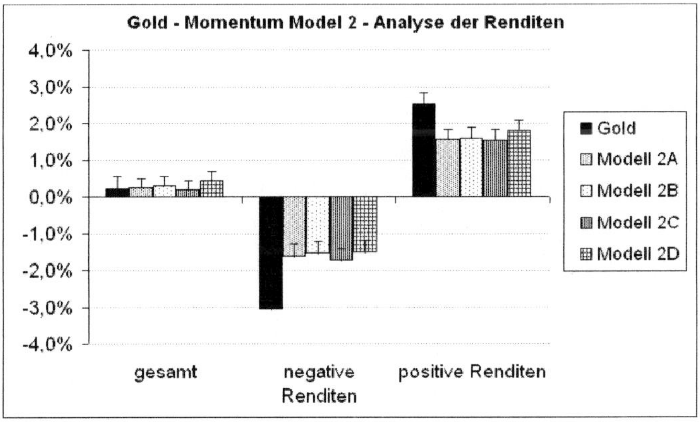

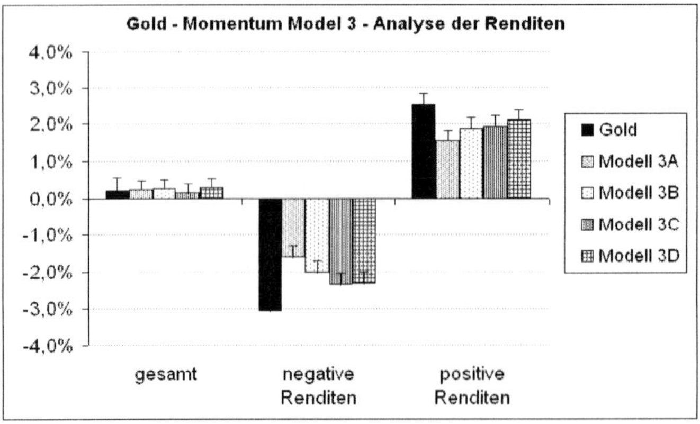

4.3.3 Gleitende Durchschnitte (Rohöl)

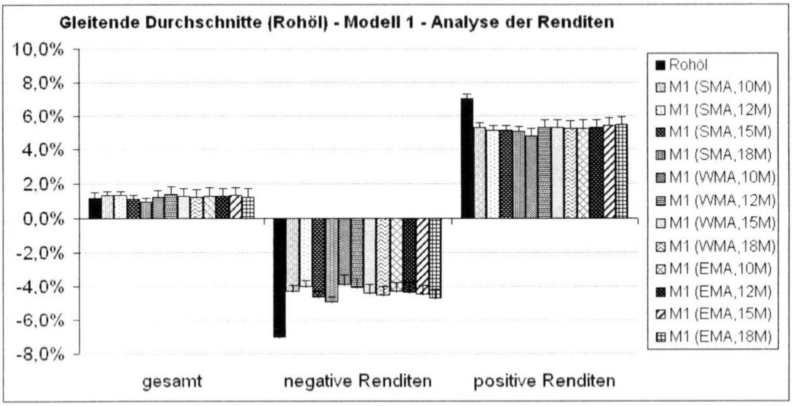

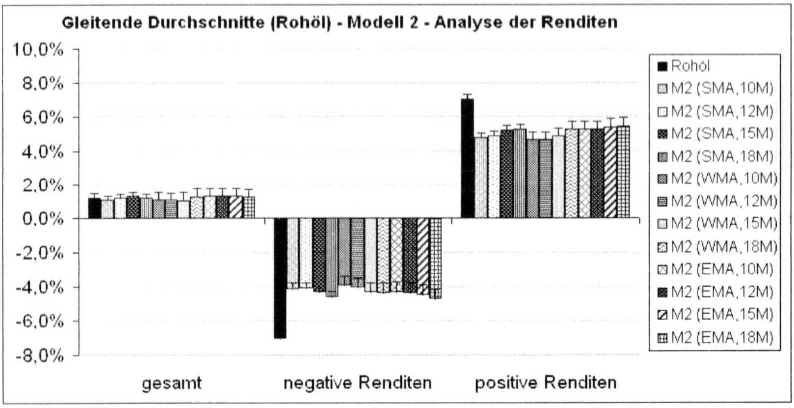

4.3.3 Gleitende Durchschnitte (Gold)

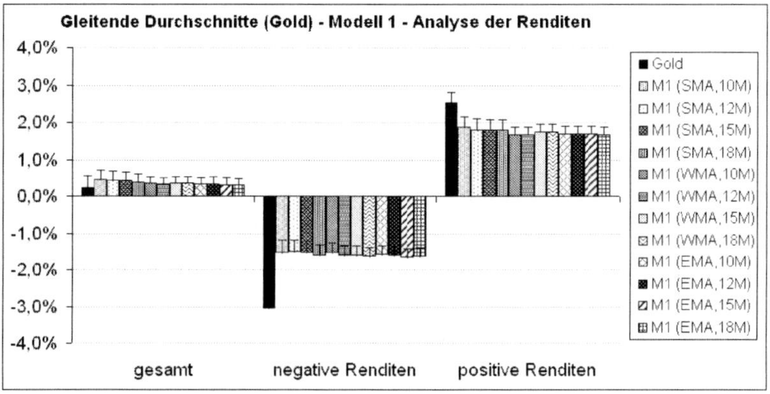

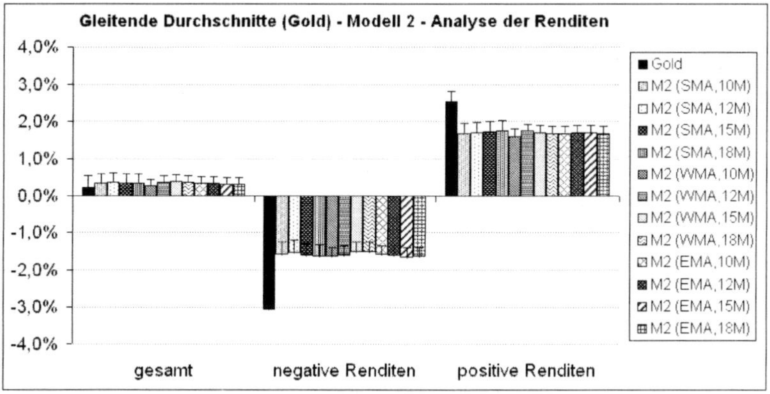

4.3.5 Standardwerte Strategien (Rohöl)

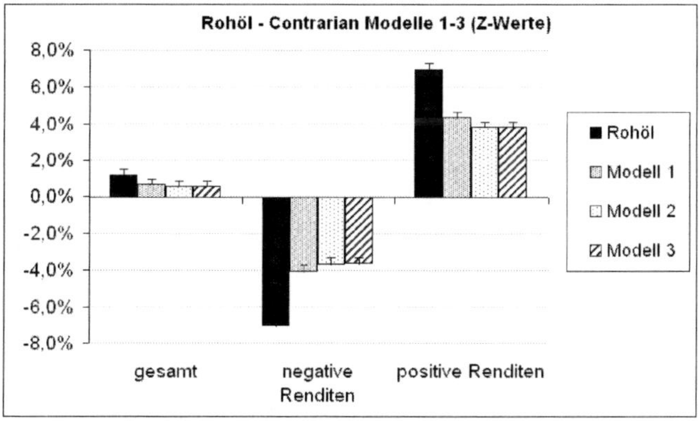

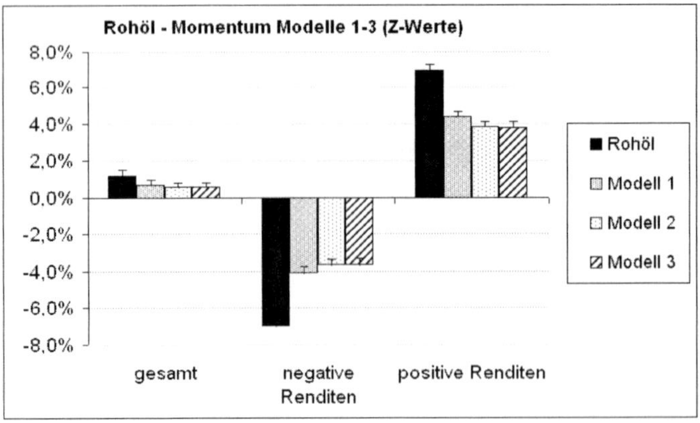

4.3.5 Standardwerte Strategien (Gold)

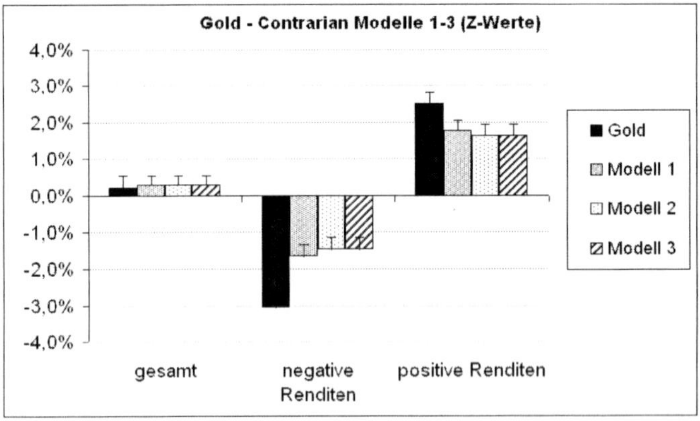

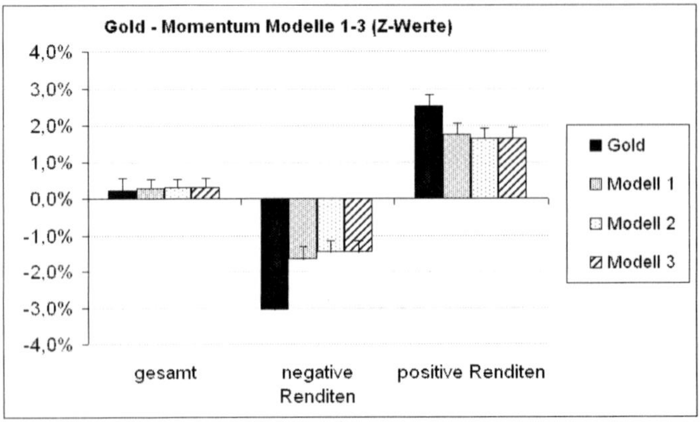

Literaturverzeichnis

A

Abanomy, W.S. / Mathur, I. (2001): International Portfolios with Commodity Futures and Currency Forward Contracts, in: Journal of Investing, Herbst 2001, S. 61-68.

Akey, R. P. (2006): Alpha, Beta and Commodities: Can a Commodity Investment be Both a High Risk-Adjusted Return Source, and a Portfolio Hedge?, in: The Journal of Wealth Management, Herbst 2006, S. 63-84.

Albrecht, P. (2003): Zur Messung von Finanzrisiken, in: Mannheimer Manuskripte zu Risikotheorie, Portfolio Management und Versicherungswirtschaft, Nr. 143, 01/2003.

Albrecht, P. / Kantar, C. (2003): Random Walk oder Mean Reversion? Eine statistische Analyse auf fundamentaler Basis für den deutschen Aktienmarkt, Discussion Paper, Nr. 03-31.

Albrecht, P. / Kantar, C. / Xiao, Y. (2004): Mean Reversion-Effekte auf dem deutschen Aktienmarkt: Statistische Analysen der Entwicklung des DAX-KGV, in: Mannheimer Manuskript Nr. 157.

Ang, A. / Chen, J. / Xing, Y. (2004): Downside Risk, AFA 2005 Philadelphia Meetings, available at SSRN: http://ssrn.com/abstract=641843.

Ankrim, E. M. / Hensel, C. (1993): Commodities in Asset Allocation: A Real-Asset Alternative to Real Estate, in: Financial Analysts Journal, Mai-Juni 1993, S. 20-29.

Anson, M. (2004): Strategic versus Tactical Asset Allocation – Beta versus Alpha Drivers, in: The Journal of Portfolio Management, Vol. 30, No. 2, Winter 2004, S. 8-22.

Anson, M. J. P. (1998): Spot Returns, Roll Yield, and Diversification with Commodity Futures, in: The Journal of Alternative Investments, Winter 1998.

Anson, M. J. P. (1999): Maximizing Utility with Commodity Futures Diversification, in: The Journal of Portfolio Management, S.86-94, Sommer 1999.

B

Bachelier, L. (1900): Theory of Speculation, in: Cootner, P. (1964): The Random Character of Stock Market Prices, Cambridge, Massachusetts Institute of Technology Press, 1964, S.17ff.

Baker, M. P. / Mayfield, E. S. / Parsons, J. E. (1998): Alternative Models of Uncertain Commodity Prices for Use with Modern Asset Pricing, in: Energy Journal, Vol.19, No. 1, January 1998, S.115-148.

Balvers, R. J. / Wu, Y. / Gilliland, E. (2000): Mean Reversion Across National Stock Markets and Parametric Contrarian Investment Strategies, in: The Journal of Finance, Vol. 55, S. 745-772.

Bawa, V. S. (1975): Optimal Rules for Ordering Uncertain Prospects, in: Journal of Financial Economics, No. 2, S.95-121.

Bawa, V. S. / Lindenberg, E. B. (1977): Capital Market Equilibrium in a Mean-Lower Partial Moment Framework, in: Journal of Financial Economics, No. 5, S.189-200.

Bec, M. / Salem, M. B. / Carrasco, M. (2004): Detecting Mean Reversion in Real Exchange Rates from a Multiple Regime STAR Model, RCER Working Papers 509, University of Rochester - Center for Economic Research (RCER), September 2004.

Becker, K. / Finnerty, J. (2000): Indexed Commodity Futures and the Risk and Return of Institutional Portfolios, Office of Futures and Options Research, Working Paper, 2000.

Beenen, J. (2005): Active or Passive Investment in Commodities? PGGM's Choices as an institutional investor, Presentation to "Portfolio Diversification with Commodities" Conference, London, Mai 2005.

Bengen, W. P. (1996): Asset Allocation for a Lifetime, in: Journal of Financial Planning, August 1996.

Benninga, S. / Wiener, Z. (1998): Value-at-Risk (VaR), in: Mathematica in Education and Research, Vol. 7, No. 4, 1998, S. 1-7.

Bernard, V. / Thomas, J. (1989): Post-Earnings Announcement Drift: Delayed Price Response or Risk Premium?, in: Journal of Accounting Research, Vol.27, S.1-36.

Bessembinder, H. / Coughenour, J. F. / Seguin, P. J. / Smoller, M. M. (1995): Mean Reversion in Equilibrium Asset Prices: Evidence from the Futures Term Structure, in: The Journal of Finance, Vol. 50, No. 1, März 1995, S. 361-375.

Bhutani, J. (2005): Resource Equities as an Option for gaining Commodity Exposure, Presentation to "Portfolio Diversification with Commodities" Conference, London, Mai 2005.

Black, F. (1976): The Pricing of Commodity Contracts, in: Journal of Financial Economics, Vol. 3, S. 167-179.

Blanco, C. / Soronow, D. (2001): Mean Reverting Processes – Energy Price Processes used for Derivatives Prising and Risk Managment, in: Commodities Now, Juni 2001, S. 68-72.

Bodie, Z. (1983): Commodity Futures as a Hedge against Inflation, in: The Journal of Portfolio Management, 1983, S. 12-17.

Bodie, Z. / Kane, A. / Marcus, A.J. (1999): Investments, McGraw-Hill, Singapur, 4. Auflage, 1999.

Bodie, Z. / Rosansky, V. (1980): Risk and Returns in Commodity Futures, in: Financial Analysts Journal, Vol. 36, Mai/Juni 1980, S. 27-39.

Brinson, G. P. / Hood, L. R. / Beebower, G. L. (1986): Determinants of Portfolio Performance, in: The Financial Analysts Journal, Juli/August 1986.

Brinson, G. P. / Singer, B. D. / Beebower, G. L. (1991): Determinants of Portfolio Performance II: An Update, in: The Financial Analysts Journal, 47, 3, 1991.

Bruns, C. / Meyer-Bullerdiek, F. (2003): Professionelles Portfoliomanagement, 3. Auflage, Stuttgart, 2003.

C

Cashin, P. / McDermott, C. J. / Scott, A. (1999): Booms and Slumps in World Commodity Prices, IMF Working Paper No.99/155, 1999.

Campell, J.Y. / Cocco, J. / Gomes, F. / Maenhout, P. / Viceira, L. (2000): Stock Market Mean Reversion and the Optimal Equity Allocation of a Long-Lived Investor, Harvard Institute of Economic Research, Cambridge, 2000.

Campbell, J. Y. / Viceira, L. (2002): Strategic Asset Allocation: Portfolio Choice for Long-Term Investors, 1. Auflage, Oxford, Oxford University Press, 2002.

CBOT (2006): DJ-AIGCI Futures Reference Guide 2006, in: www.cbot.com, Mai 2007.

Cecchetti, S.G. / Lam, P.S. / Mark, N. (1990): Mean Reversion in Equilibrium Asset Prices, in: American Economic Review, Vol. 80, Nr. 3, S. 398-418.

Chiara, A. / M. Raab, D. M. (2002): The Benefits of Real Asset Portfolio Diversification, AIG Trading Group, 2002.

Chicago Mercantile Exchange (2006): An Introduction to Futures and Options, in: www.cme.com, August 2007.

Cochran, S. J. / Defina, R. H. (1994): International Evidence on Mean Reversion in Stock Prices, in: Journal of Business and Economics, Vol. 33, 1994.

Commodity Research Bureau (2007), in: www.crbtrader.com, August 2007.

Cvitanic, J. / Polimenis, V. / Zapatero, F. (2005): Optimal Portfolio Allocation with Higher Moments, Working Paper, Juni 2005.

D

Daniel, K. (2001): The Power and Size of Mean Reversion Tests, in: Journal of Empirical Finance, Vol. 8, No. 5, 2001, S. 493-535.

Danielsson, J. / Jorgensen, B. N. / Sarma, M. / De Vries, C. G. (2005): Comparing Risk Measures, Working Paper, März 2005.

DeBondt, W. F. M. / Thaler, R. H. (1985): Does the Stock Market Overreact?, in: The Journal of Finance, Vol. 40, No.3, S. 793-805.

DeBondt, W. F. M. / Thaler, R. H. (1989): Anomalies: A Mean-Reverting Walk Down Wall Street, in: The Journal of Economic Perspectives, 1989, Vol. 3, No. 1, S. 189-202.

Denson, E. (2006): Should Passive Commodities „Investments“ play a role in your Portfolio?, in: UBS Investment Viewpoints, No. 1, März 2006.

Deutsche Bank (2004): Dow Jones STOXX and EURO STOXX Indices, Januar 2004.

Deutsche Bank (2006): A User Guide to Commodities, Juli 2006.

Dieckmann, A. (1997): Empirische Sozialforschung, 3. Auflage, Rowohlt Verlag, Reinbek bei Hamburg, 1997.

Dixit, A. K. / Pindyck, R. S. (1994): Investment under Uncertainty, Princeton University Press, 1994.

Du, S. (2005): Why Commodity Futures Index Display Negative Correlation with Traditional Assets, Working Paper, Pennsylvania State University, Mai 2005.

E

Economic Cycle Research Insitute (2005): U.S.Cyclical Outlook, Vol. 10, No.3, März 2005.

Eibl, C. (2005): Gold - Der Goldhandel im neuen Jahrtausend, Finanzbuchverlag, 1. Auflage, 2005.

Elton, E. / Gruber, M. / Brown, S. / Goetzmann, W. (2006): Modern Portfolio Theory and Investment Analysis, 6. Auflage, John Wiley & Sons, 2006.

Erb, C. B. / Harvey, C. R. (2006): The Tactical and Strategic Value of Commodity Futures, in: Financial Analysts Journal, März/April 2006, S.69–97.

Exley, J. / Mehta, S. / Smith, A. (2004): Mean Reversion, Working Paper, Finance and Investment Conference, Brussels, Juni 2004.

Exley, J. / Mehta, S. / Smith, A. (1996): Market Efficiency, GEMS Working Paper, 1996.

F

Fama, E. F. (1970): Efficient Capital Markets: A Review of Theory and Empirical Work; in: The Journal of Finance, Vol. 25, No. 2, 1970.

Fama, E.F. / French, K.R. (1987): Commodity Futures Prices: Some Evidence on Forecast Power, Premiums and the Theory of Storage, in: Journal of Business, Vol. 60, No. 1, S. 55-73.

Fama, E. F. / French, K. R. (1988): Permanent and Temporary Components of Stock Prices, in: Journal of Political Economy, Vol. 96, No. 2, April 1988, S. 246-273

Fabozzi, F. / Markowitz, H. (2002): The Theory and Practise of Investment Management, John Wiley & Sons, 1. Auflage, New Jersey, 2002.

Feldman, B. / Till, H. (2006): Commodities at the Cross-Roads: Where to Now?, EDHEC-Risk Publication, März 2006.

Feldman, B. / Till, H. (2006): Backwardation and Commodity Futures Performance: Evidence from Evolving Agricultural Markets, in: The Journal of Alternative Investments, Winter 2006.

Fishburn, P. (1977): Mean Risk Analysis With Risk Asssociated With Below Target Returns, in: American Economic Review, Vol. 67, 1977, S. 116-126.

Frain, J. / Meegan, C. (1996): Market Risk: An Introduction to the Concept & Analytics of Value-at-Risk, Technical Paper, Central Bank of Ireland, 1996.

Franke, G. / Hax, H. (1994): Finanzwirtschaft des Unternehmens und Kapitalmarkt, 3. Auflage, Springer-Verlag, S. 389 ff.

G

Gammelin, K. / Kloy, J. W. (2006): Risikomessung – Normalverteilung oder Mean Reversion Modelle? in: Risiko Manager, Ausgabe 05/2006.

Garz, H. / Günther, S. / Moriabadi, C. (2002): Portfolio-Management: Theorie und Anwendung, Bankakademie-Verlag, Frankfurt, 2002.

Georgiev, G. (2001): Benefits of Commodity Investment, CISDM Working Paper, März 2001.

Gleißner, W. (2006): Risikomaße, Safety-First-Ansätze und Portfoliooptimierung, in: Risiko Manager, Ausgabe 13/2006, S.19f.

Goldman Sachs (2007): GSCI Manual 2006, in: www.goldmansachs.com/gsci.

Gorton, G. / Rouwenhorst, G. (2005): Facts and Fantasies about Commodity Futures, Yale ICF Working Paper, No. 04-20, February 2005.

Greer, R. (1997): What is an Asset Class, Anyway?, in: Journal of Portfolio Manangement, Vol. 23, No. 2, 1997, S.86-91.

Greer, R. J. (2000): The Nature of Commodity Index Returns, in: Journal of Alternative Investments, Vol. 3, No. 1, S. 45-52.

H

Haas, J. (2001): Die Informations- und Risikoabbildung von Banken nach Handels- und Aufsichtsrecht, Dissertation, Universität Karlsruhe, 2001.

Hallerbach, W. G. (1999): Decomposing Portfolio Value-at-Risk: A General Analysis, Discussion Paper, Erasmus University Rotterdam, 05/1999, S.5ff.

Hax, H. (1993): Investitionstheorie, 5. Auflage, Physica-Verlag, Heidelberg, 1993.

Hielscher, U. (1996): Investmentanalyse, 2. Auflage, Oldenbourg Verlag, München, 1996.

Hillebrand, E. (2003): A Mean-Reversion Theory of Stock-Market Crashes, CeVis – Center for Complex Systems and Visualization, Universitat Bremen, 2003.

Hörger, A. (2003): Commodities als Anlageklasse: eine echte Alternative, in: Leser, H. / Rudolf, M.: Handbuch Institutionelles Asset Management, 1. Auflage, Gabler Verlag, Wiesbaden, 2003, S.762ff.

Horvitz, J. E. (2002): The Implications of Rebalancing the Investment Portfolio for the Taxable Investor, in: Journal of Wealth Management Vol. 5, No. 2, 2002.

HWWA (2007), in: www.hwwi.org, Mai 2007.

Hull, J.C. (2000): Options, Futures & other Derivatives, 4.Auflage, Prentice-Hall International, London, 2000.

Hutson, J. (1984): Filtered Price Data: Moving Averages vs. Exponential Moving Averages, in: Technical Analysis of Stocks & Commodities, Vol. 2, No. 3, 1984.

I

Ibbotson, R. G. (2000): Global Asset Allocation: Philosophy, Process, and Performance, in: Journal of Investing, Vol. 9, No. 1, 2000

Ibbotson, R. G. / Kaplan, P. D. (2000): Does Asset Allocation Policy Explain 40, 90 or 100% of Performance?, in: Financial Analysts Journal, Januar/Februar 2000, S. 26-33.

J

J.P.Morgan (2006): Exploiting Momentum in Commodities, September 2006.

Jarque, C. / Bera, A. (1980): Efficient Tests for Normality, Homoscedasticity and Serial Independance of Regression Residuals, in: Economics Letters, Vol. 6, No. 3, 1980.

Jarque, C. / Bera, A. (1987): A Test for Normality of Observations and Regression Residuals, in: International Statistical Review, Vol. 55, No.2, 1987, S. 163-172.

Jensen, G. R. / Johnson, R. R. / Mercer, J. M. (2000): Efficient Use of Commodity Futures in Diversified Portfolios, in: Journal of Futures Markets, Vol. 20, No. 5, 2000, S. 489-506.

Jenson, G. R. / Johnson, R. R. / Mercer, J. M. (2002): Tactical Asset Allocation and Commodity Futures, in: Journal of Portfolio Management, Vol. 28, 2002, S.100-111.

K

Kaiser, H. (2002): Strategische Anlageberatung. Assetklassen und Portfoliomanagement, Gabler Verlag, Wiesbaden, 2002.

Kaldor, N. (1939): Speculation and Economic Theory, in: Review of Economic Studies, Vol.7, No. 1, 1939, S. 1-27.

Kat, H. M. / Oomen, R. C. A. (2006a): What Every Investor Should Know About Commodities - Part I: Univariate Return Analysis, in: Alternative Investment Research Centre Working Paper 29, Januar 2006.

Kat, H. M. / Oomen, R. C. A. (2006b): What Every Investor Should Know About Commodities - Part II: Multivariate Return Analysis, in: Alternative Investment Research Centre Working Paper 33, Juni 2006.

Kaufmann, P. (1987): The New Commodity Trading Systems And Methods, John Wiley & Sons, New Jersey, 1987.

Kaufmann, P. (1995): Smarter Trading, McGraw-Hill, New York, 1995.

Kaufmann, P. (2005): New Trading Systems & Methods, 4. Auflage, John Wiley & Sons, New Jersey, 2005.

Kempf, A. / Memmel, C. (2005): On the Estimation of the Global Minimum Variance Portfolio, CFR Working Paper, No. 05, 02/2005.

Kenney, J. F. / Keeping, E. S. (1962): Moving Averages, in: Mathematics of Statistics, 3. Auflage, Princeton, NJ, Van Nostrand, 1962, S. 221-223.

Kestin, R. / Jaeger, L. (2001): The Benefits of Alternative Investment Strategies in the Institutional Portfolio, SAIS Working Paper, März 2001.

Keynes, J. M. (1930): A Treatise on Money, Macmillan, London, Vol. 2, 1930.

Kim, M. J. / Nelson, C. R. / Startz, R. (1991): Mean Reversion in Stock Prices? A Reappraisal of the Empirical Evidence, in: The Review of Economic Studies, Vol. 58, 1991, S. 515-28.

Kim, J. / Mina, J. (2001): Risk Grades Technical Document, 2. Auflage, S.13ff.

Kleeberg, J. M. / Rehkugler, H. (2002): Handbuch Portfoliomanagement, 2. Auflage, Uhlenbruch Verlag, Bad Soden, 2002.

Kloy, J. W. (2005): Anti-Volatility: Lessons from the Noise Researchers, GARP-Chapter Meeting, 2005.

Kolb, R. W. (1992): Is Normal Backwardation Normal?, in: Journal of Futures Markets, Vol. 12, 1992, S. 75–91.

Krämer, W. (2005): Traditionelle und nicht-traditionelle Investments, in: Peetz, D. (Hrsg.): Praktiker-Handbuch Alternatives Investmentmanagement, Schäffer-Poeschel Verlag, Stuttgart, 2005, S. 201.

Krämer, W. (2003): Asset Allocation nach dem Platzen der New Economy Blase, in: Standpunkt, Lazard Asset Management, August 2003.

Krämer, W. (2001): Aktives vs. Passives Portfoliomanagement, in: Investment Perspektive, Lazard Asset Management, 2./3. Quartal 2001.

Kritzman, M. (1999): Toward Defining an Asset Class, in: Journal of Alternative Investments, 2. Jg., Heft 2, 1999, S.79.

L

Laughhunn, D. J. / Payne, J. W. / Crum, R. (1980): Managerial Risk Preferences for Below Target Returns, in: Management Science, Dezember 1980, S. 1238-1249.

Leland, H. E. (1998): Optimal Asset Rebalancing in the Presence of Transactions Costs, Working Paper, University of California, Berkeley, April 1998.

Lewis, M. (2005): Convenience Yields, Term Structure & Volatility across Commodity Markets, in: Deutsche Bank (2005): An Investor Guide to Commodities, April 2005.

Litzenberger, R. / Rabinowitz, N. (1995): Backwardation in Oil Futures Markets: Theory and Empirical Evidence, in: The Journal of Finance, Dezember 1995, S. 1517-1545.

Lo, A. W. / MacKinlay, A. C. (1988): Stock Prices do not follow Random Walks: Evidence from a simple specification Test, in: Review of Financial Studies, 1988.

Laughton, D. G. / und Jacoby, H. D. (1995): The Effects of Reversion on Commodity Projects of Different Length, in: Trigeorgis, L.: Real Options in Capital Investment, 1995.

M

Markowitz, H. M. (1952): Portfolio Selection, in: The Journal of Finance, Vol. 7, No. 1, 1952, S. 77-91.

Markowitz, H. M. (1959): Mean-Variance Analysis in Portfolio Choice and Capital Markets, in: The Journal of Finance, Vol. 44, No. 2, 1989, S. 531-535.

Markowitz, H. M. (1992): Portfolio Selection, Efficient Diversification of Investments, 2. Auflage, Cambridge, 1992.

Miffre, J. / Rallis, G. (2007): Momentum Strategies in Commodity Futures Markets, in: Journal of Banking & Finance, Vol. 31, No. 6, June 2007, S. 1863-1886.

Merril Lynch (2007): The MLCX Handbook, in: http://gmi.ml.com/mlcx.

Metcalf, G. E. / Hasset, K. A. (1995): Investment under Alternative Return Assumptions Comparing Random Walks and Mean Reversion, in: Journal of Economic Dynamics and Control, Vol. 19, No. 8, November 1995, S.1471-1488.

Mezger, M. / Eibl, C. (2005): Rohstoffe im Portfoliomanagement: Die (fast) vergessene Anlageklasse, in: Die Bank, Ausgabe 06/2005, S. 8-14.

Mezger, M. / Eibl, C. (2006): Portfoliomanagement: Gewinne mit Rohstoffen, in: Die Bank, Ausgabe 07/2006, S. 20-26.

Murphy, J. J. (1986): Technical Analysis of the Futures Markets, Prentice Hall Press, New York, 1986.

Murphy, J. J. (2004): Technische Analyse der Finanzmärkte - Grundlagen, Strategien, Methoden, Anwendungen, Finanzbuchverlag, 2004.

Murray, M. P. (1994): A Drunk and Her Dog: An Illustration of Cointegration and Error Correction, in: The American Statistician, Vol. 48, S. 37-39.

O

Oberuc, R. E. (2004): Dynamic Portfolio Theory and Management – Using Active Asset Allocation to Improve Profits and Reduce Risk, McGraw-Hill, New York, 2004.

Orr, P. (2005): Commodities as an Emerging Asset Class, Deutsche Bank, April 2005.

Osborne, M. F. M. (1959): Brownian Motion in the Stock Market, in: Operations Research, Vol. 7, No. 2, 1959, S. 145-173.

P

Papoulis, A. / Pillai, S. U. (2002): Probability, Random Variables, and Stochastic Processes, 4. Auflage, McGraw-Hill, New York, 2002.

Perold, A. F. / Sharpe, W. F. (1988): Dynamic Strategies for Asset Allocation, in: Financial Analysts Journal, Vol. 44, No. 1, 1988, S. 16–27.

Pilipovic, D. (1998): Energy Risk: Valuing and Managing Energy Derivatives, McGraw Hill, New York, 1998.

Pilipovic, D. (2007): Energy Risk: Valuing and Managing Energy Derivatives, 2. Auflage, McGraw Hill, New York, 2007.

Pindyck, R. S. / Rubinfeld, D. L. (2000): Econometric Models and Economic Forecasts, 4. Auflage, McGraw-Hill, New York, 2000.

Poddig, T. / Dichtl, H. / Petersmeier, K. (2003): Statistik, Ökonometrie, Optimierung. Methoden und ihre praktische Anwendung in Finanzanalyse und Portfoliomanagement, 3. Auflage, Uhlenbruch Verlag, 2003.

Poterba, J. M. / Summers, L. H. (1989): Mean Reversion in Stock Prices: Evidence and Implications, NBER Working Paper, No. 2343, 1989.

Pring, M. J. (1993): On Market Momentum, 1. Auflage, Irwin Professional Publishing, 1993.

Pulvermacher, K. (2005): What are Commodities?, in: World Gold Council, www.gold.org, März 2005.

R

Radetzki, M. (1990): A Guide to Primary Commodities in the World Economy, 1. Auflage, Blackwell Publishers, Oxford, 1990.

Radetzki, M. (2006): The Anatomy of Three Commodity Booms, in: Resources Policy, Vol. 31, No. 1, März 2006, S. 56-64.

Rajagopal, Mohan (2004): Examining the Financial Benefits of Commodities and Practical Issues of Implementation, Deutsche Bank, November 2004.

Risk Metrics (2006): Technical Docoment, in: http://www.riskmetrics.com/techdoc.html, Juni 2007.

S

Salkind, N. J. (2006): Encyclopedia of Measurement and Statistics, Sage Publications, 2006.

Schiller, R. J. (2000): Irrationaler Überschwang, 1. Auflage, Campus Verlag, Frankfurt a. M., 2000.

Schmidt, R. H. / Terberger, E. (1997): Grundzüge der Investitions- und Finanzierungstheorie, 4. Auflage, Gabler Verlag, Wiesbaden, 1997.

Schnell, R. / Hill, P. B. / Esser, E. (1995) : Methoden der empirischen Sozialforschung, 5. völlig überarbeitete und erweiterte Auflage, Oldenbourg Verlag, München, 1995.

Schneeweis, T. / Spurgin, R. (1997): Energy Based Investment Products and Investor Asset Allocation, CIDSM Working Paper, University of Massachusetts, 1997.

Schumann, J. (1992): Grundzüge der mikroökonomischen Theorie, 6. Auflage, Springer Verlag, Berlin, 1992.

Schwartz, E. (1997): The Stochastic Behavior of Commodity Prices: Implications for Valuation and Hedging, in: The Journal of Finance, Vol. 52, No. 3, 1997.

Schwartz, E. / Smith, J. E. (2000): Short-Term Variations and Long-Term Dynamics in Commodity Prices, in: Management Science, Vol. 46, No. 7, 2000, S. 893-911.

Sharpe, W. F. (1964). Capital Asset Prices: A Theory of Market Equilibrium under Conditions of Risk, in: The Journal of Finance, Vol. 19, No. 3, S. 425-442.

Sharpe, W. F. (1966): Mutual Fund Performance, in: Journal of Business, Vol. 39, No. 1, 1966, S.119-138.

Sharpe, W. F. (1970): Portfolio Theory and Capital Markets, McGraw-Hill, New York, 1970.

Smith, A. (2000): Introduction to Convenience Yields, Financial Theory Working Paper (Manuscript), 2000.

Smith, D. M. / Desormeau, W. H. (2006): Optimal Rebalancing Frequency for Bond/Stock Portfolios, in: Journal of Financial Planning, No.11, 2006.

Soros, G. (2003): The Alchemy of Finance, John Wiley & Sons, New Jersey, 2003.

Steiner, P. / Uhlir, H. (2001): Wertpapieranalyse, 4., vollständig überarbeitete und erweiterte Auflage, Physica-Verlag, Heidelberg, 2001.

Steiner, M. / Bruns, C. (2002): Wertpapiermanagement, Schäffer-Poeschel Verlag, 7., überarbeitete und erweiterte Auflage, Stuttgart, 2002.

Stier, W. (2001): Methoden der Zeitreihenanalyse, 1. Auflage, Springer Verlag, Berlin, 2001.

Swensen, D. F. (2000): Pioneering Portfolio Management – An Unconventional Approach to Institutional Investment, The Free Press, New York, 2000.

T

Till, H. (2000): Passive Strategies in the Commodity Futures Markets, in: Derivatives Quarterly, No. 3, 2000, S. 49-54.

Till, H. / Eageleye, J. (2003): The Risks of Commodity Investing, in: Jaeger, L.: The New Generation of Risk Management for Hedge Fund and Private Equity Investments, Euromoney Books, London, 2003.

Tobin, J. (1958): Liquidity Preference as Behavior Towards Risk, in: The Review of Economic Studies, Vol. 25, No. 2, S. 65-86.

Tse, Y. K. / Ng, K. W. / Zhang, X. B. (2002): A Small-Sample Overlapping Variance-Ratio Test, in: Journal of Time Series Analysis, Vol. 25, No. 1, S. 127-135.

U

Uhlenbeck, G. E. / Ornstein, L. S. (1930): On the Theory of Brownian Motion, in: Physical Review, Vol. 36, No. 5, 1930, S. 823-841.

V

Vrugt, E. B. / Bauer, R. / Molenaar, R. / Steenkamp, T. (2004): Dynamic Commodity Trading Strategies, Working Paper, 2004.

Vrugt, E. B. (2003): Tactical Commodity Strategies in Reality: An Economic Theory Approach, ABP Working Paper, 2003.

W

Weiser, S. (2003): The Strategic Case for Commodities in Portfolio Diversification, in: Commodities Now, No. 9, 2003, S. 7-11.

Weiser, S. (2005): Commodities – Too late to invest?, in: Commodities Now, No. 9, 2005.

Weiss, G. R. (2001): Dynamic Rebalancing, in: Journal of Financial Planning, Vol. 14, No. 2, 2001, S. 100-106.

Wied-Nebbeling, S. (1994): Markt- und Preistheorie, 2. Auflage, Springer-Verlag, Berlin, 1994.

Williams, L. R. (2000): Besser traden. Erfolgreich Futures handeln mit der richtigen Methode, Finanzbuchverlag, 2000.

Working, H. (1948): The Theory of the Inverse Carrying in Futures Markets, in: Journal of Farm Economics, Vol. 30, 1948, S.1-28.

Working, H. (1949): The Theory of the Price of Storage, in: American Economic Review, Vol. 39, 1949, S. 1254-1262.

Wystup, U. (2001): Mathematik der Finanzderivate: Stochastische Differentialgleichungen, in: http://www.mathfinance.de.